学生领导力培养概论

主　编　马明荃　张爱群

副主编　童　伟　张刚民

武汉大学出版社

图书在版编目(CIP)数据

学生领导力培养概论/马明荃,张爱群主编;童伟,张刚民副主编.—武汉:武汉大学出版社,2024.6
ISBN 978-7-307-24391-0

Ⅰ.学… Ⅱ.①马… ②张… ③童… ④张… Ⅲ.中小学生—领导能力—能力培养 Ⅳ.G635.5

中国国家版本馆 CIP 数据核字(2024)第 095655 号

责任编辑:王智梅 责任校对:李孟潇 版式设计:马 佳

出版发行:**武汉大学出版社** (430072 武昌 珞珈山)
(电子邮箱:cbs22@whu.edu.cn 网址:www.wdp.com.cn)
印刷:湖北恒泰印务有限公司
开本:720×1000 1/16 印张:18.25 字数:365 千字 插页:3
版次:2024 年 6 月第 1 版 2024 年 6 月第 1 次印刷
ISBN 978-7-307-24391-0 定价:115.00 元

编 委 会

主 任：

刘　勇　湖北真光教育管理有限公司

刘维东　湖北省刘道玉教育基金会

副主任：

徐　强　武汉市江夏区教育科学发展研究院

汤敏飞　仙桃市沔州学校

陈小林　武汉市光谷第四初级中学

编委会委员：

沈胜方　华中师范大学第一附属中学　　　黄兆双　枝江市职教中心

周保国　湖北省水果湖第一中学　　　　　余福千　英山县博文实验学校

徐　强　武汉市江夏区教育科学发展研究院　万　臣　武汉市新洲区钱学森学校

阮正林　武汉市江夏区第一初级中学　　　汤敏飞　仙桃市沔州学校

武家仿　天门市江汉学校　　　　　　　　顾正林　利川市第五中学

彭　蕾　武汉枫叶国际学校　　　　　　　张　剑　武汉市武昌文华中学

胡正茂　武汉市第四十九中学　　　　　　张法勇　荆州市沙市第一中学

陈小林　武汉市光谷第四初级中学　　　　李雨蔚　荆州市沙市区红门路学校

高正华　宜昌市天问学校　　　　　　　　张刚民　湖北省鄂州中专学校

叶祥佳　广东省惠州大亚湾华师附小　　　刘建梅　深圳市西乡中学

周晓文　广东省英德市实验中学　　　　　陈　茜　荆州理工职业学院

李尧东　麻城市博达学校　　　　　　　　赵家文　武汉市江夏第四中学

汪猛狮　麻城市第十二小学　　　　　　　张　陈　沙洋县汉上实验学校

王密甘　麻城市第六幼儿园　　　　　　　石习荣　荆州市沙市第六中学

黄华斌　松滋市实验小学　　　　　　　　甘亚妮　宜昌市第九中学

李春涛　松滋市刘子嘴初级中学　　　　　胡青松　郧西县第一中学

吴书俊　荆门市楚天学校　　　　　　　　禤嘉慧　清远市清城区清城中学

荣明强　枣阳市环城侯井小学　　　　　　杜　曾　珠海市第二中学

干小平　武穴市实验高中　　　　　　　　冯素如　海口市西湖实验学校

李培明　十堰市慧海学校　　　　　　　　胡　海　黄冈市第二实验小学

1

本书总策划、出品人：刘 勇

本书主编：马明荃 张爱群

副主编：童 伟 张刚民

本书主审：武汉东湖新技术开发区教育局 夏循藻

书名题字：华中师范大学教授 王齐洲

序

马明荃和张爱群主编的《学生领导力培养概论》由武汉大学出版社正式出版。该书是我国基础教育研究取得的具有开拓性意义的重要成果。《学生领导力培养概论》集全国多所中小学"学生领导力"研究理论和实践成果之精华、之大成，创新现代主体培育的教育理念，是新时代基础教育理念和实践创新的一座丰碑。该书所倡导的核心理念及教育模式，对于开创我国基础教育现代化新局面，特别是对现代化强国建设亟须的现代主体的培育，有重要的理论意义和实践价值。

一、中国式现代化呼唤基础教育培育现代主体

近代以来，建设一个强大的现代国家是中国人梦寐以求的愿望。中华民族的优秀儿女不断思考国人在全球现代化浪潮中的命运，提出和探究了中国现代化道路方略等问题。然而，正如毛泽东在《论联合政府》中指出："在一个半殖民地的、半封建的、分裂的中国里，要想发展工业，建设国防，福利人民，求得国家的富强，多少年来多少人做过这种梦，但是一概幻灭了。"[①]

新中国的成立，彻底结束了近代中国半殖民地半封建社会的历史。社会主义制度为现代化提供了制度基础，中国共产党将现代化国家建设提上具体议事日程。1954 年 9 月，周恩来在一届全国人大一次会议的政府工作报告中指出，我国的经济原来是很落后的；如果我们不建设起强大的现代化的工业、现代化的农业、现代化的交通运输业和现代化的国防，我们就不能摆脱落后和贫困，我们的革命就不能达到目的。此后，随着世界科学技术的快速发展和国际竞争的加剧，中国共产党人又将科学技术现代化纳入国家现代化的范畴，形成了相对明确的工业、农业、国防和科学技术"四个现代化"思想。党的十九大把"实现社会主义现代化和中华民族伟大复兴"明确为坚持和发展中国特色社会主义的总任务，并提出 2035 年基本实现社会主义现代化、本世纪中叶"建成富强民主文明和谐美丽的社会主义现代化强国"的奋斗目标。2020 年 10 月，在十九届五中全会第二次会议上，习近平总书记明确提出要"以中国式现代化全面推进中华民族伟大复兴"。中国式现代化遵循现代化建设的内在规律和人类文明的大逻辑，同时是命运与共的人类现代化，创

---

① 《毛泽东选集》(第三卷)，人民出版社 1991 年版，第 1080 页。

造了人类文明新形态。党的二十大庄严宣告，从现在起，中国共产党的中心任务就是团结带领全国各族人民全面建成社会主义现代化强国、实现第二个百年奋斗目标，以中国式现代化全面推进中华民族伟大复兴。

恩格斯指出，一个民族想要站在科学的最高峰，就一刻也不能没有理论思维。同样的道理，中国式现代化的实现一刻也离不开现代理论思维，离不开现代科学技术，离不开现代教育，离不开现代人才，离不开现代主体。中国式现代化客观要求科学技术现代化、教育现代化和人才培养现代化，需要现代主体去实践和实现，呼唤基础教育培养现代主体。

所谓现代主体，是指具有现代意识、具备从事现代化实践认识活动能力的人。首先，现代主体是具有现代思想观念、现代价值取向、现代科技知识等现代意识的实践主体。其次，现代主体是中国式现代化的实践主体，是中国式现代化的直接参与者、实践者和实现者，是中国式现代化实践和实现不可或缺的基础条件。如果没有现代主体及其实践活动，中国式现代化的美好蓝图就会因为缺乏必要的实践主体而望洋兴叹。然而，现代主体需要学校特别是中小学"超前"培育。由此可见，培育现代主体是当下中国教育强国建设的根本任务。

二、创新现代主体培育的教育理念

培育现代主体的现实需要，呼唤着基础教育创新教育理念，培育现代主体的现代意识。现代主体是现代化的"身心"统一体，必须具备现代意识。现代意识是与中国式现代化的基本特性相适应的。中国式现代化，既有各国现代化的共同特征，又有自己的中国特色，是人类现代文明的新形态。一般认为，"现代"是指从农业社会向工业社会转型的历史时期，是工业化发展的时代。所谓"现代化"，即在现代思想观念的引领下及在现代科技的支撑下，化育生成现代社会的过程及其结果。

现代化蕴涵着哪些普遍的现代意识？现代意识生成于现代化的基本要素（如科技、工业、商业、市场、城镇、民主、法治等）及其实践活动和过程。例如，工业、制造业的生产方式，促使社会成员生成主客二分的思维方式，生成理性、主体、自我、个性、标准、规范等意识，促进科学昌盛、技术进步、标准通行；商业、市场遵循价值规律，实行等价交换，生成效益、竞争、契约、诚信等理念。工业和商业要求集中统一，必然推进城市规模的扩大及功能的完善，促进民主、法制等理念的生成及社会管理模式的规范化。由此可见，现代化涵盖了从经济政治文化到社会生态的全方位内容，是一个实力概念。它不是看你拥有多少财富，而是看你用什么样的生产方式生产财富、创造财富。现代化的根本是人的现代化，而人现代化的根本则是思想观念、价值理性和科技素养、实践方式的现代化。

中国式现代化是中国共产党领导的社会主义现代化，有基于国情的中国特色。

一是人口规模巨大的现代化。我国14亿多人口整体迈进现代化社会，规模超过现有发达国家人口的总和，艰巨性和复杂性前所未有，发展途径和推进方式也必然具有自己的特点。二是全体人民共同富裕的现代化，而不是两极分化的现代化。三是物质文明和精神文明相协调的现代化。物质富足、精神富有是社会主义现代化的根本要求。四是人与自然和谐共生的现代化，要建设社会主义生态文明，建设美丽中国。五是走和平发展道路的现代化。中国过去没有、今后也绝不会像很多西方国家那样，通过侵略战争、殖民统治等罪恶手段实现现代化。中国式现代化具有人民性、全面性、协调性、共生性、和平性等特点，生成了与之相应的价值取向。

总之，现代意识主要有：理性（本质性、必然性、规律性和普遍性）、主体性（自我观念、独立意识）、现代科技意识、开放意识、竞争意识、市场观念、融合精神、变革意识、效率观念，民主思想、自由精神、法治观念、规则意识、平等观念、统一意识等，崇尚人民性、全面性、协调性、共生性、和平性等价值取向。

如何将"应然"的现代意识渗透到青少年学生的意识世界之中？培育现代主体的现代意识，需要学校创新并确立现代教育理念。

教育理念直接关乎学校的存在样态和发展质量。直观地看，衡量一个社会发展进步的指标是看其生产什么。逻辑地看，生产什么是由如何生产决定的。如何生产主要是由技术水平决定的；技术水平的背后则是科学发展水平；科学技术发展水平的背后是人才的质量和数量，而人才的背后则是教育。教育的根本因素是教育体制和教育理念。教育理念是关于教育本质、功能及实现方式的思想观念，是教育主体在教学认识和教学实践活动中形成的对未来理想教育的理性认识，是教育主体的行为指南，是学校建设发展的指导思想。合理的教育理念对成功的教育实践发挥着巨大的影响力、导向力和助推力，直接决定了一个学校的存在样态和发展质量。中国式现代化要求与之相适应的现代教育理念，如果没有科学的现代教育理念，就无法开创学校教育事业现代发展的新局面，就无法实现文化强国、教育强国、人才强国、体育强国的战略目标，对青少年现代意识的培育也是一句空话。

2016年9月13日在北京发布的《中国学生发展核心素养》研究成果，提出了新时代中国学生发展的核心素养，即学生应具备的、能够适应终身发展和社会发展需要的必备品格和关键能力。核心素养以培养"全面发展的人"为核心，分为文化基础、自主发展、社会参与3个方面，综合表现为人文底蕴、科学精神、学会学习、健康生活、责任担当、实践创新6大素养，具体细化为18个基本要点。一是人文底蕴，包括人文积淀、人文情怀和审美情趣；二是科学精神，包括理性思维、批判质疑和勇于探究；三是学会学习，包括乐学善学、勤于反思和信息意识；四是健康生活，包括珍爱生命、健全人格和自我管理。五是责任担当，包括社会责任、国家认同和国际理解；六是实践创新，包括劳动意识、问题解决和技术运用。

《中国学生发展核心素养》提出的"全面发展的人"必备的六大要素，比较全面系统地阐述了新时代学校育人的教育理念，对中小学全面培养学生的综合素养起到了有力的引领和规范作用。但是，以"现代"理性主体及其现代意识的标准衡量之，该成果仍有拓展的空间。如，该成果关于"自主发展"基本内涵（自主性是人作为主体的根本属性。自主发展，重在强调能有效管理自己的学习和生活，认识和发现自我价值，发掘自身潜力，有效应对复杂多变的环境，成就出彩人生，发展成为有明确人生方向、有生活品质的人）的概述，突出的是对学生人生方向、生活品质等方面的具体要求，未能彰显"自主发展"和"自我管理"的内在本质——学生领导力。

那么，现代教育理念包括哪些基本内容？现代教育理念必须与现代意识相一致、相适应，确立与现代化相适应的现代教育理念是培育现代主体的思维前提和理论基础。现代教育理念，一是必须符合教育的本质。教育是个人获得主体性、实践性和社会性的基本途径，是人类社会发展进步的重要动能。在本质上，教育就是将人类种种优秀知识、文化渗透到受教育者的精神世界，凝聚为受教育者的精神血液，促使其由自然人转变成为社会人的成长过程。二是必须符合现代意识及其价值取向的基本内容。由此可见，现代教育理念的基本内容主要是立德树人、培养学生的现代综合素养。

一是立德树人。教育是国之大计、党之大计。培养什么人、怎样培养人、为谁培养人是教育现代化的根本问题，也是现代教育理念的首要问题。育人的根本在于立德，教育学生扣好人生的"第一粒扣子"。全面贯彻党的教育方针，落实立德树人根本任务，就是要培养德智体美劳全面发展的社会主义建设者和接班人，培养一代又一代拥护中国共产党领导和我国社会主义制度，立志为实现中国式现代化、实现中国特色社会主义奋斗终身的有用人才。这是教育工作的根本任务，也是我们确立现代教育理念必须明确的首要问题和根本任务。

二是培养学生的现代综合素养。习近平总书记指出，青年强，则国家强。建设教育强国，基点在基础教育。基础教育搞得越扎实，教育强国步伐就越稳、后劲就越足。基础教育既要夯实学生的知识基础，也要激发学生崇尚科学、探索未知的兴趣，培养其探索性、创新性思维品质。今天的青少年，是从现在起直至未来30年整个"建成社会主义现代化"时期的直接参与者、建设者、实践者。新时代新征程，改革开放和社会主义现代化建设促进人的全面发展和社会全面进步，对青少年教育提出了新的更高的要求。

在今天，培育学生德智体美劳全面发展的综合素质，现代教育理念应该是：培养人的现代品质，弘扬人的个性特长，培养学生成为具有现代意识、自尊自强、自信自主、自觉自律品格和自我规范、自我实现能力的人，成为健康快乐的德才兼备、创新型复合型高层次人才。由此可见，现代教育理念应包含这样一些基本内容：一是马克思主义世界观、方法论、价值观、人生观；二是现代学习力（观察力、思考力、思想力、理论力）；三是现代创新力（分析能力、想象能力、批判能力、创造能力、解决问题的能力、组织协调能力、综合能力）；四是现代实践力（理论走向实际能力、观念转化能力、自我实现能力）；五是现代领导力（决断力、引领力、组织力、感召力、执行力）。

现代领导力的教育功能体现在认知自我、影响他人、塑造环境、服务社会等方面，是现代教育理念的核心要素。从内涵上看，领导力是每一位正常人所具有的正常能力。学生领导力首先是指对学生的自我领导能力，其次是指学生对他人、对团队的领导能力。一个人只有首先实现对自己的领导，自己驾驭自己的命运之舟，才能实现对他人、对团队的领导。对自我的领导，可以生成理性、主体性、独立性、自我认知、自我规定、自我规范、自我实现等现代意识；对他人和团队的领导，可以生成集体、权力、责任、利益及批评精神、创新精神、超越精神等共同体意识。具有"领导力"的人才能成为自我认识、自我决定、自我实现、自我规范的实践主体，才能是仰望星空脚踏大地"随心所欲不逾矩"的、自由意志与统一意志相结合的统一体，才能实现对自我、对他人和团队的领导。从一定意义上讲，古希腊神话中的"阿波罗精神"和"狄俄尼索斯精神"、古希腊哲学中的逻各斯精神和奴斯精神、黑格尔的"绝对精神"、马克思的主体性实践者，都是自我实现与实现他人、自我领导与领导他人相结合的有机统一体。中国古人追求和崇尚的圣人、贤人、哲人、真人、道人等理想人格以及新文化"理性启蒙"思想者们所崇尚的德先生和赛先生，亦是这样的大写的人。

从功能上看，学生领导力是现代教育理念的核心要素，也是现代主体的必备核心要素。中国式现代化建设的战略支撑和实现途径的需要、世界新科学革命的到来，对青少年培养提出了时代要求：着力培养全面发展、综合素质比较均衡的人，即自我设计、自我规定、自我规范、自我实现、自我完善的人。因此，现代主体是自我规范、自我实现的实践主体。健康的人应该是具有自我领导能力的"全人"，如，生活自理、自食其力的生存能力，交流沟通、阐述思想的表达能力，海纳百川、不断创新的学习能力，适应环境、与时俱进的发展能力，实现自我、造福社会的实践能力等。倘若离开了领导力，其人生观则是狭隘的，学习力是短时的，创新力是疲软的，实践力是被动的。只有与领导力相结合，其人生观才能超越狭隘的个体局限性，在群体层面得以升华；其学习力才是持久的，其创新力才是强劲的，其实践力才是主动的。

从学生成长成人的动因上看，领导力培育是激发学生内在主体性的关键力量。内因是变化的根据，外因是变化的条件；外因通过内因起作用。毫无疑问，学生是自我教育的主体和主角。人是什么，就看他把自己看成什么、如何实现自我。青少年学生既是教育的受教者，同时也是自己成长的教育者。作为教育者，青少年实现了角色的转换，从被动的受教育者，转变为主动的自我教育者。"许自己一个灿烂未来"的承诺和"我能"的激情，可以尽情地挥洒自己的个性和智慧，释放自己的想象空间，在思维世界里纵横驰骋。这样，就展现了一个大写的理想的我。正是这样的理想形象和未来目标，成为青少年的奋斗目标，也成为他们走向未来的磅礴力量。

三、《学生领导力培养概论》的核心理念

围绕"全面发展的人"的教育目标，广大的中小学校进行了有声有色、个性鲜明的有益探索，如"全人"教育、"帮"教育、"成长"教育等，特别是提出和实践了"学生领导力"教育，形成了百花齐放、争奇斗艳的多种学生领导力教育模式，探寻了多种青少年现代主体培育路径，对丰富现代教育理念作出了辛勤探索和积极贡献。《学生领导力培养概论》就是对广大中小学校实践探索的系统研究和理论总结。

研究团队想通过此项课题研究，系统地建构有关培养学生思维能力、实践能力与创造能力的教育思想体系，综合性地建立有关培养学生核心素质的方法与策略体系，前瞻性地建构有关卓越人才培养的先进观念体系，开放性地提出能促成大批卓越人才成长的社会文化建设的创见；通过这个课题的深度研究与协同研究，谋求对传统教育观念有所突破，对传统教学过程中的师生关系有所突破，对传统的学习方式有所突破，对传统的教育教学思维模式有所突破；真正做到以学生发展为本，真正站在学生立场来思索领导力培养问题，真正做到以"三个面向"为指针来设计科学先进的具有广泛适应性的学生领导力培养模式，真正做到从现实的基础教育领域存在的"真问题"出发来探索解决问题的方法与途径。

承担撰写任务的，有高等学校的教授，也有基础教育领域里的名师。课题组先后在华中科技大学附属花城中学、武汉市第 49 中学专门召开了 5 次研讨会，加拿大的两位课程论专家亦参加课题组并撰写了书稿。课题组成员多次一道聚精会神地研究、研讨学生领导力培养课题，一道细致地梳理已经掌握的理论性和实践性的丰富信息，一道创生富有新意的表述体系，一道构建富有时代特色与世界视野的学术话语体系，形成了供出版社正式出版的文稿。

在全面建成中国式现代化、建设教育强国的新时代新征程，该书的出版恰逢其时，必将对我国基础教育现代化产生广泛而深刻的有益影响，促进教育理念的现代化，促进中国式现代化亟须的现代主体的培育成长，助推中国式现代化的成功实践和顺利实现。

我们可以满怀信心自豪地说，实现中国式现代化的现实依据主要在于具有领导力等现代意识和实践能力的现代主体之中！

夏建国

2023 年 10 月于武汉大学

目　　录

领导力总论：领导力的基础知识概述

分论 1：学生领导力要素的培养

分论 2：不同职级学生干部领导力的培养

分论3：从活动空间看学生领导力的培养

领导力总论：
领导力的基础知识概述

　　本书的引论至第四章为"领导力总论"。围绕核心素养视域下的学生领导力培养的问题，运用历史的、发展的、实事求是的观点，简要分析领导、领导现象以及领导力的内涵、起源；从领导力的构成要素、层级，介绍领导力模型、结构；分析培养学生领导力的价值意蕴；介绍培养学生领导力的基本方法和途径。从总体上概述领导力的基本理论知识，以帮助读者从总体上把握"领导学"理论的基本框架，对培养学生领导力的课题的研究与实践，有一个初步的认识。从学生核心素养培养的高度和学生领导力培养的视角，更好地提高实现立德树人根本任务的自觉性。

引论：核心素养视域下的学生领导力的培养

2014年教育部出台《关于全面深化课程改革落实立德树人根本任务的意见》，提出了"核心素养"的概念，并于2016年在北京举行了《中国学生发展核心素养》研究成果发布会，明确了核心素养的3个方面及6大素养。在核心素养视域下，学生领导力的培养有哪些实施策略？这是本章要讨论的问题。

第一节 核心素养与学生领导力的关系

一、核心素养的概念与特点

核心素养是指学生在接受教育过程中应具备的，适应个人终身发展和社会发展需要的重要品格和关键能力，是知识、能力和态度的综合体现。

（教育部学生发展核心素养研究协作组，2016年9月）

中国学生发展核心素养以培养"全面发展的人"为核心，分为文化基础、自主发展、社会参与 3 个方面，综合表现为人文底蕴、科学精神、学会学习、健康生活、责任担当、实践创新 6 大素养。各素养之间相互联系、互相补充、相互促进，在不同情境中发挥整体作用。

二、学生领导力的定义

什么是领导力？尚没有一个统一的定论。美国前国务卿基辛格（Henry Kissinger）博士说："领导就是要让他的人们，从他们在的地方，带领他们去还没有去过的地方。"从这个意义来说，领导力是指一种能力，即能够有效地引导、影响和激励他人，从而实现团队或组织的目标。它是一种引领组织前进的力量，具体来说，领导力是一种综合能力，包括自我管理能力、协调沟通能力、问题决策能力、团队激励能力、分析判断能力等。

学生领导力是指学生在学习和生活中展现出的影响力、号召力和组织能力，它涵盖了自我认知、沟通协调、团队合作、创新思维等多个方面。本书中的学生领导力，主要指中小学生的领导力。

三、学生核心素养与学生领导力的关系

高速变轨的世界局势让国家对人才培养的要求不断提升，具备领导力的孩子在未来能更好地适应社会的发展，领导力是孩子走向社会的核心竞争力。

学生的领导力能否通过后天培养获得呢？领导学理论已经从伟人领导观向平民领导观转换，而平民领导观认为，领导的实质是一种积极的影响力，每一个人都能够发挥这种力量，去影响和改变外部环境，成为实质上的领导者。故而，领导力完全可以通过后天培养获得，由此产生了学生领导力。当然，学生领导力的概念有别于传统的领导力概念，它倡导人人都可以是领导，人人都具备领导力潜能。因而，学生领导力更倾向于培养学生学会自我规划、自我管理、自我发展，帮助学生找到成长的价值，寻找自己的人生目标，提升面对学习、面对生活、面对未来的能力。

从某种意义上说，学生领导力的培养隶属于核心素养培育，是核心素养的重要组成部分，也是核心素养培育的特色表达和专项实践。培养学生领导力，从本质上说，就是在培养学生的核心素养，培养他们的实践能力和创新精神，培养他们应对社会、适应发展的生存能力。

核心素养则是学生领导力的基础和支撑。只有具备了实践能力、沟通能力、协作能力和创新能力等核心素养，学生才能更好地发挥领导作用。核心素养能够帮助学生分析问题、理解他人、协调团队和创造创新，从而提升其领导力水平。在核心素养的基础上培养领导力，不仅可以提升学生的个人素养，还可以帮助他们更好地适应社会的发展。

综上所述，核心素养和学生领导力之间存在着密切的联系。拥有良好的核心素

养是学生领导力得以发挥的基础，而学生领导力的提升又有助于培养学生的核心素养。

第二节　构建学生领导力培养的课程体系

一、基于创新思维培养的社团课程

社团课程是学校在严格落实国家课程标准的基础上自主开设的课程，其品质能够展现一所学校的办学品质和教学水平，也能决定一个孩子发展的广度和深度。

社团课程能够给予学生比文化课程更多的自主学习、自我管理、团队协作的时间和空间。从培养学生领导力的角度来说，社团课程应该体现如下原则：

充分的自主性原则。鼓励学生的个性发展是核心素养的应有之义，因而，培养学生的领导力一定要关注学生的发展需求和个性特点。所有的社团课程一定要尊重学生的自我意愿，重视学生的兴趣爱好，给予学生充分的自主权，才能激发他们自主学习、自我管理的积极性和主动性。故而，社团课程的开设要做好提前调研工作，对全体学生以问卷调查的方式进行摸查，了解学生的兴趣特长、未来发展、学习需求等，据此进行课程设计，在学生选课的基础上组建社团。有条件的学校要把社团招新工作交给各个社团的学生，让他们群策群力，策划实施，自主招新。

开放的创新性原则。实践创新是核心素养的重要内容，也是学生领导力培养的要素。这种创新既体现在大力发展特色项目，彰显学校的办学特色，培养创新发展、扬长个性的学生上；也体现在课程内容与教学设计中，教师要有效运用情境创设、动手实践、合作探究等活动形式，鼓励学生的创意表达，有意识地引导和培养学生改进和创新现有的问题解决方式，培养学生的创新思维和解决问题的能力。

二、基于合作能力培养的项目课程

项目课程是基于项目化教学开设的活动类课程，它以项目为主要组织形式，强调学生的主体地位，培养学生的创新精神和实践能力，侧重于综合运用知识与技能进行实际应用，重视学生在此过程中的能力发展与素养提升。项目课程与传统课程最大的区别在于，它的实施依靠的是团队而非个人，只有群策群力才能更好更快地完成课程，因而更能锻炼每个人的策划、调动、协调、实施能力，培养学生的问题意识、集体意识和成果意识，对学生领导力的培养具有天然优势。那么，项目课程的实施应该注意哪些方面呢？

首先是学校层面的课程体系搭建。项目课程的实施有赖于学校的科学筹划。学校要重视项目课程的开发与建设，要及时收集师生发现的可供探究的问题，分类别、分组织形式进行整理，精心设计出备选项目课程，供师生选择完成。项目的来源有以下两个方面：一个来自教师，教师在平时的教学中要关注对学生来说有意义、有趣味、有深度的问题；另一个来自学生，教师要有意识地引导学生在平常的学习生活中发现和收集问题，并给予学生充分的时间讨论选择、确定问题。除学校的项目课程外，教师也可给予学生充分的自主权，引导学生自由选择自己感兴趣、有价值的项目，从课内延伸到课外，开展单学科或跨学科的项目化研究。除此之外，学校还要设计系列项目课程实施的校本课程，对学生进行方法培训，包括明确分工的方法、调查研究的方法、沟通协调的方式、成果呈现的形式等，为学生上好项目课程扫清障碍。

其次是教师层面的指导培训。学生的领导力培养不能操之过急，将一个项目教给学生，完全由学生去组织实施是不现实的。因而，教师要循序渐进。从项目的选择上说，可以先从学生的兴趣出发，立足于课程标准和教材内容，将项目设计和主题单元有机融合，开展单学科项目化学习，有单一的学科知识作基础，学生更易获得成就感。从项目的实施上来说，可以先选择班级项目，带领全体学生共同完成一个具有挑战性的项目，让学生了解项目化学习的基本流程。在此过程中，教师同样要做好方法培训和疑难指导，相比于学校层面的方法培训，教师所做的要更具体更细致，比如如何明确分工、如何制订计划表、组员消极怠工的处理方式等。在整个项目课程实施的过程中，教师要随时关注小组活动进展，通过召开会议、阶段分享、成果交流等方式，了解活动进度，解决实际问题，指导学生开展下一步工作。

最后是学生层面的评价激励。项目课程需要评价，尤其需要及时地评价与表彰。因为它不可能以书面的形式展现每个人的能力发展与素养提升，也不可能统计每个人在此过程上的付出与进步。如果没有评价，会有大量的学生劳动得不到认可，成果不被尊重，自然也就失去了项目课程实施的意义。那么，项目课程的评价应该怎么做呢？学校要根据领导力的要素设计出显性评价量表和隐性评价量表。显性评价量表以学生最终参与的工作和呈现的成果为准进行计分，隐性评价量表以领导力要素为评价标准，包括策划能力、协调能力、沟通能力、指挥能力、分析并解决问题的能力等，分为自评、互评、组长评和老师评四个层级。评价积分要以小组为单位进行表彰。

三、基于责任意识培养的社会实践课程

在培养学生领导力的过程中，我们要引导学生走入社会、关注社会，去接触、分析和尝试解决现实中的问题，提高学生的社会实践力，强化学生的社会责任意识，更利于促进学生领导力的养成。

学校要积极为学生创造从校园走进社会大学的机会。有条件的学校可以组织学生走进科技馆，感受科技的魅力；可以组织学生走进人文气息浓厚的大学，激发他们崇文尚学的上进心；可以带领学生走上田间地头，亲近自然，了解社会的更多方

面，积累社会经验；可以让学生参与社会服务和公益事业，让学生亲身感受社会的温暖，增强社会责任感和担当意识。

领导力的提升还离不开创新的活动和体验。学生跟随导师进入国家重点实验室做实验，切身感受到浓厚的科研氛围；通过搭建创新实践平台，为学生创设社会真实情境，引导学生直面社会问题。例如，可以充分开发校外优质资源，结合当地特产，探究解决产品研发和推广问题；可以抛出学校当前面临的问题，引导学生参与学校管理，提交解决方案；可以结合时事热点，引导学生开展讨论或辩论，等等。依托实践载体，团队成员必须通力合作，进行调查、思考、组织、讨论、实践，共同出谋划策，学以致用，既能发展核心素养，又能促进领导力的提高。

第三节　基于核心素养的学生领导力培养策略

一、基于课堂教学的培养策略

课堂教学是教育的主要形式之一，也是培养学生领导力的关键场所。在课堂教学中，教师可以通过多种策略和方法培养学生的领导力。

1. 掌握专业知识与技能培养策略

创设轻松愉快的课堂氛围：教师需要建立一个民主、平等、和谐的课堂氛围，采用多样化的教学手段，让学生感受到学习的乐趣和成就，鼓励他们积极参与课堂活动和讨论，敢于表达自己的观点和想法，这将有助于学生更好地掌握知识和技能，并提高自己的综合素质和能力水平。

整合知识内容：保证教学内容的完整性，遵循一套完整的知识体系，按照循序渐进的方式进行教学；同时，授课内容要遵循"少、精、宽、新"的原则，去除陈旧的内容，添加前沿知识，开拓学生的视野，简化并精讲知识点，吸引学生注意力，提高学生的学习热情和兴趣。

融入领导力培养：在课堂教学中，教师可以融入领导力培养，讲解领导力的概念、特点和实践方法，让学生了解领导力的本质和要求，认识领导力的重要性，激发他们的领导力潜能。

提供导师角色和模型：为学生提供导师指导和优秀领导者的角色模型，创设导师角色，以一对一的方式培养学生导师，激发学生的领导潜能，培养沟通与管理能力。同时，可以邀请优秀的导师和领导者分享自己的经验和故事，让学生从榜样中汲取灵感和动力，培养领导力意识。

2. 培养学生自我管理能力的策略

注重学生的个性化发展：教师需要密切观察学生在课堂中的表现，包括他们的兴趣爱好、能力特长、交流合作等方面，发现学生的优势和潜力所在；并根据学生的不同特点和发展需求，制订个性化的教学计划和方案，关注他们的成长和进步，并给予及时的肯定和鼓励，提供反馈和建议，促进学生的个性化发展和综合素养的提升。

培养自主学习能力：教师需要培养学生的自主意识和能力，让他们学会独立思考和解决问题，通过引导学生制订学习计划、提供学习资源等方式，培养学生的自主学习能力，让他们能够独立思考和解决问题；同时也要鼓励他们勇于承担责任和风险，这将有助于学生在未来的学习和职业生涯中更好地适应变化和创新。

培养自信心和自我管理能力：领导力需要具备自信心和自我管理能力。在课堂教学中，教师可以安排一些展示或演讲活动，让学生有机会展示自己的才华和观点。这样可以培养学生的自信心和自我表达能力；同时，可以引导学生树立时间管理、情绪管理等方面的意识，提高他们的自我管理能力。例如，在语文课上，教师可以安排一个以"自我介绍"为主题的演讲活动。学生需要在讲台上向同学们介绍自己，展示自己的特点和优势。通过这种方式，学生可以锻炼自己的演讲能力，提升自信心，同时也可以提高自己的自我管理能力。

鼓励自我反思和分享：老师要鼓励学生进行自我反思和分享，让他们总结自己在活动中的表现和经验，并与其他同学分享自己的感受和收获。通过自我反思和分享，学生可以更好地认识自己的潜力和特长，发现问题，自我改进，从而实现自我管理。

3. 发展学生团队合作精神的策略

实行小组合作制：领导力与团队合作密不可分，合理分组、明确分工，让每个学生担任相应的领导职务，或轮流担任组长和负责人，承担一定的组织工作，培养学生的团队合作意识，锻炼他们的组织协调能力和领导能力。

开展综合性教学活动：积极开展综合性、项目化教学活动，指导学生针对真实情境提出问题，以专题研究为项目，以小组为单位，通过角色分配、分工合作等环节进行研究和展示，增强学生的实践力、创造力、领导力，在思想碰撞与意见交流中拓宽思维、增长见识。例如，在数学课上，教师可以安排一个以"测量操场面积"为主题的小组项目。学生需要以小组为单位，通过合作解决问题，并报告结果。在这个过程中，学生可以学会如何分工合作、沟通协调、解决问题，从而培养自己的团队合作能力和领导力。

组织主题活动：课堂教学中，教师可以安排一些多样且与领导力相关的主题讨论和实践活动，通过问题导向的探究性学习、小组讨论等方式，培养学生的团队合作意识和沟通能力，让学生在学习过程中接触到领导力的知识和技能，培养他们的领导力意识。

4. 培养学生创新思维能力的策略

引入创新元素：在课堂教学中，教师可以引入创新元素，鼓励学生提出新思路、新方法，培养他们的创新意识和能力。可以通过引入案例分析、项目实践等方式，引导学生学会运用所学知识解决实际问题，培养他们的创新思维和能力。

加强课堂教学的过程性、应用性和体验性：研究性教学的主要目的是在保证学生掌握系统知识的基础上，培养学生自主学习、自主研究的能力，增强学生创新能力和团队意识。因此，在课堂教学过程中要注重传授知识理解的过程性、系统知识的应用性和实践技术的体验性。例如，在历史课上，教师可以安排一个以"历史事件的分析与解决"为主题的探究性小组活动。学生需要通过对历史事件的分析，提出自己的解决方案并阐述理由。在这个过程中，学生可以学会从不同角度看待问题，并提出创新的解决方案，从而培养自己的创新思维和能力。

综上所述，课堂教学是培养学生领导力的重要场所之一，教师需要注重学生的个性化发展，营造良好的学习氛围，提供充足的实践机会和拓展活动等，帮助学生更好地发挥自己的潜能，并提高自己的综合素质和能力水平，这将有助于学生在未来的学习和职业生涯中，更好地适应变化和创新，取得更好的成绩，实现自己的人生价值和社会价值。

二、基于实践体验的培养策略

1. 学生参与社会组织活动的策略

实施导师制：学校可以实施导师制，为学生提供个性化的指导和支持。导师可以是有经验的老师、校友或企业界人士，他们可以在学习和生活中指导学生，为学生提供关于领导力的建议和经验分享，帮助学生解决实际问题和困惑。同时，学校可以建立导师团队，让不同领域的导师相互合作，共同为学生提供全面的指导和帮助。

实施分层培养：核心素养的培育鼓励学生的个性发展，学生的领导力培养也要注重学生的个性差异和需求，要根据学生的不同特点和领域需求，制订个性化的培养计划和方法，提供差异化的实践培训机会。比如针对不同年级、不同领域的学生，可以采取不同的培养策略。对于初一的学生，可以通过组织班级管理和团队活动来培养他们的领导力和团队合作能力；对于初二的学生，可以通过参加社团活动、社会实践甚至是课题研究等方式来提高他们的领导力和问题解决能力。

参与公共事务和社会组织：鼓励学生参与公共事务和社会组织，引导学生关注社会问题和社会需求，培养他们的社会责任感和公民意识，提升他们的社会参与能力和影响力。学校可以创设参与公共事务的机会，例如为学校管理献策、装扮校园一角、采访校长等，通过真实的生活情境，锻炼沟通能力、创新能力，提升社会责任感；还可以鼓励学生参与社区服务和志愿者活动，例如社区环保行动、为老年人提供志愿服务等，让他们在服务社会的过程中锻炼领导力。

设计多样化的学习环境：为学生提供多样化的学习机会和活动，鼓励他们参与各种学生组织，如学生会、各种社团、团队和项目，担任组织、策划或者领导的角色，让他们在实践中锻炼自己的能力，培养学生的组织协调能力和人际交往能力，引导他们发挥自己的领导力。

2. 学生担任学生干部的策略

实行竞聘上岗：以竞聘演讲和试用上岗的方式选拔学生干部，为学生提供机会和挑战，培养学生的口头表达、临场应变的综合素质，提升自信心，敢于展示自己的领导力。同时，实行职务轮换，让每个学生轮流承担不同职务，尝试新的任务和角色，体验不同的工作内容，承担不同的工作职责，培养责任意识的同时，发现自己的潜力和特长，学习融合创新。

实行三重考核：从管理内容、管理方法和管理实效上对学生干部进行评分考核，将团队中成员的表现与干部考核进行捆绑，同时加大表彰力度，提升学生干部的争优意识、领导意识和责任意识。

加强实践体验：敢于给学生干部压担子，给予他们充分的机会和适当的权利，提供相应的指导与帮助，尝试让他们独立带领团队完成一项活动，锻炼策划、组织、协调、反思等领导力。比如策划运动会时的班级展示项目、组织一次读书分享会等。通过实践活动，学生可以将所学知识应用于实际情境中，并通过反思来提高自己的领导力。

加强自我反思：加强干部反思力度，以周会、周结、周思的方式，引导学生干部反思工作、反思得失、善于总结，督促其不断自省，扬长避短，培养严格自律、以身作则、言行一致的思想意识，不断创新工作方式，提高为同学服务的工作能力，逐步提升领导力。

3. 培养学生实践创新能力的策略

核心素养的核心价值就是创新精神和实践能力，培养学生在复杂情境下行动的能力，让学生能依据实际情况选择合理的解决方案是学生领导力培养的重要目标。

案例分析与实践操作相结合：通过案例分析让学生了解领导力的应用场景，鼓励学生学会多角度、辩证地分析问题，培养他们的批判性思维和创新能力；同时安排一些实践操作活动，让他们面对挑战，亲身体验并解决复杂问题。

跨学科学习与实践创新：通过跨学科的学习和多元化的实践活动，培养学生的创新思维和问题解决能力。可以通过开设创新课程、组织创新竞赛、鼓励学生发挥创新思维等方式来培养学生的创新能力。例如，可以组织学生参加科技创新竞赛、科技节等活动，让他们在实践中锻炼创新思维和解决问题的能力。

除了以上提到的策略和方法外，教师还需要注意以下几点：

建立良好的师生关系：良好的师生关系是培养学生领导力的基础之一，教师需要与学生建立良好的沟通和信任关系，了解他们的需求和问题，并提供及时的帮助和支持，这将有助于学生更好地发挥自己的潜力，并取得更好的成绩和发展。

提供充足的资源和支持：为学生提供充足的资源和支持，包括学习资料、实践机会、专家指导等，帮助他们更好地发挥领导力。

这些策略需要根据具体的学科特点和学生情况进行灵活应用和调整。

第四节　搭建学生领导力培养的组织支撑

学生领导力的培养与提高，需要学校做好自上而下的组织支撑工作，要整体设计，立足现在，着眼全局。

（1）构建领导力培养的文化氛围：领导力的培养需要全体师生的共同努力，首先要加强思想建设和理念熏陶。在这一点上，学校一定要做好文化建设，营造良好的校园文化氛围。只有文化熏陶具有潜移默化、持久深远的特点。在物质文化建设上，学校要做好领导力培养的理念物化宣传，包括标语悬挂、广播室播放、电子屏展示、班级文化宣讲、展板橱窗展示等方式。在精神文化方面，学校构建尊重、平等、开放、创新的校园文化，营造积极的学习氛围和鼓励学生参与各种领导活动的文化，培养学生的自主发展能力和社会交往能力；构建领导力培养的文化氛围，通过反复强调宣讲领导力的概念、学生领导力培养的重要性，并以完善的课程和丰富的活动予以推动，将领导力文化深深植入学生心中。同时，学校要做好制度文化，出台相应的课程管理制度、培训学习制度和表彰激励制度等。在学生的教育和管理上，要将制度文化与校园文化结合在一起，既要加强规则意识和责任意识培养，又要营造良好的引导性氛围，让他们在耳濡目染中入脑入心入行。

（2）开设专业的领导力课程：学校可以开设专门的领导力课程，教授学生领导力的理论知识和实践技巧。课程可以包括领导力理论、沟通协调、团队建设、决策制定等方面的内容。通过这些课程和活动的参与，学生可以了解领导力的理论知识，掌握实践技巧，提升领导力水平。

学校还可以制订全面的培养计划，将学生领导力的培养贯穿于整个教育过程中。在制订培养计划时，应考虑学生的个性差异和需求，确保每个学生都能得到充分的发展机会。同时，可以根据学生的实际情况和发展需求，制订具体的培养目标和实施方案。

（3）加强榜样引领作用：学生领导力的培养不能一蹴而就，它需要由点及面地徐徐铺开，从"试点培养"到面向全体，这是一个漫长且呈阶梯式发展的过程。首先要培养具有领导力天赋的学生，给予充分的机会和平台，让他们崭露头角。在此基础上，学校要抓住机会，积极发挥榜样的典型示范作用，以表彰奖励、宣传展示、事迹宣讲等方式进行广泛的宣传，扩大其影响力，激发全体学生的渴慕之情，也让学生意识到，领导力的培养不限于成人，也不限于领袖，每个人都可以具备领导力。表彰的范围要逐渐扩大，层级要逐渐多样，更重要的是表彰激励那些敢于表达自己、有所创新的普通学生，尤其是"学困生"。

（4）提供多元展示平台：学校要组织各类活动，搭建各类平台，提供多元化的学习体验，给学生以充分的展示机会，培养学生的合作精神和领导能力。

一是给予团队合作的展示平台。学校可以组织项目课程成果展示活动，以项目组为单位进行全校展评，展评形式包括但不限于 PPT 汇报、节目展演、作品展示解说等，但要求体现团队协作；学校也可以模仿全国学生领导力大赛，组织校级比赛，以班为单位参赛并进行评比；学校还可以组织辩论赛，要求以班为单位选拔四人辩论小组，抽签选定辩论题目，给出一定的准备时间，在全校进行预赛与决赛。

二是给予个人风采的锻炼平台。通过学生会的组建与运作，培养学生会干部的团队协作与人际沟通能力；组织学校级别的干部风采大赛，从班级选拔开始，以即兴演讲、情境问题、活动设计等为比赛内容，培养优秀人才；以社团为单位，组织社团课程成果展示汇报，展示活动的设计、策划、组织、沟通、实施等工作均由社团学生进行，充分锻炼他们的协调、指挥和合作能力，培养责任担当意识。活动是最好的教育和管理形式，开展丰富多彩的活动，让学生在活动中学习、感受和体会，在活动中锻炼成长。

（5）强化师资培训：教师是学生领导力培养的关键因素。强调教师的角色定位与示范作用，教师自身就要成为优秀的领导者，才能通过言传身教感染学生，激发他们的领导力潜能。学校要加强师资培训，提高教师的领导力素养和教学能力，使他们具备优秀的领导品质和能力，如清晰的愿景和目标、良好的沟通技巧、团队合作精神、创新思维等，能够有效地引导学生发展领导力。例如，可以邀请有经验的领导力培训师或知名企业家来给教师进行培训，分享锻炼领导力的经验和技巧。

（6）形成教育合力：家庭是学生成长的重要环境。通过开展家长培训，促进家长对领导力的观念转变，引导家长在家庭中重视学生领导力的培养；积极开展家校合作，定期举办家长会、亲子活动，邀请家长参与学校活动，让家长了解学生在校的表现和学习情况，感受孩子的领导才能，让家长主动参与学生领导力的培养过程，形成教育合力，共同促进学生的发展。

综上所述，核心素养视域下的学生领导力的培养是一项长期而重要的任务，对于学生的未来发展具有重要意义。我们应该立足核心素养，通过多种途径和方法培养学生的领导力，不断提高教育教学的质量和水平，为构建美好的未来社会做出积极的贡献。

（引论作者：华中科技大学附属花城中学　马明荃）

第一章　揭秘领导与领导力

在第 12 届全国中学生领导力展示会上，江苏省梁丰高级中学"在困境儿童心里种下'一棵桃'领导力项目组"荣获特等奖，曹同学因出色的表现获"学生领袖"荣誉称号。从 2020 年起，该项目组组织支教帮扶活动，从身边的小事做起，用自己的爱心和责任心去开展形式多样的志愿服务项目，给困境儿童带来身体和心灵上的温暖，在他们的帮助下，贵州省沿河县黑水镇竹溪完小、张家港市青龙小学和红蕾学校的同学们，都感受到了来自社会的关爱。曹同学说："这次比赛从项目立项到实施，我们团队一直在一起，纵然过程中经历了许多困难，例如大家的时间难以协调，有些组员正在准备考试，答辩的问题分配等，但大家都同舟共济克服了困难。这次比赛让我充分锻炼了自己的领导能力、协调能力、团队合作能力以及临场发挥能力。"

领导是社会生活中的常见现象。社会生活中的一切组织、团队的兴衰成败，都与领导者的领导力水平密切相关。那么，什么是领导？什么是领导力？为什么社会生活离不开领导？为什么领导力关系着团队和组织的兴衰成败？弄清楚这些问题，对于进一步研究有关学生领导力培养的问题很有帮助。

第一节　领导现象溯源

如果我们留心自己和周围的世界，不难发现一个有趣的社会现象：每个人都置身在一定的领导或被领导关系的环境当中。例如某班主任老师，他是班级学生的领导，同时又处于校长、政教处等部门的领导之下。这种情况即使是某个待业青年也不例外，作为居民、公民，他处于居委会、当地政府的领导之下。

一、领导现象与人类社会相伴而生

大约 150 年前，美国的民族学和人类学家路易斯·亨·摩尔根，用了几十年时间，深入当时还处于原始社会状况的印第安人的一些氏族、部落进行考察。1877 年，摩尔根的《古代社会》出版，引起了思想界的轰动。马克思仔细研读了《古代社会》且做了大量笔记。恩格斯在整理马克思笔记的基础上，结合自己的研究，写出了《家庭、私有制和国家的起源》。恩格斯依据摩尔根调查的大量史料，运用"两种生产理论"进行分析，揭示了原始社会解体、家庭、私有制的产生以及国家起源的根本原因，在于社会生产方式的矛盾运动，即生产力与生产关系之间的矛盾运动。恩格斯的"两种生产理论"对于研究人类社会中领导现象产生和存在的原因，具有重要的方法论意义。人类社会为什么存在领导现象，我们也可以从人类社会赖以存在和发展的基础——物质生产方式中找到根源。

在原始社会，生产力极其低下。为了使狩猎正常进行以获取食物，原始人结成一定的社会关系，其中也包含领导与被领导的关系。例如在印第安人的易洛魁氏族，就有酋长和军事首领。酋长和军事首领由氏族成员选举产生，对氏族成员的狩猎、采集以及氏族冲突中的血清复仇等活动进行指挥。氏族成员必须在酋长的领导下行动，必须遵守氏族内部的规则，例如禁止"族内婚"（即当时的禁止近亲结婚），以此维系后代的健康体质，从而维系氏族的发展和繁荣。

生产劳动是人类社会存在和发展的基础，而生产劳动必须依靠群体和组织才能进行。有群体、组织就有领导者和被领导者的关系。因此，领导现象是与人类社会相伴而生的。在以生产资料私有制为基础的社会，担任社会生产组织领导者的，是生产资料的占有者。在一定条件下，被统治阶级的代表人物也会成为领导者。例如陈胜、吴广就成为秦末农民大起义的领袖。陈胜喊出的"王侯将相宁有种乎"，至今还回响在历史的"回音壁"上。

社会分工和生产力的不断发展，为越来越多的人成为各级各类组织的领导者创造着越来越便利的条件。资本主义时代，社会分工更加细密，各种各样的社会生产经营组织不断涌现，使担任各式各样领导者角色的机会层出不穷，可谓"时势造英雄"。社会主义制度的建立为人的全面发展创造了前所未有的客观条件，从而为越来越多的人成为各级各类的领导者开辟了广阔道路。现代社会的发展，从事生产经营、科学研究、文化教育、政治管理的组织和团体越来越多，领导现象也就越来越普遍，越来越重要。

马克思指出："人的本质不是单个人所固有的抽象物，在其现实性上，它是一切社会关系的总和。"[①] 每个人都生活在一定的社会关系中，这些社会关系涵盖经济、政治、文化生活的方方面面，自然也就包括领导与追随的关系，即领导关系。虽然在一定的环境中，何人是领导者、何人是追随者存在诸多的偶然性。但正是这种无数的偶然性，为领导与被领导关系存在的必然性不断开辟道路。在一定程度上，可以说领导关系的存在与发展是历史的必然。

---

① 《马克思恩格斯选集》（第一卷），人民出版社1972年版，第18页。

二、领导力是一个众说纷纭的概念

领导是社会生活中司空见惯的现象。究竟什么是领导？学者们从不同视角、不同侧面提出的界定达数百种。泰瑞（G. B. Terry）认为："领导是影响人们自动地达成群体目标而努力的一种行为。"理查德 L. 达夫特（Richard L. Daft）认为："领导是在领导者和追随者之间有影响力的一种关系。""领导是在一定条件下，指引和影响个人或组织，实现某种目标的行动过程。"① 库泽斯和波斯纳认为，"领导就是要带领其他人走到他们从未走过的地方"。

在日常生活中，人们往往称领导者为"领导"。严格说来，领导与"领导者"有区别。领导是带领、指导组织实现某种目标的过程；领导者是实施引领行为的人。德鲁克说，"发现一个领导者最有效的办法是，看其是否有心甘情愿的追随者"。领导者、追随者、领导环境，是构成领导关系的三个要素。

领导者的价值观是影响领导力的重要因素。如果领导者的价值观顺应历史发展潮流，领导者就能够站在历史发展的前列，指引追随者向奋斗目标前进，对历史发展起推动作用，成为历史的杰出人物。反之，如果领导者的价值观错误，就会将追随者引入歧途，对历史发展起阻碍作用。因此，培养"学生领导力"，首先要培养学生科学的人生观、价值观和世界观。

领导者的行为会在一定范围内、一定程度上产生影响。按照历史唯物主义的观点，评价历史人物的根本标准，是看其是否有利于生产力发展和社会进步。这一标准也适用于对领导者是非功过的评价。

关于领导者的类型，学者们也进行了大量研究。从领导者的领导风格来看，K. 勒温认为有民主型、专制型、放任型；R. 利克特认为有专制独裁式、温和独裁式、民主协商式、民主参与式；丹尼尔·厄尔曼认为有命令型、远见型、关系型、民主型、示范型、教练型。从领导者的价值取向看，詹姆斯·麦格雷戈·伯恩斯提出有交易型领导（通过对下属的回报与利益来实现目标）、变革型领导（通过模范影响、鼓舞动机、智力激发、个性化关怀来实现目标）；格林里夫提出有服务型领导（通过团队合作、决策共享、伦理与关怀行为促进员工个人成长、团队成长）。

并非所有的领导者都能达到目标。有成功就有失败。究其原因，就在于其领导力不同。无数事实表明，领导力关系着组织和团队的兴衰成败！关于领导力，学者们众说纷纭：领导力就像美，它难以定义，但当你看到时，你就知道……领导力是怎样做人的艺术，而不是怎样做事的艺术……领导力是领导者的个体素质、思维方式、实践经验以及领导方法的总和，等等。综合来看，领导力包括自我领导力和团队领导力两个方面。前者指自我管理、自我完善的能力，后者指引导、组织、协

---

① 刘永芳：《管理心理学》，清华大学出版社 2008 年版。

调、指挥团队的能力。多数学者认为，领导力的本质是影响力，领导力是一种影响别人的艺术。

　　什么是领导力呢？

　　自信的男孩告诉你，领导力是从不自卑、满满的正能量；同时意志坚定、自立自强，能够不断提升自己。

　　勇敢的男孩告诉你，领导力是敢于担当、富有责任心；同时永不退缩，从哪里跌倒，就能从哪里站起来。

　　绅士的男孩告诉你，领导力是关爱他人、诚信守诺；同时胸怀宽广，善于倾听，能够容纳不同的声音。

　　有志气的男孩告诉你，领导力是目标明确、从不懈怠；同时志存高远，永远不会停止前进的步伐。①

（本节作者：华中师范大学学校文化研究中心　张爱群）

第二节　领导力可以培养形成

一、人们对领导力认识的发展

　　一位小学生的爷爷听说学校要培养孩子的领导力，顿时感到惊讶：小学生又不是省长、市长，以后也不会当官，不是政治家、军事家、企业家，谈什么领导力？言外之意是说，有没有领导力是成年人的事情，与中小学生没有什么关系，等中小学生成年以后，再来培养他们的领导力也不迟……

上述言论反映出人们对领导力问题的认识还存在误区。其潜意识中有"伟人论"的影响，其思想渊源甚至可以追索到历史上的"君权神授"。

20世纪初期，一些研究者提出了"领导特质理论"。该理论认为领导者具有优良的、与生俱来的特质，例如智力超凡、自信、精力充沛、活动能力强。领导者仅限于少数具有一定领导特质的人，领导力是少数天才人物的天赋。

20世纪中期，第三次科技革命极大地促进了生产力发展，推动了后工业化社会的发展。一大批普通人成为成功的企业家。例如小时候当过报童的山姆·沃尔顿成为沃尔玛创始人；从修车铺走出的本田宗一郎成为摩托车之父；出身贫苦农家的皮尔·卡丹裁剪出皮尔·卡丹公司；修车学徒工出身的福特成为汽车大亨……这一

---

① 彭凡：《优秀男孩的领导力手册》，化学工业出版社2017年版。

切使领导特质理论受到越来越多的质疑和挑战，产生了"领导行为理论"。

领导行为理论打破了领导特质理论的对领导者个人特质的迷信，认为成功的领导活动更多的是与领导者的行为有关。成功的领导者是可以通过行为方式的表现来培养的。领导力不是关于领导者是哪一种人的问题，而是领导者做了什么的问题。领导行为理论意味着领导者的队伍可以扩大到更多的群体。

在此期间，出现了对领导风格的研究。例如研究独裁型与民主型领导风格的区别。独裁型领导者集权力于一身，通过职位、对酬劳的控制和高压统治来获取权力。民主型领导者通过给下属分权、依靠下属的知识和能力来完成任务，并通过对下属的尊重来获取影响力。领导风格理论认为，兼具对人和生产力的高度关心的领导，才是最有效的。而且，有效的领导风格与领导所处的情境有关。环境是领导效果的最大影响因素，不同的环境要求有不同的领导行为和领导风格。

20世纪70年代以后，经济全球化深入发展。要求领导者具有引领组织进行变革的能力，以带领组织适应内外部的各种变化与挑战。这一时期所产生的变革型领导理论认为，变革型领导者能够通过宣传、沟通、个性化关怀等形式，让下属成为他的追随者并认同组织的共同目标。同时，善于不断激发下属的潜能与创造性，共同致力于组织目标的实现。例如，山姆·沃尔顿成功的秘诀之一，就是把员工当成"合作者"，认为员工之间是平等的。简·伯恩斯认为，领导者应当开发追随者的潜力，授权给追随者，使追随者也成为领导人。大量的研究结果表明，变革型领导力与团队绩效呈正相关。

从20世纪80年代开始，库泽斯和波斯纳研究了几千例成功领导者的行为，发现不管时代和环境如何变化，能够领导他人开创一条新路的人，都具有相似的经历，存在着共同的习惯和行为。他们将这些行为提炼为"卓越领导五种习惯行为"，即以身作则、共启愿景、挑战现状、使众人行、激励人心。这五种行为也是取得组织成功的基本方法，为那些想在领导岗位发挥最佳状态的领导者提供了一个可以学习借鉴的行为指南，对人们的工作敬业度、工作业绩产生了非常积极的影响。"卓越领导五种习惯行为"的理论在世界范围内得到越来越普遍的认同。它启迪人们，领导力不是天生的，人人都有潜能。

随着时代的变迁，人们对领导力的认识不断深化。领导力培养的对象从精英阶层扩展到广大群众，强调对不同层级的成员进行相应的领导力开发以提升整个团队和组织的竞争力。这也意味着对领导力的培养要更多地基于培养对象的群体特征和实际需求。领导力的培养对象，不仅是拥有领导职权的个体，而且是具有领导潜能的任何人，这当然包括青少年学生。

被评为2017年度"全国最美中职生"的小龙，是南昌市第一中等专业学2015级的优秀毕业生。他在名为《以德为美 遨游学海》的回忆文章中说：

2015 年 9 月我来到一专，选择数控技术应用专业，开始了专业的学习和训练。我积极加入学生会，保持乐观、开朗、勤奋的心态，慢慢地成了老师的好帮手、同学们可靠的朋友。老师们教导我要宽容和善，无论对事与人，都应把"德"放在首位。后来作为学生会干部，我积极参加学校工作，严格执行老师交予的任务。协助执行团委书记的工作安排，几次协调组织团员们到敬老院做志愿者服务，非常有收获和感触。

对专业技能，我也有比较高的要求，所以我积极进入机械专业集训队。起初我的专业功底并不突出，训练中也总是遇到问题。老师们一步步教我，带着我一一解决。终于我逐渐筑起信心，积累了实力，内心认可了自己。2017 年 9 月，我代表学校参加市车加工技术项目获得一等奖，同年 11 月省赛同一项目获得了二等奖。师生共同分享荣耀时刻，真令人难忘！

2018 年 9 月，我选择了继续升学，到九江职业技术学院开始自己的大学生涯。我的目标更加明了了：要专业技能、综合素质和文化修养共同进步和提升，德行持正和综合素质一并精进和完善。现在，我已三项技能在手，前进的路没有尽头，我要继续努力，成为一个方正有为的大国工匠。

二、领导力形成的主客观条件

领导力的形成必须具备一定的主客观条件，是主客观条件综合作用的结果。

首先，领导力形成必须有一定的客观条件，即社会的经济、政治、文化条件。这些条件提供领导力形成的环境和土壤。历史唯物主义认为，社会存在决定社会意识，社会意识反作用于社会存在。社会存在是第一性的，历史杰出人物的产生和造就是历史发展规律作用的结果，这就是"时势造英雄"。从秦始皇统一中国，到布衣刘邦战胜项羽建立汉朝；从揭开美国独立战争序幕的莱克星顿的枪声，到华盛顿领导取得美国独立战争的胜利，再到贫苦家庭出身的林肯领导取得美国南北战争的胜利。这些都说明了"时势造英雄"的道理。这些历史杰出人物，虽然所处时代不同，但其成功的原因都是能够顺应当时的历史潮流、顺应当时社会经济、政治发展的需要。在社会变革的过程中必然产生一大批思想家、政治家，在革命战争年代必然产生一大批革命家、军事家，在市场经济时代必然产生成千上万的企业家、金融家。卓越领导者、卓越领导力，都是一定历史条件的产物！

其次，领导力的形成还必须具备一定的主观条件，即领导者的价值观、思维方式、行为方式、文化修养、综合能力，这些主观因素与领导者的学习力、思维力、决策力、组织力等领导力构成要素密切相关。这些领导力的构成要素，一方面源于人们对领导力知识的总结和提炼，领导力知识的核心内容是如何组织团队去实现目标，对学生而言，也是一种间接经验，这些间接经验对培养学生的领导力具有重要意义，所以要通过书本知识、课堂传授等方式让学生了解。另一方面，领导力知识来自领导者在实践中形成的直接经验，一切领导力知识都是从实践中发源，这就需要学生接触真实的情境，通过亲自参与团队的相关活动来认识自我、认识社会，逐步为改造社会做准备。

库泽斯和波斯纳认为"生活是培养领导力的实验室"。无数事实说明，领导力是可以培养的。社会生活是培养领导力的大学校。那么，领导力是否一定要等到学生成年以后再通过党校、各种领导力培训以及今后的工作实践来培养？

当今时代，全球化、信息化、智能化等趋势发展迅猛，充满了"变革、竞争、危机、创造、合作"（Change、Competition、Crisis、Creative、Cooperation，简称"5C"），每个人、每个组织，都面临 5C 的挑战。如何在激烈的市场竞争中胜出，摆脱被淘汰的危机，是企业领导者思考的焦点。众多倒闭企业的背后暴露了领导力的危机。所以有人说，领导力的培养是当务之急，应当从青少年抓起。

> 天津经济技术开发区第一中学的小韩同学，在读八年级时就和几位同学提出了一个恢复学校门口交通信号灯的项目。不久又加入了一个与矿泉水瓶有关的"点点滴滴"项目组。2017 年起，他参加了第七、八、九三届全国中学生领导力大赛，"点点滴滴"获得特等奖，他获得年度学生领袖奖。他认为"中学生领导力"见证了自己的成长，改变了对自己和对社会的认知。

实际上，从"卓越领导五种习惯行为"的理论可以看出，以身作则、共启愿景、挑战现状、使众人行、激励人心，这些行为实际上是告诉青少年如何做人、如何做事，这些领导知识可以结合中国优秀传统文化和时代精神进行解读，洋为中用。例如以身作则就是要求重视修齐治平，严格自律，做出榜样；共启愿景就是面向未来积极乐观确立目标感召他人；挑战现状就是永不自满鼓励尝试敢于冒险追求创新；使众人行就是促进团结合作增强他人能力共同前行；激励人心就是认可贡献培育集体主义精神。这些知识可以从青少年时期逐步培养。有学者认为，决定领导力的许多特征例如沟通、协调能力、创造性思维、胆识等，在人生的早期阶段就开始培养才更加有效。

护卫国旗，学生标杆
黄石市第三中学　杨昊

黄石市第三中学有一支特殊的队伍，它就是黄石三中学生国旗护卫队。国旗护卫队的每个队员都是学校从高一年级 800 名学生中精挑细选出来的，他们不仅要达到护卫队队员基本的身体要求，还需要符合意志坚定、勇于担当、德行操守优秀的标准。同时，好的队伍关键要有优秀的队长来引领，所以在国旗护卫队队长人选的选择和培养上，学校着实做足了功夫。

引入竞争机制，优者上。学校最初不确定队长，采取自主推荐和教官推荐相结合的方式，确定 5 名候选队长，明确成为正式队长的要求和纪律，让他们明白成为护卫队领导人的基本要求。

树立领导意识，能者上。坚决树立国旗护卫队队长一定是由动作最标准、意志最坚定、最具领导力的队员担当的理念。每次训练前和训练后的考评训话中，反复明确队长就是国旗护卫队灵魂的意识，要求每一个候选队长都要有大局观念、集体意识、团队觉悟。从思想意识上，树立队长要为团队、为集体、为他人服务的思想。

提高训练标准，强者上。教官对候选队长执行最严要求，考核执行最高标准，要求候选队长以优异成绩通过考核，成为所有队员的标杆，当好榜样，要有领导队伍的能力和素质。让 5 名候选队长从业务能力上立得起来、站得住脚，令其他队员口服心服。

搭建领导平台，智者上。教官在平时训练中有意识地让候选队长组织队员的训练活动，让其自主地对队员进行管理和指导；在周一升国旗的日常活动中，有目的地安排候选队长在服装整理、队列行进、国旗升起、全员归队等各个环节进行指挥和调度；把全体队员分成 5 个队，交由 5 名候选队长带队，轮流执行学校司礼活动，充分发挥其带队引领作用。让 5 名候选充分发挥聪明才智，思考如何带好队伍，琢磨如何凝聚团队，反思如何化解矛盾，从实际操作中体会，在具体训练中提高。

经过三个月的训练培养，学校最终任命贺鼎恒同学担任黄石三中首届国旗护卫队队长，并授予护卫队队长军刀。

（本节作者：黄石市第三中学　杨昊）

第三节　中西方的领导力开发概况

一、西方领导力开发概况

领导力开发是指发展个人、团队、组织的有效执行领导角色和过程的能力。古希腊人把哲学称为雄辩，他们在讨论正义、智慧、决策、勇气、国家、统治等概念的时候，实际上是在谈论领导理论的问题。

西方中世纪时期，领导力开发是指通过各种教育培养绅士阶层、精英人士等上层社会群体成为领导阶层。中世纪的大学是培养社会精英群体领导力的重要机构。在这一历史时期，领导力只属于领导阶层，与老百姓无关。

创建于 15 世纪的英国伊顿公学的贵族教育是学校教育中培养中学生领导力的最早例证。该校通过对严格的自我训练、协同工作和小组忠诚等方面的教育，营造了一种高效执行与协作的氛围，培养了学生承担领导者的社会角色所必需的技能。伊顿曾造就过 20 位英国首相，被誉为"精英摇篮"。

英国的伦敦北部有个奥登汉姆学校，成立于 1597 年。该校有个奥登汉姆项目，培养学生的理想、合作、勇气、好奇心、独立和尊重的领导力特质。其中有个纺织小项目，学校请了 20 名身体残疾的纺织工，一次，一名纺织女工摔了一跤，一名七年级的学生说："老师，我帮您捡起您的手工工具，帮您拿起您的手套吧！"仅仅相处了一个多小时，这名学生就懂得怎样和身体有残疾的人沟通了，懂得了尊重他们。参加这个项目的同学都说，这个帮助残疾人的项目是最宝贵的，对他们以后进入医学院有意义。

20 世纪 70 年代开始，美国一些大学就在课堂教学、课外活动以及一些项目中注重开发大学生的领导力。有的大学由学生工作部门负责给学生提供领导力方面的培训项目；有的大学在社团活动、课外活动中鼓励学生通过自主承担各种实践活动来提升自己的领导力；有的大学则在必修或选修课程中开设专门的领导学课程，目的在于培养学生批判性思维、创新能力和社会实践能力，以帮助学生在毕业后更好地适应工作岗位和社会生活。领导学的教学方式，除了正式的课程外，还有专门的培训项目，各种社会实践活动及实习活动。具体的教学方法，除了讲授式、案例式、讨论式等，还有小组合作学习、影子教学法（即让学生花 3~5 天的时间跟踪领导者的日常工作）等新的形式。

意大利金德学校的一位老师开设了"什么才是领导者、为什么会称其是领导者"的研究项目，从三年级到七年级的学生都参与了这个项目的讨论。学生收集了马康尼、达·芬奇、斯大林、希特勒、乔丹等他们认为是领导者的资料，进行分析、比较，获取对领导知识的认识。

美国俄亥俄州沃什高中，开设了各种各样的项目，培养学生不同方面的性格，比如培养学生互帮互助，并且友好善意地对待他人，同时也可以形成开朗的性格。有个项目叫"服务项目"，要求学生在四年的学习中完成一定量的服务时间。例如完成 10~20 小时的服务、给低年级的同学提供帮助，或给无家可归的流浪汉提供帮助等，引导学生关爱弱势群体。

美国伊利诺伊州西莱顿高中，一直将学生领导力培养作为工作重点。有很多实验室或项目的内容，让学生进行讨论、分享，包括社会科学、语言等各个方面。学校有一个论坛，将学科以及社会上面临的问题集中起来，学生合作，从多个角度对话题进行思考和研究。开设"名士模拟课"，通过模拟论坛的形式，提高学生的沟通能力。学生要到一些社会机构调研，增加对名士的认知，才能在论坛中有好的发挥。该校还鼓励学生参与社区活动，例如到孤儿院、托儿所进行访问等。

美国艾奥瓦州马斯卡廷学区的学生都有"领导力笔记本"，这个笔记本专门用来培养学生反思和成长的能力。上面记录着让学生自豪的事情，包括他设定的目标、所做的工作以及所达成的目标等。学生在阅读、出勤等方面的活动，在笔记本上都有记载。学生每天都与家长分享和交流笔记本的内容。学校还通过展板让学生交流展示优秀的领导力笔记本。

美国艾奥瓦州的某些中学，学生有自己的自治政府，类似于学生委员会，还有班委会，以董事会的形式让学生负责。有一些学生社团组织，例如未来商业领导、未来农户、音乐乐坛、美术团体等，培养学生的组织、协调、沟通等领导技能。学校开设相应的领导力课程，例如高中第三课，讲乐观、自我意识、自控、同理心等。在每一章的末尾都要求学生完成一次公共演讲，每个孩子都要站到教室前面进行演讲，提高他们的表达能力。

在美国的很多高中，学校通过各种各样的场合和机会来培养学生的领导能力，且贯穿到校园生活的每一部分。例如通过学生体育社团、公民委员会、学长辅导员制、宿舍管理员、学校开放日导游等形式培养学生的领导力。每一位积极参与到活动中的学生都会得到非常好的锻炼机会和珍贵的服务他人的经历。

综上所述，随着时代的发展，领导力开发的对象从拥有领导职权的个体扩大到有领导潜能的任何人。国际学校对领导力开发越来越重视。中学、大学普遍开设领导力课程，通过课堂讲授、社团活动、项目学习、社区实践以及评选、表彰等多种方式，开发学生领导力。

被评为2021"新时代好少年"的小涵，是上海市格致中学高二年级学生。他热爱学习，课外涉猎各类科学知识，特别是对医学知识充满兴趣，认真学习急救知识和技能，经常与同学分享探讨。2020年10月，他在放学路上看到一位老人晕倒，就主动上前了解情况，发现老人疑似心脏骤停，于是一边请旁人拨打120，一边实施心肺复苏，帮助老人获得自主呼吸，为抢救工作赢得时间。他挺身而出"教科书式"施救的事迹，得到社会各界的称赞。平日里，他乐于助人、热心帮助同学，捐助家境贫困的先天性心脏病患儿。发起成立"黄浦区红十字BOYS"，利用课余时间进行公益宣传，让更多人了解急救、学会急救。被评为2021感动上海年度人物、上海市见义勇为先进个人、上海市三好学生。

二、中国的领导力开发概况

我国古代思想家对领导问题有广泛而深入的思考，留下了丰富的领导智慧。

我国最早的历史文献汇编《尚书》，被誉为"政书之祖，史书之源"。里面有大量的领导学思想。华夏九州的家国概念，"民为邦本、本固邦宁"的民本思想，尧的法天理、顺人心，舜的知人善任，禹的公而忘私……不仅传承着古代先贤的领导伦理，而且不断融入新的时代精神，历久弥新，成为安邦定国的根本原则，是培养核心领导力所必备的根本素养。

春秋战国时期的百家争鸣，反映出诸子百家对领导问题的深入思考。孔子主张君王施行"仁政"："为政以德，譬如北辰，居其所而众星共之。"意思是说，领导者如果实行德治，就会像北极星一样，所有的星辰都会围绕着它转。孟子提出"民贵君轻"理论，"民为贵，社稷次之，君为轻"。建议君王"节用而爱人，使民以时""修己以安百姓"。老子主张君王"无为而治"，清静修身，做到不扰民，与民休息。法家提出以法为本的思想，"缘法而治""不别亲疏，不殊贵贱，一断于法"。《孙子兵法》提出"不战而屈人之兵，善之善者也"，体现高超的谋略思想。

汉代司马迁编写的《史记》中同样蕴含有丰富的领导学案例。例如《廉颇蔺相如列传》就渗透有大局意识、团队意识。《史记·高祖本纪》记叙了刘邦善于识人、用人等诸多领导才能，揭示了刘邦的领导力与汉朝创立之间的内在联系，为后人从优秀传统文化中汲取领导智慧提供了经典文本。

北宋史学家司马光主编的《资治通鉴》，作为历代君王的教科书，在展示历代君臣治乱、成败、安危之迹的过程中，寓有对领导问题的深刻思考。

> 《史记》讲述了汉高祖刘邦的故事。刘邦出身平民，而项羽出身贵族。在楚汉之争中，刘邦战胜了项羽，建立了汉朝。刘邦在谈论得天下的原因时说，运筹帷幄之中，决胜千里之外，我不如张良；镇国家，抚百姓，给饷馈，不绝粮道，我不如萧何；连百万之军，战必胜，攻必取，我不如韩信。此三者，皆人杰也，我能用之，所以得天下。项羽有才而不用，所以失败。

科举制度是中国历代选才取士、选拔官员的制度，这对于传承中华文化、促进读书学习、公平公正选拔人才起到了一定的积极作用，说明当时已经有了公平竞争择优录取的教育思想。

我国现阶段有针对各级各类党政干部、企业中高级经理人员、军队中的高级军官以及高校研究院所的中高级管理人员、中小学校长的领导力培训体系。但是目前中小学还没有明确的领导力知识的教育体系。这意味着我国的中小学生需要等成年后有机会进入各级各类领导岗位时，才能接受系统的领导力培训。而在此之前，发展自己的领导潜能只能靠自发。

从中小学在学生领导力培养方面的情况看，在语文、思想品德、历史等学科中已经有大量的历史杰出人物、无产阶级革命家、优秀领导干部的知识，例如大禹治水、将相和、汉高祖的休养生息政策、精忠报国的岳飞、收复台湾的郑成功、毛泽东的诗词、朱德的扁担等；廉政文化进校园等活动广泛开展，学生干部队伍建设是学校工作的重要内容。这些都为培养学生领导力创造了良好条件。现在要做的工作，就是进一步提升校长、教师对学生领导力培养的认识，增强自觉性，有步骤有计划地推进这一工作。

自 1996 年开始，广州市妇联、广州市教育局联合主办"羊城小市长"评选活动，引导广大中小学生以小主人翁的精神，参政议政、关爱身边人、关心社会事，从小养成"爱国、守法、诚信、知礼"的良好品德。评选活动包括演讲、拓展训练、社会实践、无领导小组讨论和才艺展示等形式，议题涉及校园周边食品安全整治、保护广州古建筑、整治珠江、垃圾分类等多个方面。通过对选手的道德品质、领导管理能力、团队合作能力、社会实践能力等方面的考核，评选出多名"羊城小市长"。当选的"小市长"会获得与市长对话、深入社区考察、外出交流及公益活动的机会，进一步开阔眼界，提升社会责任感和综合能力。至 2022 年，已经举办了十四届，该活动成为广州市少年儿童校外教育活动的一个品牌。香港的"小特首"、沈阳的"小代表"、江门的"小市长"等评选活动也相继出现。如今，当年的"小市长"，很多已走出校园，服务社会。当提起参选经历时，他们不约而同地表示：参选"羊城小市长"，让他们获益终身。

2008—2023 年，全国中学生领导力展示会已举行了十四届。展示会秉承"集中国青年之力，筑社会向上之梯"的初心，以德育为先、能力为重、促进人的全面发展为战略主题，引导学生深入理解、践行和体认社会主义核心价值观，促进学生社会责任感、创新精神和实践能力的提升，带动了数百所学校的学生通过项目投入公共政策改进、弱势群体帮扶以及文化遗产保护等社会实践活动，有效地培养了学生的社会责任感、公民意识和组织管理与沟通合作等才能。

行走的茶课堂
天门市陆羽高级中学　李海燕

天门市陆羽高中一（2）班的班主任邹宇老师为提高学生对陆羽以及茶文

化的认知，带领学生来到陆羽茶文化研学实践教育基地，进行劳动教育，同时培养学生的领导力。活动前，一（2）班班委会召开策划会，落实此次活动的目标、方案以及各小组的任务分工。

识茶：在课前，小张、小汪雷等同学的小组在网上查阅茶叶的相关知识；到达基地后该小组向基地工作人调研基地的茶叶种类：黄金芽、富硒绿茶、安吉白茶、佛子山季儿红、竟陵红……

采茶：工作人员给小叶、安安等学生的小组现场示范茶叶采摘要求及方法。学生们做好记录并体验茶树的采摘。

制茶：小雪、小恒的小组向工作人员调研制茶的做法步骤、注意事项。例如茶叶先在太阳底下晒一下然后纳凉，注意晒的时间；茶叶晒之前要挑一下，下锅之前，锅先加热然后下茶叶不停地翻炒……

煮茶：茶艺导师给小丁、小程小组展示煮茶技巧、步骤。小组同学体验茶艺：包括备好茶叶、茶具，泡茶、置茶、醒茶、奉茶等过程。

四个小组对各个流程进行交流切磋，按照工艺流程泡出一杯杯香气四溢的茶，然后相互品，评出最香的茶。

此次活动使学生走近大自然，识别、采摘茶叶以及炒制、冲泡的工艺流程，不仅了解了茶文化知识，而且培养了学生沟通、交流、团结的能力。案例启示我们，学生的团队合作，领导力的培养，就在日常的教育教学活动之中。

尤艳芳编著的《儿童领导力启蒙绘本》中，就介绍了什么是决断力：说话干脆利落、快速作出决定不犹豫、平时善于观察思考、果断而不专断、乐于听取不同的意见。书中用故事的形式介绍了提升决断力的方法，如：做决定的时候勇敢一点儿、多看一些名人传记、做个生活中的有心人、遇事多动脑筋想一想……以儿童常见的故事的形式来讲述。例如，在《伟大的决定》的故事中，小女孩夏小佑上街去买作业本，看见一位老爷爷摔倒在地，又看见穿校服的同学贾博跑远去，弄清楚了是贾博撞的。但是贾博希望夏小佑保密。第二天，夏小佑经过激烈的思想斗争，决定把真相告诉老师。这个故事告诉孩子们要分辨是非，果断做决策。同时也说明，培养领导力可以从儿童抓起。

（本节作者：天门市陆羽高级中学　黄浦忠）

第二章　学生领导力的元素与层级

　　2018 年，新疆农业大学附属中学"花季无艾 为爱而行"项目组成立，这也是新疆第一支中学生防艾宣讲公益团队。五年来，项目组的学生志愿者们不仅在本校，还在全疆多地进行宣讲。通过微信公众号、小视频、宣传栏、展板、现场讲解、情景剧表演等形式开展宣讲活动，号召越来越多的青少年携手抗击艾滋病，增长艾滋病防治知识，从而提高青少年的防范意识和自我保护能力。2023 年 8 月，在第十四届全国中学生领导力展示会上，新疆农业大学附属中学"花季无艾，为爱而行"荣获特等奖。

　　学生领导力的基本元素分为五个方面：有高尚、远大的理想；有充沛、发达的理性；讲究诚信；具有坚定、刚强的意志；具有超越普通人的胆识。学生领导力包含五大层级：即对自我有较强的控制力；对学习项目有很好的理解力、设计力和管理力；对学习组织（小组、班级、社团）有影响力和带动力；对某一学科表现出特别清晰的文化自觉与文化自信；对师生关系与同学关系有深刻的理解与把握。培养学生领导力有五大方法：即指导学生阅读名人传记；指导学生进行专题写作和演讲；开展社会实践项目；家校合作，在家庭生活中设计可行的项目，培养学生的领导力；社会力量培养学生的领导力。

第一节　学生领导力的五大元素

　　综合国内外领导学及管理学的相关研究成果，考虑到让青少年学生易于理解与把握，并且能够结合自身实际进行操练，我们将学生领导力的基本元素分为五个方面：有高尚、远大的理想；有充沛、发达的理性；讲究诚信；具有坚定、刚强的意志；具有超越普通人的胆识。

　　1. 有高尚、远大的理想

　　有理想不一定就有领导力，但是没有理想就一定没有领导力。所谓领导，是将自己和他人导向未来。理想就是对于未来的设计图。领导行为是设计师的工作与工程师的工作之总和。

　　人们的理想可分为社会理想、人生理想和专业理想。在一个人的成长过程和发展过程中，这三种理想相互缠绕，相辅相成。

宋朝张载为追求知识的人士描述了无比美好的社会理想："为天地立心，为生民立命，为往圣继绝学，为万世开太平。"千百年来，这种理想鼓舞了无数优秀的读书人。今天，我们仍然要承认，这是十分高尚的理想。

一名青年在求学阶段，往往会产生宏阔的社会理想，产生清晰的人生理想，产生具体的专业理想。请看发生在北京十一学校的真实案例：

2010 年，联合国教科文组织总干事伊琳娜·博科娃访问北京，北京十一学校校长李希贵作为校长的代表被安排陪同接待。李希贵带着该校模拟联合国的秘书长和模拟教科文组织的总干事这样两名学生来到接待现场。在整个接待过程中，模拟总干事和真正的总干事的交流对话环节成为最大的亮点。这种"实景课堂"对十一学校的两名学生干部的影响很深刻，后来他们分别考上北京大学和美国康奈尔大学，两人都立志在国际关系工作领域走出属于自己的道路。[1]

2. 有充沛、发达的理性

在事业的航程中，理想是帆，理性是舵。要保证走正确的道路，干有价值的事业，实施符合人类文明潮流的领导行为，就必须培育充沛的理性。伟大的现代教育家陶行知说："所以每天的一举一动，都要引他到最高尚、最完备、最能永久、最有精神的地位，那方才是好学生。"[2] "最有精神的地位"就是一个人的理性最发达的状态。一个人要想对他人产生好的影响，其一言一行都必须在理性的管理之下，都要有利于社会普遍理性的建设。

3. 讲究诚信

中国古代经典《大学》说："富润物，德润身，心广体胖，故君子必诚其意。"[3] 在《大学》设计的人生进修阶梯及领导力培养阶梯中，"诚意"上承格物和致知两个认识环节，下启正心、修身、齐家、治国、平天下五个实践环节。我们可以看出，"诚意"是从认知到社会实践的关键，后面的"修身""齐家""治国""平天下"更是色彩鲜明的领导行为，实施这些领导行为的重要基础是"格物"与"致知"，而最关键之处则是"诚意"。在现代政治学语境中，领导人的诚信主要体现为对广大公民的尊重和对法律的尊重。诚信是领导力系统中十分重要的元素，是优秀学生应该自觉培养的美德。

---

① 李希贵：《面向个体的教育》，教育科学出版社 2014 年版，第 110 页。
② 胡晓风：《陶行知教育文集》，四川教育出版社 2008 年版，第 51 页。
③ 《论语·大学·中庸译注》，中华书局 2011 年版，第 264 页。

4. 具有坚定、刚强的意志

普通心理学将人的基本心理品质分为知、情、意。意志力是领导力体系中十分重要的元素。一个人具有多少知识，可以通过考试看出来；一个人的意志力有多强，没有哪一种书面考试能够将其准确测评出来，只能通过他一生的作为——即"人生的大考"来判断其得分。要赢得人生的马拉松比赛，最重要的品质是坚定持续的意志力。

对意志力最经典的描述就是孟子的表达："故天将降大任于是人也，必先苦其心志，劳其筋骨，饿其体肤，空乏其身，行拂乱其所为，所以动心忍性，曾益其所不能。"孟子的话语对那些暂时处在困境中的人们是极其珍贵的慰勉，对那些在学业上遇到困难甚至挫折的学子是难得的精神营养品，对处于青春期中容易迷失自我的青少年是一颗定心丸。

> 北京十一学校有一名学生在戏剧课上担任了一个学期的导演，她告诉老师，现在真正明白什么叫领导力了。她说："领导力就是你尽心尽力地为每一位演职人员服务，不遗余力地为剧组的每一个部门提供帮助。当他们认同你的服务，全部心甘情愿跟你合作的时候，你才真正拥有了领导力。"① 这名学生强调在服务他人的过程中"尽心尽力""不遗余力"，这些品格就是强大意志力的表现，而"半途而废""浅尝辄止"都是意志力薄弱的表现。

5. 具有超越普通人的胆识

在领导力系统中，胆识是最核心的元素。所谓胆识，是指同时具有见识和勇气。胆识高于一般的知识，也高于见识。胆识是最能产生实效、最能显示行动力与创造力的知识。要实现知行合一的学习目标就一定离不得胆识。陶行知说："敢探未发明的新理，即是创造精神；敢入未开化的边疆，即是开辟精神。创造时，目光要深；开辟时，目光要远。总起来说，创造、开辟都要有胆量。"②

在实施领导行为时，胆识有多种优良的表现，包括积极地开拓进取、创新发展、承担失败、接受打击与战胜挫折等。当代知名教育家李希贵用生动的事例说明了领导者胆识的特殊内涵："我将自己在校园泼水节中饱受学生的攻击，理解为这是校长作为公众人物的必然结果。既然你会更多地进入公众的视野，你就应该具有更大的承受能力。一位公众人物可能会经常面对鲜花和掌声，但也有可能遇到一些冷嘲热讽甚至攻击和陷害。北京十一学校的培养目标是培养各行各业的领军人物，

---

① 李希贵：《学校转型——北京十一学校创新育人模式的探索》，教育科学出版社 2014年版，第 16 页。

② 《陶知行教育文集》，四川教育出版社 2008 年版，第 47 页。

而领军人物也最有可能成为公众人物，这就必然要求我们的心理具有更强的承载力。"①

战胜自己
当阳市实验初级中学　朱璐瑶、叶晓燕

2023年4月，当阳市实验初级中学的七年级学生踏上了前往红色革命圣地——红安的研学之旅。

长途奔波并没有打消同学们对新环境的好奇与期待，仍在大巴车上闹个不停。这时，带队老师提议，让同学们来接龙，介绍一下自己还有自己的家乡。几位外向活泼的同学率先举起了他们的小手，一番诙谐的自我介绍让同学们笑得人仰马翻。"那么接下来你想让谁发言呢？"带队老师问道。"我想让小易同学发言"。话音刚落，大家的视线齐刷刷地看向后排的一个角落，小易同学慢慢地站了起来，气氛也不似刚才那么欢乐，因为在大家的印象里，小易是很内向的。在带队老师的鼓励下，小易开始慢慢地说："我自己没什么好介绍的，那我就给大家讲讲我们的家乡吧！家乡最让我骄傲的就是长坂坡了，这里是三国时期的古战场，曹操和刘备在此大战，赵子龙单骑救主……这段历史至今仍教导着我们每一个当阳人，像赵子龙那样有胆有识，做一个有勇气、敢担当的人。"老师带头鼓起了掌，人群也中立马响起热烈的掌声，小易的脸红了，透露出一丝惊奇与不可思议。带队老师当即决定，任命小易为班级的小队长，负责组织同学们的集体活动。

第二天，研学活动正式开始。小易早早地来到了场地，协助带队老师整理队伍传达消息。师生们先后来到黄麻纪念园、七里坪镇长胜街、苏区烈士陵园参观，开展红色主题教育。同时，带队老师还给同学们留下了一个任务——根据今日的参观学习，撰写一份发言稿，明日需要一位学生代表在鄂豫皖苏区革命烈士纪念园发言。稿子交上来后，大多不尽如人意，唯独小易的还算思路清晰，掷地有声。带队老师找到小易，希望他能作为代表发言。但小易却犹豫了，他说他没有发言的经验，害怕把这么重要的活动搞砸。带队老师鼓励他说，上次你在车上的表现就非常棒，赢得了全班同学的掌声，相信你自己，你有机会去更大的场合博得更多的掌声。终于，在带队老师的鼓励下，小易站上了主席台，发挥得比昨晚练习的每一次都要好。

研学之旅的最后一天晚上是同学们最期待的篝火晚会。在欢歌载舞中晚

① 李希贵：《学校转型——北京十一学校创新育人模式的探索》，教育科学出版社3014年版，第17页。

会逐渐落幕，列队集合时，部分同学仍沉浸在刚才的热闹中，全然忽略了身旁的垃圾。"大家把垃圾带走！"循着声音望去，是小易在喊，同学们这才纷纷弯腰捡拾垃圾，最后所过之处留下了干净整洁的场地。

返校当晚，老师们组织同学们将此次研学的心得与收获记录下来。在交上来的心得中，只见小易的字迹最为工整，他说，这次旅程终于让他战胜了自己，获得了勇气和力量。

（本节作者：荆州理工职业学院　陈茜）

第二节　学生领导力的五个层次

（一）对自我有较强的控制力

南北朝时期的作家刘义庆在《世说新语》中记载："管宁、华歆共园中锄菜。见地有片金，管挥锄与砖石不异，华捉而掷去之。又尝同席读书，有乘轩冕过门者，宁读书如故，歆废书出观。宁割席分坐，曰'子非吾友也'。"刘义庆为我们生动地刻画出管宁这样一个善于管理自我与控制自我、从而专心致志读书的青年学生的形象。自我管理是领导者行使管理与领导行为时最重要的基础。

孔子说："其身正，不令而行；其身不正，虽令不从。"不管是领导者与管理者，还是为人师表的教师，或者是为孩子做表率的父母，都要自觉地培养自我控制力和自我引导力。长期培养自我控制力，就自然升华为一种"教商"——就是自我教导的意识与能力，在自己的内心生成一种严于律己的自发性的心理机制。实际上，领导者或者成功人士都是具有很高"教商"的人。

中国当代知名教育家李希贵说："聪明的领导者往往会拿出相当多的精力来谋划管理自我。事实一再表明，只有改变自己，才能改变别人。只有领导改变，一个组织才能改变。"①

（二）对学习项目有很好的理解力、设计力和管理力

学生领导力发展阶梯的第二步是对学习项目的管理能力。从学生的实际出发，学习项目是其最重要的任务，是锤炼领导力的主要载体。学习项目可能是一次作业、一次综合测试、一次展示与比赛、一项探究性的实践活动。学习项目是学生自我发现、自我栽培、自我提升、自我强化的平台和机会。

---

① 李希贵：《面向个体的教育》，教育科学出版社 2014 年版，第 121 页。

　　学生如何主动设计学习项目？学生头脑中对学习项目的设计能力往往是未来在正式职场遇到重大项目时产生领导力的萌芽。设计学习项目，可以是自编一道题，或是设计一场小组讨论、发起一次专题性的社会调查、设计难度较大的社会公益项目等。在学习项目中爆发的"问题意识"与"探究意识"，就是领导意识的重要基础。

　　学生在学习项目中应该站在什么样的位置？如何对待自己的求学与教师的教导？现代教育正在重新塑造师生关系。在学习项目中，或者在"项目式学习"的过程中，学生是问题的提出者，是问题求解的共同思考者和共同行动者。这种学习关系最有利于学生培养领导意识与领导能力。学生在项目式学习过程中的新型角色能够最广泛地培养全体学生的先锋意识和领导能力。北京十一学校为学生设计了"陪伴校长到主管部门汇报工作和反映诉求"这样特殊的学习项目。李希贵校长如此记述："到主管部门说明学校运动场为什么需要维修，去社区请求加大学校周边环境的治理力度。这样的事情，过去仅仅靠校长去做，今天有了学生的参与，效果大不一样，对学生的教育远不是单纯在教室里能够比拟的。"[1]

　　学习项目是学生在意志品质方面进行自我磨砺的"磨刀石"。一般来说，其学习项目总是有起、承、转、合的节奏，因此要圆满完成，总是要经历一个或几个困难阶段。在学习项目遇到困难的时候，往往是最能唤起项目牵头人或者项目骨干的领导意识的时刻。在学习集体中，学习同伴相互鼓励，相互启发，实质上就是共同磨砺刚强的意志。这既是必然经历的学习过程，又是学习的重要内容。

（三）对学习组织（小组、班级、社团）有影响力和带动力

　　学习组织有各种各样的形态。通常的形态有学习小组、班级和社团。具有领导力的学生对学习组织形成特殊的影响力，特别优秀的学生对学习组织形成有别于教师的带动力与改造力。学生领导力在学习组织中的表现往往是情境式地生成，或者是临时性地亮光一闪。

　　卓越的学生领导力则表现为生成新型的学习组织，例如专题性的兴趣小组，项目式的主题探究与社会调查小组。优秀学生对学习组织的再造，是十分有意义的行为，是能够直接培养高级领导力的实践环节。构建一种富有创意与理趣的学习团队，这是学生领导力的高级形态。学习团体、研究团体和实践团体，中间并没有截然的界限。组建社会实践组织的能力，是一名优秀学生在未来形成一种社会建设领导力的能力胚胎。

　　社团是非常重要的学习组织。百花齐放的社团能够最大限度地照顾到全体学生的个性发展之刚需，也是最能够发挥学生领导力的学习组织形式。有理想的学生在

① 李希贵：《面向个体的教育》，教育科学出版社 2014 年版，第 110 页。

社团活动中直接锤炼项目设计能力、资源开发与整合能力、有效沟通与合作共事的能力、克服困难迎接挑战与战胜挫折的能力。

（四）对某一学科表现出特别清晰的文化自觉与文化自信

优秀学生对某种学科产生特别浓烈的兴趣，年少时就立志成为该学科领域的先锋与领导，这样可以引发潜在的发明力与创造力。发明力与创造力的实质是对民族文化与人类文化的领导力。

美国麻省理工学院第 18 任校长科恩·布兰丝（Korn Bluth）生于 1961 年，1982 年在威廉姆斯学院获得政治学学士学位，1984 年在剑桥大学获得遗传学学士学位，1989 年在洛克菲勒大学获得分子肿瘤学博士学位，1994 年到杜克大学任教，2005 年升职为教授。科恩·布兰丝第一次与生物学相遇，不过是为了满足大学毕业的要求，选修了一门关于人类生物学与社会问题的课程。当时，负责授课的德维特教授（William Dewitt）激发了布兰丝对于细胞生物学的兴趣，并永远改变了她的职业生涯轨迹。布兰丝的研究重点是细胞开始分裂或者自我毁灭的生物信号，在此领域取得不凡的成就。因为专业成就高与管理能力强，布兰丝被任命为杜克大学的教务长。在 2022 年，杜兰丝被选举为全球高等教育界高度关注的麻省理工学院第 18 任校长。

（五）对师生关系与同学关系有深刻的理解与把握，进而对普遍的社会关系有深入的思考甚至有特别的洞察力

优秀学生对师生关系和同学关系的积极理解，往往是对一种新型社会关系进行认知与塑造的萌芽。在积极理解师生关系与同学关系的基础上，构建一种富有创意的学习项目或者思想团队——情感共同体与思想共同体，是常规学习行为的飞跃。

中国古代教育学经典《学记》这样描述学生的心理发展与思想发展的上升轨迹："安其学，亲其师，乐其友，信其道。"这是有效学习的四个层级。表面上看，学习是一个人构建与知识的关系；实质上看，学习是一个人通过追求知识而实现与他人构建牢固的富有超越性的社会关系。为什么说"独学而无友，则孤陋而寡闻"呢？深层原因是狭隘的学习行为没有推进学习者与他人生成生动活泼的共同思考与共同生活。学生领导力正是在学习行为得以升华、学习者与他人构建精神社区的重要时刻萌生与成长。"亲师"与"乐友"正是在学习过程中，在共同追求知识、追求真理的火热的精神生活过程中，生成积极高尚的人际关系与社会关系。

孙中山先生在追述少年时代求学的心路历程时说："忆吾幼年，从学私塾，仅

识之无。不数年，得至檀香山，就傅西校，见其教法之善，远胜吾乡。故每课暇，辄与周围同学诸人，相谈衷曲。而改良祖国，拯救同类之愿，于是乎生。当时所怀，一若必使我国人人皆免苦难，皆享福乐而后快。"[1]

（本节作者：湖北省鄂州中专　黎政）

第三节　培养学生领导力的五大方法

（一）指导学生阅读名人传记

名人传记总是能将深厚的思想、生动的故事和栩栩如生的人物形象结合在一起。相比小说，传记的真实性具有强大的感染力和启发性，具有征服人心的特别力量。优秀人物或者杰出人物对历史、社会、行业的领导力往往在传记中得到清晰的揭示与适度的渲染，对于青年学生培养领导力是最佳教材。孙中山在读中学时，特别着迷于阅读《华盛顿传记》《林肯演说集》等书籍。

湖南省长沙市明德中学创办于1903年，创始人胡子靖"磨血育人"的精神成为该校跨越两个世纪持续刚强的文化灵魂。该校特别注重用创始人胡子靖、重要校友革命家、军事家黄兴的事迹教育广大学生。学校立有胡子靖塑像、黄兴塑像，建成黄兴图书馆，举办盛大的黄兴研究国际学术讨论会。近年来，明德中学提炼出五大历史文化符号："辛亥革命策源地""北有南开、南有明德""院士摇篮""泰安球王""湖湘气韵，半出明德"。这五大文化符号，对今日的明德学子具有特殊的精神感召力，有利于他们增强使命感，自觉培养领导力。

湖北省武汉市第四中学创办于1899年，原名博学中学。1946—1948年，袁隆平在该校读中学。在21世纪，武汉四中先后6次邀请袁隆平回母校为学生演讲。该校设立了"袁隆平特别奖学金"，每年奖励品学兼优的学生。袁隆平先生逝世后，武汉四中组织高三学生举行追思会，学生代表深情朗诵自己创作的缅怀袁公的诗词。在校史馆，竖立了栩栩如生的袁隆平雕像，学校或者年级在重大纪念日组织学生瞻仰。袁隆平被誉为"世界杂交水稻之父"，在专业领域里表现出杰出的领导力。袁隆平在行业里形成的专业领导地位，能够鼓舞全球华人的文化自信与专业领导意识。

---

[1]　《孙中山传》，团结出版社2021年版，第19页。

（二）指导学生进行专题写作和演讲

对于青少年学生来说，引导他们对某一些社会现实问题进行深度思考，并在思考的基础上进行系统的表达，撰写专题性的研究报告或者读书报告，这是培养青少年社会责任感的好方法。首先给他思考与表达的权利，其次因势利导培养他分析问题的思维力与解决问题的社会责任感，这是培养责任感——领导力的正确路径。在现代社会，公共性的写作可称为"公民表达"，这是普通公民表达社会责任、行使舆论领导力的一种普遍方式。如果中学生在学校的课堂上受到这种有序参与社会公共生活的训练，成人后一定比常人多几分良好的政治素养与领导素养。

写作的孪生姐妹就是演讲。社会生活的公共性越发达，运用演讲的机会就越多。为青少年学生创造更多的演讲机会，主要目的是促进他们进行系统的有一定深度的思维和合乎社交礼仪规范的表达。这是现代社会领导力的重要基础。

湖北省襄阳长春外国语实验学校的董事长王元山听一名年轻的班主任"告状"，说一名初中生很调皮，让教师头疼。王元山冷静地调查，发现这个"调皮佬"课余经常聚集一群同学"吹牛"。王元山询问"调皮佬"吹牛的主题，没想到都是一些大题目："伊拉克战争中双方使用的武器""欧洲杯足球联赛的新趋势"。王元山于是和校长商量，设立"学生大讲堂"，讲堂第一期就请这名"调皮佬"担任主讲。这名学生得以在"学生大讲堂"进行"首讲"，展示了口才，增强了自信，从此大有长进，后来升入重点高中。该校的"学生大讲堂"一期一期地举办，深受学生欢迎，成为校园生活的亮点。

（三）开展社会实践项目

社会实践项目是青少年学生增进社会理解的好课堂，是培养领导力的好形式。参与社会实践活动，让学生将书本知识与社会知识结合，将学科理论认知与社会生活情感体验结合，将个人心理建构与社会活动团队的集体理性建构结合。

社会实践项目有利于青少年发现自我，认识自我，栽培自我。一方面，青少年从家庭中走出来，独立投身社会活动，能够让他们恍然大悟式地发现一个不同于家庭角色的自己。另一方面，在社会实践的过程中必然遇到困难，让他们独立寻找克服困难的办法，调动自己智力与体力的潜能，获得解决问题的乐趣，强化自我认知与自我认同。

义卖传递真情

钟祥市实验小学　陈　刚

2022 年 3 月 23 日，在少先队大队部和各中队辅导员的精心策划组织下，一场以"花开新时代 一起向未来"为主题的义卖活动在钟祥市实验小学运动场上正式拉开帷幕。

为了这场活动圆满完成，前期学校政教处召集学校大队委成员、校值日生干部一起召开了此次活动筹备会。会前政教处把活动方案交给了大队长小范，告知义卖善款将捐献给市特殊教育学校，资助那些身体有残疾的学生。

筹备会上，大队长小范拿出了集大队委成员、各中队队员们整体策划、协调意见和建议开始部署活动流程。大队长小范负责联系三至六年级各年级主任，副大队长小郑、小王负责各年级各班场地协调、安排，其他大队委成员两人一组负责各年级联络小队长进行义卖活动宣传，各中队小队长根据宣传内容，迅速在各中队对义卖活动物品要求、定价进行了宣传与统计。

义卖伊始，各中队琳琅满目的义卖物品，吸引眼球的宣传海报在一声"爱心义卖"活动正式开始的宣布中，迎来了蜂拥而至的少先队员们。各中队可以说是"八仙过海，各显神通"都亮出自己的十八般武艺。吆喝声，推销声，叫卖声混合在一起，却显得如此温馨。

大队委组织委员小朱带领着各小队长对活动中"最佳展台创意""最佳海报创意""最佳卖场创意""最佳爱心中队"进行了综合评定；宣传委员张宇然和广播站站长在"爱的奉献"歌声中积极为广大少先队员们播报本次义卖活动物品种类、善款用途，大大提高了少先队员们的购买欲；学习委员、体育委员、劳动委员组织学校旗手成立了义卖现场纠察小组。现场井然有序，到处充满着爱的痕迹，爱心如同路标，引领着少先队员们传递爱心、分享爱心。

义卖结束后，大队委成员召集各中队对义卖善款进行清算，看着义卖赚的钱，心里不是愉悦就是开心，想着这些钱能帮助到特殊教育学校的学生们，大队长喊了一声："为了这次义卖活动，我们的付出值不值?"少先队活动室内整齐划一的一声"值"！响彻云霄。

（四）家校合作，在家庭生活中设计可行的项目，培养学生的领导力

家庭是学生的第一课堂，父母是孩子的首席教师。家庭生活中有许多资源可以用来培养孩子的领导力。富有智慧的父母一定会想方设法让孩子学会培育主见、承担责任、展现主动性。美国通用汽车公司总裁杰克·韦尔奇回忆自己小时候总是在父亲的鼓励与安排下为全家人朗读报纸上的新闻。韦尔奇的照片在校报

上刊登后，他的父亲就郑重其事地收藏校报，精心制作成重要的家庭档案。

从实际情况来看，在家庭中自觉培养青少年的领导力主要有三种方式：第一种是安排家务活，让青少年操练动手能力与服务他人的意识。有专家研究证明，经常干家务活的人进入职场后表现出更优的职业素质和更强的管理能力。第二种是亲情性质的社会交往，安排青少年单独走亲戚。单独到亲戚家走访，就是青少年的一种"独立外交"活动，让他们在人际交往中学会表达，也学会聆听；学会获得他人的生活信息，也学会传播自己的感想与思想；学会培育自己的主见，也学会站在他人的立场考虑问题。第三种是慈善性质的社会活动。笔者在少年时代就有这样的人生体验：每当春节来临，父亲会煮一大锅猪骨萝卜汤，盛上 10 碗，安排几名孩子一碗一碗地端出门，送给本村的孤寡老人。

（五）社会力量培养学生领导力

一个社会文明程度最直观的表现，在于对儿童与妇女的爱护与尊重的态度。国际社会早在 1966 年就出台了《儿童权利公约》，这里的儿童指 18 周岁以下的未成年人。现代文明社会最卓越的素质就是从内到外都有利于青少年的成长，整个国家就是一个优良"学区"。从这个意义上说，文明的社会才是有利于青少年发展的大学校，文明社会的运行机制与治理方式就是培养青少年领导力的最好教材。

从可行的角度来看，社会机构可以设计许多种类的项目来锻炼青少年的领导力。例如博物馆开展专题演讲比赛，图书馆开展的读书征文比赛，社区开展的邻居节。现在，许多城市开展青年志愿者活动，这也是培养青少年领导意识与领导能力的好办法。

《纽约时报》开展青年学生社论大赛，是社会机制培养学生领导力的经典案例。每年 3 月份，《纽约时报》都要刊发文章，向全世界的青年严肃地提出三个问题：1. 什么事让你义愤填膺？2. 你希望看到什么改变？3. 你想要更多人了解什么？

2014—2021 年，全球上万学生都在《纽约时报》的中学生社论写作竞赛中，以短文的形式阐述了自己对上述问题的思考。

2022 年是《纽约时报》社论竞赛开办第九年。在这一年，有 16664 名学生参加。《纽约时报》公布了获奖名单。根据名单披露，在这次竞赛中一共有82 名学生获奖，其中亚裔人数超过 20 人。

（本节作者：湖北省鄂州中专　张刚民）

第三章　培养学生领导力的价值意蕴

　　荣获 2021 "新时代好少年"光荣称号的藏族女孩拉毛，是青海省称多县珍秦镇中心寄宿制学校五年级学生。生活在三江源核心保护区，受草根环保志愿者父亲的影响，她从小就懂得高原生态保护的重要性。多年来，只要有时间，她就跟随父亲去草原、河床、国道沿线等地清理垃圾，受条件所限只能手捡、肩扛，将一袋袋垃圾运出草原。她经常给同学们讲环保故事，宣传环保的重要性，带领小伙伴成立小小环保志愿团，共同守护高原净土。

　　领导力并非天生，人人都具有领导力的潜能，完全是可以通过后天习得而养成的，这为探讨学生领导力的培养问题提供了前提假设。事实上，学生领导力的培养已经成为当前基础教育的重要内容，由中国教育学会、教育部中学校长培训中心、商务印书馆共同举办的全国中学生领导力大赛自 2010 年开始已经连续举办十三届。那么，为何要培养学生领导力，其对学生个人、社会、国家有何价值？这是本章要探讨的问题。

第一节　培养学生领导力是促进学生自我实现的重要路径

　　对学生领导力的培养面向的是全体学生，而不是部分学生干部，每个学生都需要领导力素养，因为不同的场合下，任何同学都有担当领导的可能，领导者与被领导者是可以转换的。因此，培养学生领导力是为了让他们能够首先过好自己的人生，帮助学生认识自我，了解社会，促进学生的自我实现。这样，未来的他们既可以成为成功的团队领导者，也可以成为积极的团队成员。中国教育学会副会长朱永新教授在第八届中学生领导力展示会上的演讲中指出："教育，应当帮助学生拓展自己生命的长宽高，而领导力的培养正是自我实现的一个重要前提和基础，它帮助普通人把自己的生命写成一个伟大的传奇。"[1]

---

[1] 《中学生领导力·第八届展示会 Day2 | 领导力把"生命写成一个伟大的传奇"》，http：//www.futurename.cn/6667.html，2017 年 7 月 23 日。

一、帮助学生充分认识自己，加强自我领导

我国古代著名思想家老子有言："知人者智，自知者明；胜人者有力，自胜者强"，强调了解自己、战胜自己比了解别人、战胜别人还要重要。要想当好领导者，必须充分了解自己的能力与方向，规划好自己的人生，加强自我领导，这也是学生领导力培养的首要任务。组织行为学家查尔斯·曼兹（Charles Manz）首次提出自我领导的概念，认为自我领导是个体为了实现特定目标，通过自我激励、自我指导等方式进行的自我影响过程。[①] 顾明远教授也指出：自我领导主要是通过了解自己，澄清自己的价值观，实现清晰的自我认知，主动以积极的价值观引领自我成长的过程。具体来说，自我领导力强的学生，知道自己想要什么，可以根据个人内在价值与他人期望主动设置合理的目标，并通过及时的自我评价与积极的自我暗示调节自身行为，从而促进目标的实现；在学习过程中，他们也会积极寻找学习带给他们的愉悦感并主动忽略不愉快的一面，形成学习内驱力。无论是从当前的教育现状还是学生的身心发展需要来看，自我领导是每个学生成就自我、实现健康发展的必要条件。

随着"双减"政策的贯彻落实，中小学生课业负担减少，课余时间增多，先前在题海中遨游，在各类补习班中穿梭的学生有了更多闲暇的时光，如何有效、合理地利用这些课余时间来实现学生的全面发展成为摆在家长和学校面前的新难题。而对于学生自身来说，终于摆脱了被学校、家长规划好的忙碌生活，突然拥有的空闲时间可能让他们不知所措，一些自制力不强、没有自我领导力的学生，在缺乏家长和老师监督的情况下，也许会沉迷于网络游戏而荒废时光，这也完全偏离了"双减"的初衷。因此，在"双减"政策背景下，加强学生自我学习、自我管理、自我调整的能力，培养学生领导自己的能力，让学生能够对自己负责，是促进学生全面发展的必由之路，这也是学生领导力培养的第一步。

此外，根据埃里克森人格发展的"八阶段理论"，12~18 岁处于青春期的学生开始思考"我是谁""我在业余时间都做些什么""我的性格如何""我未来想过什么样的生活"等问题，学生通过探索了解自己并明确未来的目标，最后实现"自我同一性"。而那些没有充分考虑自身情况、不知道自己想要什么的学生，最终会面临"角色混乱"危机，内心充斥着混乱和不安，不利于心理的健康发展。所以说，认识自我对消除青春期学生的迷茫与困惑尤为重要。在美国休斯敦的莱维特中学推行的学生领导力培养 5 年计划中，计划的第一年便是培养学生认识自己、领导自己。该计划通过学生参加户外冒险活动进行社交启蒙与交际训练等来增加对

---

① 曹威麟、谭敏、梁樑：《自我领导与个体创新行为——一般自我效能感的中介作用》，《科学学研究》2012 年第 30 期。

自己的了解，并要求学生在活动结束后完成个性化的领导力发展计划，对自己未来的目标进行规划。① 因此，学生个人的健康发展需要自我领导，学生领导力培养首先能够让学生充分认识自己，加强自我领导，掌握自己的人生，成为更好的自己。

二、引导学生充分了解社会，更好融入社会

古语有云："风声雨声读书声，声声入耳；家事国事天下事，事事关心。"人具有社会属性，每个人都不能独立于社会而存在，将来，中小学生也将离开父母的庇护，独自在社会中闯荡，只有在中小学阶段引导学生关心社会，帮助学生了解社会，积累一定的社会经验，发展与他人建立良好关系的能力，才能使学生更好地在社会上立足，更好地融入社会。在我国，高考是大部分学生改变人生命运的重要机会，学生也将考上好的大学作为中小学阶段学习的唯一目标，学习理论知识，提高应试技巧成为他们的主要任务，"两耳不闻窗外事，一心只读圣贤书"是很多中小学生学习生活的真实写照。中小学生长期生活在学校与家长营造的理想环境中，缺少与社会的接触，缺乏对社会的全面深入了解，缺少一定的社会经验与阅历，导致很多学生在进入社会后出现适应不良的问题，通常表现为缺乏良好的与人沟通交流的能力，容易在人际关系中受到伤害，做事容易冲动、情绪化等。这些都不利于学生长远的发展。陶行知先生的生活教育理论指出"生活即教育""社会即学校"，强调"将教育从鸟笼里解放出来"，将教育与社会生活紧密相连，将实际生活当作教材，让学生在实际生活中得到成长与锻炼，这也是学生领导力培养的基本理念与重要途径。

学生领导力是一个人与他人共同完成一项事业的时候获得帮助和支持的交际影响力，其核心要素有倾听、表达、沟通、决策、责任、合作、创新与变革等，这些要素决定了学生领导力的培养不是局限在课堂中的理论灌输，而是深入社会，以问题为导向，以项目为载体，通过团队合作，解决实际社会问题，在这一过程中发展学生的沟通力、感召力、执行力、创造力等综合素质。在每一届的全国中学生领导力展示会上，来自全国各个中学的学生组成不同的团队，他们紧跟社会热点，关注社会时事，发现社会问题，通过搜集资料、调查、走访、宣传等多种方式，解决问题，服务社会。在发现和解决问题的过程中，他们学会了如何进行团队合作，如何与形形色色的人沟通交流，如何处理人际关系，如何化解人际冲突，如何处理突发状况，同时也锻炼了他们的意志力，培养了责任感。这些非认知性素质，是个人未来进入社会、从事各种职业所必需的，也是无法简单通过课堂教学获得的。所以，

① 汤新华：《培养学生领导力：美国公立学校的做法（下）》，《中小学管理》2010 年第 8 期。

培养学生领导力是帮助学生了解社会、促进学生融入社会的重要方式。

当前，我们提倡素质教育，强调提升学生的核心素养，也提出了学会学习、健康生活、责任担当、实践创新、人文底蕴、科学精神六项指标的中国学生核心素养框架，以帮助学生应对 21 世纪信息化时代的新变化与新形势，教会学生处理人与工具、人与社会、人与自我的关系，这都与学生领导力培养的理念与目标不谋而合。可以说，学生领导力的培养有助于学生核心素养的提升，而拥有核心素养的学生则能够更好地领导自我、融入社会，用自己的知识、人格和品质来影响他人，拥有较强的领导力。

第二节　培养学生领导力是社会健全发展的有力保障

社会是一个相辅相成不可分割的整体，"天下兴亡，匹夫有责"，一个和谐、健全的社会，需要社会中的每个公民对社会负责，为社会的发展、人类的进步做出自己的贡献。学生领导力培养的核心就是培养学生的社会责任感，引导学生关注社会民生，洞察社会问题，从而促进社会的健全发展。

一、引领学生关注社会民生，承担社会责任

一个人即使有很强的自我领导力，善于人际交流，善于合作、创新，基本具备领导者所需的各种能力，但如果他缺乏责任感，永远将个人价值置于他人与社会价值之上，只关心自己的利益，那么他永远不可能成为一个成功的领导者，反而可能会发展成为北京大学钱理群教授所说的"绝对的精致的利己主义者"：所谓"绝对"是指他们以自己的利益作为所有行动的目的，"精致"则是"很高的智商，很好的教养，所做的一切都合理合法无可挑剔，他们惊人地世故、老到、老成，故意做出忠诚姿态，很懂得配合、表演，很懂得利用体制的力量来达成自己的目的"。钱理群教授指出，"这种人一旦掌握权力，比一般的贪官污吏危害更大"[1]。因此，责任感对于个人、社会的发展尤为重要，它时刻影响并约束着个人行为。有责任感的人，会做利己的同时又利他、利社会、利国家的事，而当个人利益他人、集体和社会利益相矛盾时，他会以他人、集体和社会的利益为重。人有了责任感，才能具有驱动自己一生勇往直前的不竭动力，才能感到许许多多有意义的事需要自己去做，才能感受到自我存在的价值和意义，才能真正得到人们的信赖和尊重，才能持续对他人产生积极的影响，才能真正具有领导力。

从古至今，从来不乏有责任感的人，从孔子传播仁爱思想，到马克思恩格斯传

---

[1]　钱理群：《大学不该成为利己主义者的温床》，https：//mp. weixin. qq. com/s/csbsSF-wOK2X0xLkv3z9Sg，2020 年 10 月 12 日。

播共产主义理念；从虎门销烟的林则徐，到带领村民脱贫的黄文秀。正是由于强烈的责任感，让他们为推动人类文明进步、促进社会健康发展、增进人民幸福奉献毕生的精力。一个社会如果人人都没有责任感，社会就不会发展，人类也无法进步。在充满危机与挑战的 21 世纪，更需要具有强烈责任感与使命感的公民与未来领导者。青少年是未来社会的建设者和接班人，是推动社会进步的重要力量，未来世界的挑战与冲突需要青少年去解决，人类命运共同体需要青少年接力构建，人类的和平与发展需要青少年努力推进，这是时代赋予青少年的责任与使命。因此，只有加强对青少年责任感的培养，引导青少年关注社会民生，创造青少年承担社会责任的机会，才能促进社会的健全发展。

学生领导力培养是增强学生社会责任感的重要抓手。2008 年年底中国教育学会立项重点课题《中学生领导力培养》，通过开发领导力培养的课程、教材，主题夏令营、冬令营，举办全国中学生领导力展示会等活动，努力推进学生领导力的培养。该项目也产生了一定的国际影响力，在美国奥马哈举办的研究会年会上介绍了学生领导力培养的中国经验，"中国学生在基础教育阶段就开始服务社会，承担责任，为全球提供了经验，非常重要"[1]。郑州外国语学校政教处主任吕鹏飞老师在回顾中学生领导力培养的心路历程中这样写道："对于社会来讲，领导力培养只是载体，通过领导力培养最终激发了青少年的社会责任感和担当意识，最终培养了心系祖国、关心社会民生的未来建设者。"[2]众多参加全国中学生领导力展示会的学生也表示自己在实践中感受到了责任，当代中学生的价值得以发挥：

> 我们作为青年，为时代发声，为人民立命，向天地展示了我们作为青年的魄力与担当！感谢全国中学生领导力活动，让我以一个青年的身份，走进百姓的生活，走进中国之魂。我相信，我们这些有领导力的中学生，一定会再使中国显示霅霅光耀。
>
> ——杨益谦　第十一届全国中学生领导力展示会　江苏省邗江中学"关于整治城市夜间室外光污染项目"[3]

> 我们在短短两个月中明白，领导力真的不是一个空洞的词汇，它是一种能

---

① 常学勤：《 公益素养｜中学生能为社会做什么？"中学生领导力项目"的实践可能超出了你想象》，https：//mp. weixin. qq. com/s/zpRSeTqAZWwvut9deLamYA，2022 年 6 月 10 日。

② 吕鹏飞：《领导力培养的是责任感与坚守力——我的中学生领导力培养追求和实践》，《基础教育课程》2017 年第 17 期。

③ 《中学生领导力·第十一届全国中学生领导力展示会 赛后感受篇（一）》，https：//mp. weixin. qq. com/s/drGUC4SSD8ycslNAOC5Qvg，2020 年 9 月 29 日。

力，一种社会责任的担当，一次从稚嫩少年到有为青年的华丽蜕变。我们不再在乎自己的所为是否能给社会带来很大的影响，因为我们已经清楚地知道，扬名立万也好，默默无闻也罢，重要的是我们在做，我们在领导，领导的一个效果或许可大可小，但对社会一定有利的项目，最大限度地发挥了当代中学生的价值。

——刘川阳　第十一届全国中学生领导力展示会　镇海中学"无·烬"项目①

学生领导力的培养给学生提供机会，让学生能够走出象牙塔，真正走进社会，关注社会民生，用自己的正能量影响身边的人，承担青少年的社会责任，贡献独属于青少年的绵薄之力。

二、鼓励学生发现社会问题，促进社会发展

学生领导力的核心是社会责任感，同时需要学生具有领导自己与领导他人的综合能力，这种综合能力的培养不是只听专家讲授就可以获得的，而要求学生回归到社会生活的具体情境中去探究和实践，以具体问题为导向，通过团队合作的方式，在发现问题、分析问题和解决问题的过程中发展各种能力，增强责任担当意识。

以全国中学生领导力展示会为例，这是一个锻炼和展示学生领导力的平台。学生需要以强烈的好奇心和敏锐的洞察力发现社会问题，确定研究项目，组建具有共同愿景的团队，在团队成员的密切合作中提出具有创造性与可行性的问题解决方案。学生做的项目类型主要有八类：改进公共政策、生涯规划、社区与校园服务、帮扶弱势群体、文化遗产保护、国际性纪念日活动、环境保护以及其他类型的综合实践活动，每一个类型都是一个社会议题，与社会的健全发展密切相关。值得一提的是，学生做的项目并不是以一个分数结束，而是努力将想法付诸实践，切实改变社会现状，促进社会发展。北京益公公益基金会理事、全国中学生领导力展示会组委会副秘书长常学勤教授曾说："我们要鼓励和引导学生更进一步，不仅有想法，更要有做法，最后把这些建议和方案让社会决策部门、媒体、更多社会大众听到、看到。"② 下面以一个真实案例说明学生发现社会问题和为推动社会发展所做的努力：

---

① 《中学生领导力·第十一届全国中学生领导力展示会 赛后感受篇（一）》，https：//mp. weixin. qq. com/s/drGUC4SSD8ycslNAOC5Qvg，2020 年 9 月 29 日。

② 朱颖婕：《中学生做社会调查有什么意义？社会责任感的培养，在中西部和沿海城市同样受重视》，http：//www. whb. cn/zhuzhan/xue/20180901/210898. html，2018 年 9 月 1 日。

改善校园周边烟蒂乱扔现象——内蒙古锡林浩特第六中学"烟头不落地，文明'弹指间'"项目①

该项目组在综合实践过程中发现部分家长随意丢弃烟蒂，严重影响环境卫生，造成了一定的消防安全隐患，给校园内的学生造成错误的示范；更将'文明'丢而弃之。

为了改善校园周边烟蒂乱扔这一现象，该项目组决定开展"烟头不落地，文明'弹指间'"专项活动，为维护校园周边环境卫生尽一份绵薄之力。他们通过大屏幕宣传、家长承诺书的发放扩大项目的影响范围；发放灭烟包、增设灭烟装置，解决了一部分家长无处扔烟蒂的困扰。

与此同时，小组成员还向锡林浩特市城市管理综合行政执法局申请：采购8个集烟器，得到了政府的认可，并纳入了设施采购单报给了上级单位，预计于8月完成安装。该项目组成员通过点滴努力为家乡不断推进环保基础设施建设，提高生态环境质量贡献了属于中学生自己的一分力量。

鲁迅先生在《热风》中写道："愿中国青年都摆脱冷气，只是向上走，不必听自暴自弃者流的话。能做事的做事，能发声的发声。有一分热，发一分光，就令萤火一般，也可以在黑暗里发一点光，不必等候炬火。"学生领导力培养让更多的青少年走出校园，走进社会，摆脱冷气，成为一束光，照亮自己，温暖他人，让社会处处充满爱的温馨。

第三节　培养学生领导力是建设现代化强国的题中之义

科教兴国和人才强国战略是我国发展中国特色社会主义、建设现代化强国的重要战略。人才和教育是建设现代化强国的关键，而学生领导力培养是培养未来社会需要的人才、推进立德树人根本任务的重要途径，对提高人才竞争力、促进教育现代化具有重要影响。

一、培养未来社会需要的人才，提高人才竞争力

学生领导力的培养是培养学生领导自己和领导他人的能力，这顺应了知识社会、学习型社会对个人的要求，有利于培养未来社会需要的人才，提高我国的人才

---

① 《中学生领导力·初心引航·行创未来 | 第十三届全国中学生领导力展示会项目展示Day1》，https：//mp.weixin.qq.com/s/RnhHMlynh31ogRUy NBODbg，2022年7月30日。

竞争力。进入 21 世纪，社会发生了巨大的变革。人工智能的发展使人们逐渐摆脱简单重复性劳动的束缚，人们有更多的时间和精力从事复杂的知识性工作，知识成为经济增长的引擎。在知识社会中，唯一不变的就是变化。新知识的不断产生与科技的迅速发展，促使职业变化加剧，新职业不断涌现，旧职业不断淘汰，对终身学习的需要变得比以往任何时候都更加强烈，对建设学习型社会的需要比以往任何时候都要迫切。在这样的时代要求与挑战面前，个人的自我领导力也比以往任何时候都要重要。只有拥有较强的自我领导力的个人，才能在变幻莫测、物欲横流的世界中坚定自己的目标，适应社会变化，不断促进自我完善，实现个人的全面发展，进而更好地适应社会的变化。

随着知识复杂性与跨学科性的增强，团队成为知识和技术创新的基本单位。与团队成员达成良好合作，进而产生 "1+1>2" 的结果，是对现代人参与社会生活的基本要求。学生领导力的培养有利于发展学生的沟通力、表达力、说服力、协调力与影响力，增强学生的团队责任感与集体荣誉感，让学生在团队合作中无论作为成员还是领导者，都能主动发挥积极的作用，从而形成一个优秀的团队，迸发出巨大的能量。

二、推进落实立德树人的根本任务，促进教育现代化

人无德不立，国无德不兴。党的十八大报告首先提出："将立德树人作为教育的根本任务"。党的十九大报告再次强调："要全面贯彻党的教育方针，落实立德树人根本任务"。立德树人是党在新时代对教育的根本任务的新概括。这里的"德"，不仅指个人道德，也包括社会公德，尤其强调报效祖国和服务人民的大德。教育具有一定的政治性，国家的社会价值观和社会发展目标在一定程度上决定了教育要培养什么样的人。只有为国育才，才能维护国家和社会的稳定。

学生领导力是一个包括价值观、知识、技能等三个层面的内容体系，学生领导力的教育过程充分体现了"认知——情感——行为"的三位一体的体验过程。其培养将理论与实践相结合，在"理论认知——实践活动——反思评估"的不断循环中引导学生将理论联系实际，[1] 将正确的价值观体现在个人与团队的行动中。我国是中国共产党领导的社会主义国家，社会主义核心价值观是具有中国特色的社会主义意识形态的体现。因此，我国学生领导力的培养以社会主义核心价值观为价值理念指引，推进落实立德树人的根本任务，是社会主义核心价值观教育的新载体。

《中国教育现代化 2035》中提出了教育现代化的八大基本理念，其中指出要：

---

① 翁文艳：《学生领导力与核心价值观教育》，《当代青年研究》2012 年第 5 期。

"更加注重以德为先，更加注重全面发展，更加注重终身学习，更加注重知行合一。"① 都与学生领导力培养的目标相契合。学生领导力培养以社会主义核心价值观教育为理念指引，努力推进立德树人根本任务的落实；以增强学生的自我领导力为首要任务，提高学生自我发展与完善的主动性和能力，促进学生的全面发展与自我实现，推动学生成为终身学习者；以理论与实践相结合作为学生领导力培养的重要方法，引导学生做到知行合一，成为优秀的社会主义建设者和接班人。

(本章作者：华中师范大学教育学院　王建梁、刘晨曦)

---

① 《中共中央、国务院印发〈中国教育现代化 2035〉》，http：//www. gov. cn/zhengce/2019-02/23/content_5367987. htm，2019 年 2 月 23 日。

第四章　培养学生领导力的基本途径

　　2019 年 3 月，春季学期开学不久，清城中学团委收到上级将组织城区爱心义卖义演活动的通知。问题来了，这新鲜事从何入手呢？于是，小成和其他团员请团委书记禤老师支招，老师这时候会心一笑，反问："你们是为了什么去参与？想尝鲜而已？"团员们陷入思考，这时候小黄出一句："老师，学校不是每年都会组织七年级同学慰问敬老院吗？今年不如让我们以'关爱老人'为主题，开展这次的义卖吧！""真是个有意义的想法，可我们到底卖些什么？"小成又嘟哝了一句。禤老师留下一句话："自己动手"便走出团委室。小成和小黄连忙组织小伙伴们开展头脑风暴。通过几天的讨论，他们总算把义卖活动的基本方案梳理出来：义卖物品是同学们自制明信片、手绘团扇、家中闲置的毛绒玩偶；义演部分向八年级 19 班征用一套玩具熊演出服；现场布置搭建则委派男同学负责向学校申请桌椅、雨棚、横幅……

　　做足十分准备的"城中爱心义卖"摊位在活动当天受到现场群众的热烈欢迎，由于义卖品价格亲民、特色明显，如团扇在短短半小时内抢购一空。没有了实体货物怎么办？没关系，一只可爱的"棕熊"出现在清城中学的摊位前："任意点歌，一元一首，用歌声把祝福送给大家！"尽管穿着厚重的演出服闷出一身汗水，但小潘同学却乐此不疲，他明白自己是集体的一部分，为义卖出一份力，值！过了两周，这群可爱的团员们，拿着这笔义卖金，购置生活用品和水果前往洲心幸福院。院内接收的老人大多是孤寡、五保户，当他们接过孩子们送的蛋糕，听着孩子们的分享，心里暖暖的。

　　也许正是老师的"不作为、少作为"，无形中让同学们获得一次"野蛮生长"的机会，同学们不仅体验了一把活动策划的"主人翁"角色，同时还收获到合作间的真挚友谊、收获助人为乐的充实感。(清远市清城区清城中学 禤嘉慧)

如何培养学生领导力？学生领导力培养的主体是谁？客体是谁？学生领导力培养的基本途径有哪些？这是本章提出来探讨的问题。

第一节 学生领导力培养的主体与客体

学校教育是超越现实、指向未来的民心事业、德政工程，是为未来社会培养人才的系统工程。今天，我们的学校教育要更加面向现代化、面向世界、面向未来，立德树人，培养与社会主义现代化和后现代亟须的新型建设者和可靠接班人。"学生领导力培养"有着独特的重要意义和价值。

一、学生领导力培养的主体

（一）主体

"主体"是一个与"客体"相对应的哲学范畴，指有目的、有意识地从事认识活动和实践活动的人。主体有层次上的差别，如个人、群体、民族、国家等。个人主体是认识和实践的基础，是学生领导培养的主要载体和实现者。课堂、学校是一个群体主体，由个人主体构成，同时具有个人主体聚集而生成的群体特性。

第一，主体是从事实践和认识活动的人。只有人类，才能有目的、有意识地从事认识世界、改造世界的实践活动。意识是地球上最美丽的花朵。意识使人类能够认识事物的本质和规律，从而利用自然事物的属性，创造性地改造自然，使生命呈现出自我实现的特性。主体性是人的最重要的属性，是人之为人的根本标志。

第二，人的主体性生成于社会实践和认识活动。人的主体性是在实践和认识活动中形成的，是社会的。实践认识活动的内容决定了"人"的主体内容。实践认识活动的内容是多方面的，因此，主体的角色也是多方面的。例如，在学生领导力培育过程中，学生可以成为"观众"，也可以成为"演员"。由此可见，作为从事"自由自觉活动"的主体，学生是学生领导力培养的认识者、实践者和参与者、受益者，具有多重主体角色身份。

第三，学生领导力培养的主体和客体。"学生领导力培养"是学校的实践认识主体，培养"学生领导力"客体的自觉能动活动及其实践过程。在学生领导力培养过程中，主体与客体之间呈现出一种特殊的自我关联、自我涉及的现象。学生领导力培养的主体和客体都是处在特定的领导力培养实践认识活动之中的人，如校长、教师和学生，主体和客体之间共质同构，密不可分。特别是校长、老师和学生，既是从事学生领导力培养的"教育者"，又是"被教育者"，双方同时成为学生领导力培养的重要主体和主要客体。

（二）学生领导力培养的主体

那么，在学生领导力培养实践和认识活动中，主体包括哪些成员呢？

一是学校校长。学校校长是学校的灵魂。学生领导力培养的第一责任人即培养主体就是学校校长。学校校长要把学生领导力看成核心素养的重要内容；把学生领导力培养看成学生培养目标的组成部分，看成学校教育体系的必要环节。科学合理的"学生领导力培养"教育理念，有利于学校培养目标的完善，有利于学生领导力培养具体实施方略的配套性、系统性，有助于促进学生领导力培养工作在学校得到合理布局和健康发展。

二是班主任老师。学校教育是以班集体为单位来进行的，学校教育的各项工作都跟班主任老师密切关联。班主任老师是中小学日常思想道德教育和学生管理工作的主要实施者，是中小学生健康成长的引领者，是中小学生的人生导师。在学生领导力的培养过程中，班主任老师是学生领导力的发现者、引路人、培育师。

围绕"学生领导力培养"这一重要目标，班主任老师在班级活动中，一要密切关注学生的人格特性、行为方式及思想状况、心理状况，开展有针对性的培养教育，因人而异、因势利导，成为学生领导力的发现者；二要密切关注学生的自我认知、自我管理、自主发展状况，培养学生健全的"领导人格"：热爱生活、尊重他人，自立自强和强的自制力等，成为学生领导力的引路人；三要密切关注学生对社会、对班集体、对他人的态度，进行有效的班集体管理，形成良好的"群体效应"，成为班级每一位学生领导力形成和优化的培育师。

三是科任教师。科任教师同样是学生领导力培养的重要参与者。在学生领导力培养过程中，科任老师的身份更多的是"老师"，而淡化了"科任"色彩。这样的身份转换，有利于科任老师发挥老师"人生导师"的导向作用，有利于利用课堂知识传授，潜移默化地影响学生，形成学生的领导力。这对于许多在课堂上未能表现出"领导力"倾向的部分学生来说，有一种启迪其领导意识的催化效果。

四是班级学生。人是自己的作品，自主性是人作为主体的根本属性。学生是什么，就看他在理想中把自己看成什么、想成为什么。毫无疑问，作为学生实现自我管理、自我教育、自主发展的有效形式，学生是学生领导力培养的重要主体。我们知道，领导力主要表现为对自己的领导能力和对他人的领导能力两个方面。因此，学生领导力培养首先表现为自己对自己领导力的培养。只有实现对自己的领导，成为自己命运的主人，才有可能实现对他人的领导。自我领导力主要表现为自我认知、自我规划、自我管理、自我实现等能力；对他人的领导主要体现在决断力、表达力、引领力、组织力、感召力和执行力等方面。总体而言，在学生领导力的培养中，彰显主体性是根本，实现自我管理、自主发展是关键。所谓自我管理，是指学生能正确认识和评估自我，依据自身个性和潜在素质选择恰当的发展方向，有效管理自己的学习和生活，具有达成目标的持续行动力。所谓自主发展，是指学生能认识和发现自我价值、发掘自身潜力，有效应对复杂多变的环境，培养自己成为有明确人生目标、有自控力和自制力的人。做到自我管理和自主发展，学生才能实现对自我的领导。在此基础之上，形成对他人的平等心、同理心、包容心、影响力和凝聚力、执行力，从而达成对他人领导力的形成，实现学生领导力培养的双重目标。

五是学生家长。在培养学生领导力这一共同目标的旗帜下，学校与家庭、教师与家长形成了广泛的一致性、功能的互补性和过程的衔接性。作为学生领导力培养的重要主体，家长在学生领导力培养过程中的广泛深度参与，改变了班级活动由教师与学生参与的"单质"要素，使学生领导力培养的主体要素多元化，由此也形成了多元要素组合而成的育人环境。多元主体共同参与发酵而成的环境，改变了师生两两对应的"尴尬"，有利于学生心理的积极变化，促进了学生的"表现欲"。这样的多元综合环境效应，是学生领导力培养的有效途径。

六是社会人士。社会人士的广泛参与，使得学生领导力培养的主体更加多元化，更能够发挥主体在学生综合素质培育方面的综合作用。各方社会人士的综合作用，能够形成学生领导力素质必需的"全能营养素"，形成学生领导力培养的综合效应。社会人士的广泛参与，对于学生正确认识自己、了解社会，将来走向社会、适应社会、参与社会、融入社会，发挥领导作用，都有重要意义和价值。

七是学生领导力培养的内容。作为学生领导力培养教育的载体，学生领导力培养内容也是其主体之一。不同类型的培养方式、途径及其内容是学生领导力形成的"主渠道"和"营养素"，在学生领导力培养过程中发挥着"阳光雨露"般的主体功能。

二、学生领导力培养的客体

"客体"是一个与"主体"相对应的哲学范畴，是进入人的实践和认识活动领域的事物，即主体有目的、有意识地认识和实践活动所指向的对象。包括自然客体、社会客体、思维客体。在学生领导力培养的实践和认识活动中，客体是指与特定班级及其参与主体相联系的"对象"——校长、教师、学生及家长。

一是学校校长。作为学生领导力培养的第一责任人——学校校长，同时亦是第一客体。这同样是由其在学生领导力培养过程中的地位和作用决定的。学校校长要实现科学规划、合理布局、有序开展学生领导力培养工作，必须有培养学生领导力的自觉意识，具备胜任培养学生领导力的理念和知识、能力、素养。这都是需要系统学习、培训和研讨的。因此，学校校长必须自觉学习，成为合格的学生领导力培养的客体。

二是教师。毫无疑问，教师（包括班主任教师、科任教师及学生工作教师）也需要学习，把握培养学生领导力的能力，要有贯彻落实学校关于学生领导力培养的自觉意识；要深入研究学生领导力的培养规律；要研究在学生领导力培养系统中，教育内容之间的层次性与整体性、阶段性与衔接性、统一性与多样性、继承性与递进性等辩证关系。因此，教师亦是学生领导力培养的客体。

三是学生。学生是领导力培养的对象和客体。在学生领导力培养活动中，学生既是主体，亦是客体。作为主体的学生，其角色是主动的"教育者"，其心理是俯视、向下看的成就感；作为客体的学生，其角色是被动的"受教育者"，其心理是仰视、向上看的获得感。因此，作为客体，学生必须扮演好自己的角色，在学生领导力培养活动及其过程中，端正心态，虚怀若谷，尽可能多地获取综合营养，促进自己领导力的形成和发展。

四是家长。家长是学生领导力培养不可或缺的客体。明确这一点非常必要。因为，家长有树立学生领导力培养的自觉意识的义务。因此，家长必须成为"教师"，把自己的孩子当作"学生"来认识和对待，自觉培养学生的领导力；并作为客体参与领导力培养，提升自觉的领导力培养能力。这样，有利于配合学校教育，达成对学生领导培养的共识，形成对学生领导力培养的整体效应。

第二节　注重学生领导力课程的主渠道开发

国内有学者基于中学生领导力的不同发展阶段（意识感知、实践交互以及掌握运用三个阶段），提出我国中学生领导力的培养的三种路径：其一，通过非正式活动促进中学生的意识感知。即利用学校日常的活动机会以及校内外资源为学生领导力的培养提供感知空间以及感知环境。其二，通过正式的课程学习加强实践交互。即通过课堂学习有关领导力的理论知识，促进中学生对领导力实践产生情境体验与实践反思。其三，通过专门的培训项目促进掌握运用。即以培养领导力为主要目的的专题活动，促进中学生对于领导知识与领导方法的熟练运用。[1] 本节重点介绍在教育实践中可以开发的两个领导力课程的主渠道：第一，在必修课程中融入领导力的内容；第二，在选修课中设计领导力课程的教学模块。

一、在必修课中融入领导力培养的内容

北京市第四中学在新型小组合作学习的基础上，纵向组织以学科小组为单位的学科任务派送，成功组织教师和学生在必修课程学习的过程中培养了学生的合作能力和领导力。

北京四中建校迄今已有 115 年的历史，学校倡导合作文化的传统由来已久。首届校长王道元先生的训诫中写道："所贡献于群众者不吝，斯群众之报施我者必丰"。合作行动不仅发生在教师之间，更体现在学生的学习实践中。在校史馆中，有一张五人数学学习小组的照片。那是在艰难的"文革"岁月中，几位四中学生分别在不同的农村插队。他们凭着对数学的兴趣成立了一个学习小组。他们说：

---

① 兰婷：《中学生领导力：内涵、结构及培养》，《教育导刊》2018 年第 2 期。

"在那种环境里，我们太需要精神上的相互鼓励、相互支撑了。有了这个数学小组，日子就大不一样了。"后来这些同学都读完了数学博士，成为该领域的专家学者，为社会作出了突出贡献。

北京四中基于教师合作共同体和学生朋辈共同体的实践基础，研究和推行新型小组合作学习，相关实践内容于 2021 年 1 月被《光明日报》报道。新型的小组合作学习是如何组织的呢？如何在这个过程中培养学生的领导力呢？

新型小组合作学习的分组原则是根据小组活动目的和内容的需要进行同质或异质分组，比如可以将一段时间内都希望提高英语学习成绩的孩子分在同一组，形成单科突破组；也可以将擅长不同学科的同学组成一组，形成综合互助提升组。教师引导和学生自愿相结合，每一小组为 4~6 人，小组成员自行推选出小组组长，鼓励学生轮流担任小组组长。无论是哪种形式的小组，都强调小组内的沟通与合作。不同质性的小组之间也经常交流合作相互学习，在审辩思考中不断发展创新各自的小组活动内容和形式等。结合学科学习以及选科走班，围绕某一学科的课内课外学习进行小组合作与学生领导力培养，对于提升学科学习的时效性和促进学生能力的提升，都具有重要价值和意义。以涉及选科走班教学的化学学科为例，化学老师会组织同一个教学班内来自不同班级的学生进行分组，以学生自愿分组为主，老师给予必要的指导以及可能根据学生情况进行小组间的人员调换。每一个小组都会推选一位组长。以 36 人的教学班为例，一个化学教学班会产生 6~8 位组长。教师会对小组长进行领导力培训，主要从小组的愿景认同—责任分担—协商共进等三个方面，培养小组长的"自我领导力"，进而影响小组的每一个成员。

在以学科为单位的新型小组合作学习的运转过程中，教师和学生可以做的事情有很多。从教师的角度来说，一般在课堂上会安排同一小组的同学座位就近在一起，方便课上进行以小组为单位的交流讨论。对于课堂内容的复习，教师可以选择以小组为单位进行任务派送或布置分层作业或组织学科知识打卡复习等，委派小组组长负责带领组员在规定期限内完成各项任务。对于作业中存在的问题，先在小组内进行充分的交流讨论，依然未能解决的任务可以安排一名同学找老师答疑，然后讲给小组成员听，践行费曼学习法，提高答疑效率和学习效率。从学生的角度来说，合作学习营造的场域更有利于激发每一个小组成员的学习积极性。小组组长可以由小组成员轮流担任，也可以就任务进行再分工，让每一位同学都成为小组分任务的负责人和自我领导者。教师定期指导和检查小组任务的执行情况，每一个月或半学期组织一次小组经验交流分享，可以是课上时间的现场分享也可以邀请表现优异的小组书面分享经验。同时教师和学生可以通过小组自评、互评等方式定期选出优胜小组进行奖励。

这样的小组学科任务派送，不只发生在选科科目的小组，可以在全学科中进行组织。学生在参与过程中不仅培养了合作能力、领导力，对学生的社会情感能力培养也具有重要意义和价值。一位考取吉林大学化学成绩优异的组长在毕业后的总结中写道：

> 学习小组的创建让班级的学习氛围更加浓厚。我们小组一共六名同学，平时共同话题很多，但大多是"闲扯"。学科任务派送后，我发现成员之间的沟通频率尽管没什么变化，但关于化学学习、题目和考试等内容的讨论明显增加。作为小组长，我根据每位同学的专长安排了相应的模块或题目，经过大约半个学期的互补性的互助学习，我们组同学的成绩都有所进步。问题的求助与解答的过程，是提问者和解答者的共同进步。对于提问者而言，提问收获了知识与解题思路。与询问老师不同，其他同学的解题思路可能更加灵活，给提问者多了一个解题的可能。而解答者在解答的过程中完成了知识、思路的消化与再输出，这无疑比单纯的刷题更能加深对知识、题目的理解。此外，被问住的时候就可以一起找老师提问，解答就成了一个扫清盲点的过程。参加学习小组带给我的，绝不仅是学习成绩的提升。更重要的是，这个过程中进一步培养了我乐观互助的性格。

二、在选修课中设计领导力课程的教学模块

新公民教育研究所所长张卓玉指出，作为一个教育学的概念，领导力首先是指自我领导，包括自我设计、自我完善、自我评价、自我学习、自律自制；其次指对团队的领导，在社会的任何一个领域，从小组长到国家国际领袖等各个层面，都存在这种领导。领导力的价值追求，第一是对团队、公众、社会、人类世界的责任感和使命感；第二，是对民主正义、人本等基本行为准则的认同和捍卫；第三，则是团队组织背景下的自律、忠诚、合作；第四，是教养、诚信、执著等人格魅力。领导力应该是有教养的中学生的基本素养，每一个有教养的人都应该首先具备自我领导的能力，而不仅限于我们所理解的精英人物或领袖人物。其次，领导力培养的教学要求，与我们现行的以学术性课程为主的文化课程的教学要求不尽相同。再次，领导力培养需要有与文化课程教学不同的教学方法。领导力是相对独立于学科知识体系以外的能力，因此其教学方法也与一般知识传授的方法不同。①

学生领导力的培养需要设计专门的课程，安排学生进行系统的学习才能习得。例如北京四中为学生开设了丰富的领导力培养选修课程，包括创新思维课、文博课、逻辑课等。以创新思维课为例，包含创新思维能力、设计能力、协作能力、影

---

① 张卓玉：《中学生领导力的培养：内涵及定位》，《中小学管理》2010年第7期。

响力、企业家能力等模块，不仅教会学生如何思维，更是通过来源于真实生活中棘手问题生成的创新项目解决，指导学生如何通过一个团队的努力将想法变成现实。无论是在课上学习还是课下项目指导中，都清晰地告诉孩子们他们的价值和潜力，直到他们受到鼓舞并自己看到这一点。告诉孩子们高效能人士的脑子里装的不是困难，而是机会。如何让孩子们转变思路在棘手问题中找到机会呢？下面以创新思维课的"创新思维能力"模块的教学为例，介绍我们如何通过方法论的传授和项目指导，助力学生的领导力提升的。

"创新思维能力"的教学目标包括：①通过本章学习，引导学生理解创新的目的是解决棘手问题，引导学生发现学习和生活中的棘手问题。引导学生在小组内共同营造发挥创造力所适合的环境，提高学生的创造力自信。②通过组织学生进行小组创新实践，引导学生体验快速发散思考、概念合成、趣味创新、头脑风暴等方法并引导学生进行总结，生成思考和解决问题的钻石模型。③以课后作业的形式，引导学生积极寻找和发现身边的棘手问题，尝试提出创新解决方案，为后续项目做准备。本节课的教学重点是唤起学生创新的热情，引导掌握一些创新思维工具和思考方法。该课程无论是在课上的学习还是课下的项目演练都是以大约6人为一个小组，小组内通过民主选举产生小组长。在完成第一模块的课上学习后，在一周的时间内，小组内分工合作聚焦本小组想要解决的棘手问题，并完成小组内的初步分工，制作项目计划表和工作流程图。以高一年级的一个小组为例，他们小组想要解决的棘手问题是食堂就餐排队的问题。小组成员在明确分工后，先设计问卷调研就餐学生的问题和需求，并对调研结果进行数据分析。接下来小组部分成员实地调研各年级学生的平均吃饭速度以及进食堂学生取餐、回收餐盘离开食堂的优化路径。然后通过C++编程进行最优化算法，并将结果在程序中模拟测试10万次以上，初步得出结论。之后，通过设计思维、影响力、企业家能力等模块的学习，他们要进一步将他们的创意想法进行包装和实现，在期末的项目路演中，他们有望说服校领导采纳他们的解决方案。

在这样的一个项目完成过程中，团队的目标和愿景一致，每一个成员都对问题的解决担负责任和使命。面对不同的分工，每个成员都要经历自我设计、自我完善、自我评价、自我学习的过程，他们被赋予了自我领导力。在团队协作的过程中，在教师的指导下，同学们拥有了不断增长的自信和成就感，自我效能感不断提升，领导力也就逐渐被培养起来了。

第三节　丰富学生领导力培养的多种形式

领导力最本质、最基础的要素是一个人的世界观和价值观，中学阶段正是人的世界观和价值观形成的最重要阶段。许多成功人士谈到，他们的领导生涯是从中学生活开始的，不少世界著名中学对学生领导力培养高度重视，并进行了卓有成效的探索。[①]

学生领导力的培养，除了依据主渠道的课堂，还要组织开展丰富多彩的活动，让学生在多样的活动中不断发现自己的优势与长处，让成功的机会垂青每一个孩子，不断"展示自我、超越自我"，增强学生的自信心，培养自我领导力。比如借助朋辈共同体的组织综合性小组实践活动，围绕班级管理的班级小助手领导力班本课程的开发，积极组织丰富多样的学生社团活动等。

一、基于朋辈共同体的综合性小组实践活动

以北京四中的新型小组合作为例，介绍一下基于朋辈共同体的综合性小组实践活动中对学生领导力培养的渗透。

北京四中高中部 2023 届的同学们在高一寒假就以年级为单位培训和组织了新型小组合作学习。在这个过程中，各班都开发了很多综合性的小组实践活动。以 2023 届 2 班为例，介绍他们在高一寒假组织的学习和实践活动。

以学习为核心，班主任王老师在民主与集中、自愿与引导的原则下，鼓励具有不同特点特长或具有相同目标的学生相互组合，每组 4~6 人。

每个小组的活动最初都是围绕学习开始的，最开始的活动往往是简单的学习任务"每日打卡"，要求轮值的小组长督促组员，按时打卡。为了让学生感到打卡是一个可操作性强，做起来相对容易的事，教师给学生提供了现成的打卡记录表，同时鼓励各小组在保留一些必备的打卡项目外，结合本组实际，做出了有本组特色的打卡记录表。

在各小组围绕学习活动顺利运行后，班主任王老师指导各小组相互学习、开发设计了形式多样的小组主题活动。例如 2.1 组的组员轮流进行英语单词总结和语文诗歌默写活动；2.2 组在一周打卡结束后，小组组员及时讨论总结活动的优点与不足，不断调整改进本组的小组活动；2.6 组开展了"小组家务、厨艺大比拼"活动，组员分享做家务和做菜时的心得与体会。2020 年春节期间，各组围绕"春节"主题开展了多样的活动，例如"一起包饺子，

[①]　田爱丽：《世界著名中学学生领导力培养研究》，《创新人才教育》2015 年第 1 期。

晒出你和你的饺子照！""晒出你的年夜饭，共享美食盛宴""镜头记录下的年味与春节""晒出福字与春联，迎春纳福！""一张图、一段话记录你的春节故事"。

北京四中的三级志愿服务体系是学校的特色活动之一。以小组为单位组织的志愿服务活动，成员分工明确，结伴开展志愿服务活动，亲身踏入社会体验劳动的魅力和艰辛，同时也体味与传播人情的温暖。在志愿活动中，小组成员不仅学会了更多技能，还在同伴互助中开阔了眼界、丰富了认知、获得了成长。团队的共同努力不仅提升了志愿服务的质量，更是在实践过程中培养了每一个孩子的自我领导力和团队协作能力。

以上学习和实践活动是北京四中高中部 2023 届 2 班第一次以基于朋辈共同体的综合性小组实践活动。孩子们在活动中沟通、合作，创新活动形式，传承理解文化。学生在反馈评价中提出：他们对这种以小组为形式，同时将学习和班级活动融入其中的合作模式感到兴奋。他们提到，团队合作使他们的学习更有冲劲，学习更有效率，小组同学间相互鼓励、相互促进，使自己更加有了学习的动力。学习共同体使自己更加自律，增强了自己的规划能力，即使一人在家学习也有一种集体感，完成打卡后很有成就。还有同学认为，这种学习共同体的最大意义在于团队协作，共同学习，共同打卡，使自己的生活很充实。

二、围绕班级管理的班级小助手领导力班本课程的开发

尽管领导力培养是面向全体学生的，在实践中依然要注意有侧重、有阶段，需要分步走。比如对于班干部、小组长等班级小助手，我们可以优先对他们进行领导力培养。当班干部、小组长等班级小助手的领导力加强了，必然对班集体有着"以点带面"和"以面带面"的作用，干部队伍直接影响本班的班风与学风建设，带动全体同学的领导力提升。同时，在今天的教育教学实践中，班干部轮值是常态，经过一段时间这种培训就可以覆盖到全体同学。

如何对班级小助手进行领导力培训呢？主要包含两个层面：第一，自我领导力的提升，第二，团队领导力的提升。

1. 自我领导力的提升

史蒂芬·柯维指出，自我领导力的提升至少有三种方式：赋予他们领导责任，重视他们的观点，帮助他们找到自己的心声。①

---

① ［美］史蒂芬·柯维：《7 个习惯教出优秀学生》，中国青年出版社 2020 年版，第 114 页。

（1）赋予他们领导责任

学生的自我领导责任中放在第一位的莫过于个人的时间和精力管理。以北京四中为例，新生在入学教育期间就会通过学校组织的讲座或者学长助学活动认识到时间管理的重要性，不久孩子们会拿到学校下发的计划本，被引导按照四象限时间管理矩阵进行个人的时间和任务管理。对于班主任来说，即使不是全校或全年级组织学生进行时间管理，也可以在自己的班级推行个人计划管理。记得在最开始时最好每天或者隔几天查看每一个孩子的计划本，写上几句评语来一点互动，挑选实用性强或者有特色的，访谈一下计划本的主人，并邀请他们给全班同学介绍经验或心得。或者设计一个系列主题班会，组织一次主题社会实践，做一个身边陌生人的时间管理采访等，总之，我们可以做的事情有很多。

（2）重视他们的观点

在人际互动中，被看见是一种力量、一道光芒。不仅是老师重视学生的观点，更是学生之间重视彼此的重要观点，能够学会看到别人。在北京四中基于朋辈共同体的综合性小组实践活动中，孩子们很喜欢的一个小组主题活动栏目就是"夸"，也就是看见别人好的行为或品质，并且在小组活动共享文档中记录下来，让彼此看见。2020届7班考取同济大学的张同学是她所在小组的组长。她在毕业后写的参加小组活动的收获之一是"学会了爱别人"。她写道：

> 高三之初，我眼见着同班同学因为努力与回报不成正比哭得稀里哗啦。我和那位同学完全不熟，但是我在高二的时候也因为学业苦恼过。我由此意识到身边的人与自己有"相似之处"，并开始关注学习小组里面的每一个人。越是关注，我越能看到身边人的闪光点，比如小 A 学英语那可以用"拼命"两个字；小 B 物理不好，但是没有想过放弃……我直到这时才明白有一些人是值得去爱的、是要去爱的，对待学习小组的心情也从"要好好完成高老师布置的任务"变成了"要好好与这群可爱的人相处"。

（3）帮助他们找到自己的心声

自我领导力教育的一个基本假设就是每个孩子都极其重要，每个孩子都拥有自己的天分。每一个孩子身上都有一些其他人所不具备的特殊气质或天分，看见他们的这种天分，并鼓励他们展示出来。在班级活动中，教师可以多创造机会让孩子们来展示出来。无论是平时的班会，课前演讲还是社会实践活动、项目式学习，把舞台交给孩子们。

2. 团队领导力的提升

团队领导力涉及团队愿景形成、目标确立、沟通力、影响力、决策力等诸多方面。以班级小助手的培养为例，我们可以在以下几方面着力培养学生的团队领导力。

（1）培养学生的人际沟通能力

阿德勒曾说过："一切烦恼都来自人际关系。"这里的人际关系是广义的，指我们每个人都是人类中的一分子，我们无法脱离人群、社会独自生存，而我们的一切烦恼都来自我们如何看待自己和他人的关系。学生干部等班级小助手大部分工作都涉及人际交往，通过培训学生一些管理学和心理学的知识和技能，更有利于他们提升团队领导力。

（2）帮助学生优化工作方法

最优领导力模式是"领导人，管理事"。可以通过定期的例会和不定期的访谈，经常与班级小助手们探讨处理和解决问题的有效方法。引导学生做正确的事，在做事的过程中注意关系建构，构建互补的团队，学着激励他人等。即使偶尔小助手们在工作中出现了问题，也要在思想和方法上做他们最强有力的支援，让他们放下包袱，信心十足地投入下一项工作。

（3）给予学生更多的自主空间

美国教育家布克·华盛顿博士曾说过："赋予个人以责任并让他知道我们信任他，没有什么做法比这更能帮助对方了。"教师不要做纯粹的管理者，要做释放学生天赋和潜力的领导者。鼓励班小助手们大胆放手工作并不意味着就可以完全不管不问了，要在一定距离外关注他们的工作情况，以便必要的时候给予支持。经过一段时间的锻炼和培养，这些小助手们便能产生自我效能感，个体领导力和团队领导力都能获得提升。

（本章作者：第一节　武汉大学　夏建国　第二、三节　北京市第四中学　高杰）

分论 1:
学生领导力要素的培养

"分论1"由本书的第五至十二章组成。在初步了解领导力总论的基础上，从领导力相关要素的培养方面更深入地展开对培养学生领导力课题的研究。

领导力到底包括哪些能力？研究领导力的学者们从诸多视角提出了各自的观点。例如，"四种领导力说"即领导自我、领导团队、领导企业、做社会领导；"五大能力说"即以德立威的能力、稳健处事的能力、笃实善言的能力、创规立制的能力、以情驭人的能力；"六种能力说"即学习力、决策力、组织力、教导力、执行力、感召力；"领导力六边形结构说"即行动力、现场力、专业力、成长力、驱动力、运营力；此外还有"领导力五力模型说"等论述。

综合学者们的论述，立足中小学生实际，以开发学生的领导力潜能为出发点，"分论1"分别从培养自我领导力、学习力、批判性思维能力、表达力、沟通力、行动力、决断力等方面入手，深入展开对培养学生领导力问题的研究。引导读者树立开发学生领导力能的意识，对学生进行培养科学领导观的启蒙，培养学生的团队意识、责任意识、服务意识、管理意识、奉献意识、创新精神，提升学生的责任担当、实践创新等核心素养。

第五章　开发学生的领导力潜能

　　荣获2021"新时代好少年"光荣称号的小杭是广东省广州市越秀区东风东路小学六年级学生。他品学兼优，担任广州市少先队理事会理事、学校少先队工作委员会委员。他在编程和机器人设计方面能力突出，多次带领团队在全国和省市级科技比赛中获得佳绩。他为动画片《百变校巴》配音，用报酬设立"雅逊公益——翌帆奖学金"，架起汉藏青少年心连心公益桥梁，资助近百位家庭困难学生。他带领"南山中队"携手四川凉山彝族自治州盐源县工农街小学共同开展"手拉手 读红书"活动。

　　开发学生的领导力潜能，首先要引导学生正确认识自我，了解自己的长处，用发展的眼光看待自我，确定人生目标。在此基础上做好自我规划。那么，如何才能正确认识自己？怎样做好自我规划？只有搞清楚这些问题，才能更好地激发培养学生的领导力。学生干部是学生中获得领导力培养机会相对更多的群体。从小学到初中、高中的发展阶段中，学干们会遇到个人学习与服务集体之间的矛盾，如何引导学干正确认识与处理这些矛盾，如何增强学干的服务意识、奉献意识，是值得研究的问题。项目制学习是深化课程改革提高教育教学质量推动素养培育落地的有效教学方式之一。项目制学习与"研究性学习"实质基本一致，即引导学生从真实的生活中发现问题，将所学知识与真实世界建立连接，实现对知识的深度学习和对真实世界的感知、思考。项目制学习通常以小组的方式实施，不仅是培养学生创新精神、实践能力的有效载体，也是培养学生领导力的有效载体。

第一节　正确认识自己

培养学生的领导力，首先要引导学生正确认识自己。

一、给自己一个"定位"

　　希腊德尔斐的阿波罗神庙，入口处的石头上刻有三句箴言，第一条就是"认识你自己"。埃及的胡夫金字塔东南处有座狮身人面的斯芬克斯雕像。传

　　说斯芬克斯是一头怪兽，它守候在路边，常要路人猜一个谜语，答出来就放行，否则就吃掉。这条谜语是"早上用四条腿走路，中午用两条腿走路，晚上用三条腿走路，这是什么动物？"

　　德尔斐箴言和"斯芬克斯之谜"给人的启迪之一，就是要认识自己。如果不能认识自己，就会影响人的顺利前行甚至遭遇厄运。

　　现在人们出行喜欢用手机导航：输入目的地，就可以找到行进路线。导航系统首先会对出行者的位置进行"定位"。人生之旅也是如此，既需要有一个前行目标，又要给自己一个"定位"，弄清楚"我是谁""我要去哪里"，才能不断前行。给自己"定位"，就是认识自己。

　　中小学的起始年级在新学期的第一周，班主任会组织让同学们进行自我介绍，以便让大家相互认识。这个自我介绍就是让学生展示自己的思想、品德、能力、兴趣等。接下来，班主任还要组织班干部的选举，参与竞选的同学要发表"竞选演讲"，这些都涉及给自己"定位"的问题……

　　为什么人们这么重视"正确认识自己"这个问题？

　　对自己正确"定位"，才能顺利前行。独木不成林，一滴水只有融入大海才能永不干枯。人的本质属性是社会性，个人离不开社会。只有对自己正确"定位"，才能摆正个人与他人、个人与社会的关系，构建和谐的人际环境，促进与他人的交往，健康成长。

　　对自己正确"定位"，才能取得成功。只有弄清楚"我是谁""我想做什么""我能做什么"，对自己的人生有合理的规划，才能有正确方向和动力；实际生活中的成功者，都能正确认识自己。他们知道自己有什么能力，想成为什么样的人。于是充满自信，奋发有为，走向成功。反之，如果自高自大，以自我为中心；或缺乏自信，自卑，结果或遭遇挫折，或错失机遇。

　　对自己正确"定位"，是形成领导力的前提。如果领导者能够正确认识自己，德才兼备，廉洁自律，就会取得追随者的信任，实现自己的"影响力"。反之，如果领导者缺乏自知之明，唯我独尊，就会导致众叛亲离，失去自己的影响力。

　　那么，怎样给自己"定位"呢？

　　中学生都学习过"正确认识自己"的知识。可以引导学生在实践中具体运用。例如通过自己照镜子——自我观察认识自己。可以组织学生展示自己的"少年自画像""青春自画像"，写"我眼中的我"的日记，引导学生从德智体美劳、自己的优缺点、长处与短板、堤坝与"蚁穴"等方面客观地评价自己。又如，通过"以人为镜"——从他人的评价中认识自己。可以引导学生从"同学眼中的我""父母眼中的我""老师眼中的我"等视角收集信息，既发现与缩小自我认识的"盲区"，又锻炼自己"海纳百川有容乃大"的胸怀。

小胡是某校九年级（3）班的一名学生。七年级刚入校的时候，小胡是一名"学困生"。班主任林老师针对这种情况，召开了"我来夸夸他"的主题班会。林老师让大家将小胡的优点匿名写在一张纸上，交上来，然后开始当众读出来。大部分的同学提到了他热心助人的品质，肯定了他的体育天赋，尤其是在球场上的过人表现等。小胡意识到：原来我也有这么多的优点。林老师趁热打铁，把小胡介绍到校足球队，告诉他多年来很多队员通过足球后备人才考入各级高中，最后考上了理想的大学。小胡不仅找到了施展自己的舞台，也找到了奋斗的目标。

二、相约未来的自己

给自己定位，是要与未来的自己相约。这就要用发展的观点看待自我。进一步增强自己的社会责任感，增强人生发展的动力。要根据自身的情况设立奋斗目标，并就目标分析自己需要具备的能力，创造有利于自身发展的条件，使成功在未来成为必然。

主题班会：认识自我，遇见未来的自己
湖北省水果湖第一中学 林静

展示："人生不能倒流，如果人能够从80岁开始倒过来活的话，人生一定会更加精彩。"华为创建人任正非在一次访谈中这样说。华为的创业历史，除了困难还是困难。

思考：你是怎样理解这句话的？这样一位老人，如果人生从80岁倒过来活，是否会更加精彩？

学生讨论：略。

教师：我们没办法违背自然规律，没法倒着活。不过，从这句话中我们可以得到一些人生启示——应该经常站在未来的角度来了解自己，规划人生。

学生活动：列举出自己的五个优点和五个缺点。给同桌的同学也列举出五个优点和五个缺点。然后和同桌交换。

学生讨论交流。

教师：同学们都很关心自己在别人心中的形象，也很惊喜在别人眼中看到了自己的长处。通过自我评价和他人评价的方式，让我们更能客观地认识自我。

学生活动：制订自学计划和自我教育计划。计划分为四个部分：在德、智、体、美、劳终身达到什么目标；10年内做完哪些事情；一年怎样度过；

一天 24 小时怎样安排。

通过这个计划，鼓励学生安排好自己的今天，计划好自己的明天，引导学生将自己的自我成长、国家需要和人类未来结合起来，确定自己的奋斗方向。

要求学生将落实的情况统计在一张表格中。通过表格统计的结果，可以看到孩子们在德智体美劳方面锻炼的量的变化。

科学的自我规划通常具备以下特征：要在充分了解自己的前提下，扬长避短，制定出合理的规划；要实事求是，具有目标性、可行性、细节性的特点；知识技能是实现人生规划的重要组成，要不断学习，更新知识技能；自我规划要随着个人和社会的发展做出相应调整，灵活应变。对自我合理规划之后，我们还需要保持行动力，而自信是行动的内驱力。自信心表达了对自我价值、自我尊重、自我理解的肯定。一个人如果相信自己，他的内心就会产生一种原动力，他的能量就会如火山爆发一样汹涌而出，攻无不克，战无不胜。

领导力的培养，还需要培养其过人的胆识。胆识是指人的胆量和见识，指的是两个方面的内容。光有胆却无识，难免会陷于鲁莽，光有识却无胆，会错失很多良机。两者需要结合起来，才会有勇有谋，所向披靡。这是对一个人人格灵活度的考验，只有这样才能创造出属于自己生命的更多的可能性，只有这样才能培养出有领导力的孩子。

（本节作者：湖北省水果湖第一中学　林静）

第二节　在担任学干的过程中崭露头角

马斯洛的需求层次结构分别为：生理（食物和衣服），安全（工作保障），社交需要（友谊），尊重和自我实现。社交需求、尊重需求、自我实现需求都可以在学干的过程中得以初步实现，在担任学干的过程中崭露头角。

一、走出自己的舒适区

"杂交水稻之父"袁隆平在从事杂交水稻研究的过程中经常不辞劳苦下田，晒得黝黑，被一位外国记者称为"中国最出名的农民"。他走出自己的舒适区，研究出杂交水稻，造福全人类。

教师要借助各种时机教育学生不要在奋斗的年纪选择安逸，要走出舒适区，懂得"吃亏是福"的道理。俗话说，"吃得苦中苦，方为人上人"，怎样才能获得幸福? 当我们把幸福送给别人的时候,我们就会获得幸福。在班集体里,人人都是主角。我为人人,人人为我。做人要能吃亏,做事要能吃苦,最后才能"吃香"。班级是一个集体、一个团队,团队的内驱力至关重要。内驱力的产生,既来自家长和老师,更来自同学之间。

作为学生,不能"两耳不闻窗外事,一心只读圣贤书",而要养成"风声雨声读书声,声声入耳;家事国事天下事,事事关心"的好习惯。各人自扫门前雪,莫管他人瓦上霜,这种现象是消极的。现实生活中,不是每个人都会自扫门前雪,也不是每个人都有能力或有空,自扫时间也不是统一的。一个人可以跑得快,但一群人可以跑得更远。每个班集体总有一些跑得慢或没有方向的人。借力使力不费力,教师要借助同伴教育同伴引领的力量。每个同学都有特长,都可以引领一方同学。在学习的同时,为老师、为班级、为同学贡献一分力量。如果你选择待在舒适区里,不进则退舒适区就会逐渐缩小,最后就会把自己退化成一个婴儿的状态。谁说话不好听,我下次不见他;谁批评我,我也不见他;这个工作,我觉得不适应,我就不做,那我们最终一事无成。一分耕耘,一分收获。让我们拒绝偏安一隅,走出舒适区。走出自己的舒适区,实质是扩大自己的视野、挑战自己的能力、承担自己的责任、做出自己的贡献的机会。

二、为同学服务无上光荣

中国学生发展核心素养以培养"全面发展的人"为核心,分为文化基础、自主发展、社会参与三个方面,综合表现为人文底蕴、科学精神、学会学习、健康生活、责任担当、实践创新六大素养,各素养之间相互联系、互相补充、相互促进,在不同情境中整体发挥作用。社会性是人的本质属性。社会参与重在强调能处理好自我与社会的关系,养成现代公民所必须遵守和履行的道德准则和行为规范,增强社会责任感,提升创新精神和实践能力,促进个人价值实现,推动社会发展进步,发展成为有理想信念、敢于担当的人。学生时代责任担当主要是学生在处理与老师同学等关系方面所形成的情感态度、价值取向和行为方式,具体包括班级责任、班集体认同等基本要点。培养"全面发展的人",不可忽视对学生领导力的培养。

学生领导力就是学生的感召力、影响力和策划组织协调能力。要根据不同学段学生的认知能力实际,对学生干部进行服务意识的教育。学生干部就是为学生服务,为同学服务,是当学生干部时刻都要铭记于心的一句话。

领导力的要求是会做人。会做人才会做事,才有领导力。那要做一个怎样的人呢? 要做思维敏捷、行为稳健、诚信立身、友善为人的人。思维敏捷的人善于迅速地发现和解决问题。能多谋善断,应变果断,即使在某种紧急情况下,也能积极地进行思维,周密地考虑,正确地判断,迅速地作出决定。反之,思维的轻率性是一种有害的思维品质,容易给工作带来损失。

落实立德树人，要培养学生诚信和友善的品质。诚信是中华民族的传统美德，也是我们每个人立身做人的基本道德准则。

人无信不立。"狼来了"的故事已是妇孺皆知。如果一个人有信用危机，则其必将成为"孤家寡人"。

社会主义核心价值观中有一个词语叫"友善"。它是人际交往中必须具备的道德规范，如果人们都能以"与人为善"的态度去处理日常生活中各种各样的人际关系，那我们的生活就会充满阳光。《弟子规》中说："凡是人，皆需爱。"雨果也说："善良的心就是太阳。"

（本节作者：湖北省黄石市阳新县富川中学　胡宝钗）

第三节　在做项目的过程中迎接挑战

21 世纪以来，随着国际合作增多、5G 时代来临，当代学生面临的挑战也有所增加。全球化、知识时代、科技发展、信息时代、经济成长、职业需求、人口结构化、多元文化、教育公平、环境与可持续发展、教育质量提升等，都是摆在新一代学生面前的挑战。要应对新趋势、新挑战，要求学生不仅要了解已知的人类文明成果，同时还要对新事物进行探索和挑战，人们充分地意识到单一的学科知识已经满足不了现阶段的要求。

一、直面现实问题，提出心理健康研究项目

项目式学习是一种以学生为中心设计执行项目的教学和学习方法。通过项目式学习，学生们主动探索现实世界的问题和挑战，在这个过程中领会到更深刻的知识和技能。项目制学习以学生为中心，注重引导学生针对社会焦点问题或者具有现实意义的问题进行研究，并根据命题积极地收集信息、获取知识、探讨方案。通过多学科之间交叉综合学习，使学生能更深入地从所选取的课题中探究现实世界所面临的问题，并试图找出解决的方法，从而促进学生的学习效果。

在一定的时间内，学生选择、计划、提出一个项目构思，通过展示等多种形式解决实际问题。项目式学习和传统式学习方法相比，能有效提高学生实际思考和解决问题的能力，并展示解决问题的过程中发展出来的技巧和能力。包括如何获取知识、如何计划项目以及控制项目的实施，如何加强小组沟通和合作等。

下面以湖北省鄂南高级中学（以下简称鄂南高中）"霓虹穿花处、悦纳爱自身"中学生领导力项目组为例进行说明。

随着高中生学业负担不断加重，过度焦虑、失眠、自卑等情绪不断困扰学生的正常生活，鄂南高中高二年级程同学发现周围一些同学受网络畸形的、单一的审美

观所影响，存在所谓的"容貌焦虑"，对自己的外在长相、身材感到不自信，常常感到自卑，心理处于亚健康状态，希望能够通过自己的力量来帮助同学们摆脱困境，健康成长。程同学将这一想法与石、张两位同学沟通之后，他们一致认为这是一件非常有意义的事情，于是在三人的共同努力下，成立了"霓虹穿花处、悦纳爱自身"中学生领导力项目组，开始进行调查研究，并探索解决这一问题的方法。

二、创设活动情景，实现悦纳自我健康成长

在 5 月 25 日全国大中小学生心理健康日到来之际，项目组成员联合鄂南高中心理健康社团开展了"5.25 心理健康月"活动。活动分别围绕"心展示""心交流""心体验"三个方面开展。

当天，他们组织学生在校园内开展心理游园会，拍摄微笑照片，发放微笑气球，并将收集到的微笑照片制成微笑墙在校园内展出，让同学们在有趣的游戏和新奇的体验中收获心理健康知识，关注自我成长。他们在"心交流"环节组织开展了"信件盲盒""心情树洞"等活动，尝试着给陌生人写一封信，感受来自陌生人的温暖；尝试着给自己写一封信，将烦心事化作文字宣泄于纸上；活动结束后，他们收到了 80 多封匿名信件，信件中他们了解到很多同学对自己的家庭、容貌、学业、交友感到焦虑和困惑。

于是，他们开展了"心体验"活动来舒缓同学们的心理压力。项目组组织同学们开展了"制作多彩流体熊""彩绘曼陀罗"手工制作，同学们每五人一组，制作属于自己的独一无二的"流体熊"，在泼洒颜料的过程中帮助同学们疏导情绪，释放压力。他们将心理健康知识潜移默化地传递给了周围的同学。活动结束后，项目组成员对此次活动效果进行了针对性的调查，收到了很多同学的积极反馈，不少同学以明信片的形式向项目组成员表达了谢意。

三、项目落地实施，体验责任与担当

经过一个多月的活动组织、问卷调查，他们掌握了学生心理自卑、困惑的原因，找到了一些引导学生认识自己，接纳自己，欣赏自己，建立信心与动力的方法，得出如下结论：

> 一个人的心理健康与否，生活得是否快乐，有一个重要指标，就是能不能愉快地接受自我，即"悦纳自我"。悦纳自我包括三方面：第一，接受自己的全部，无论优点还是缺点，无论成功还是失败；第二，无条件地接受自己，接受自己的程度不以自己是否做错事有所改变；第三，喜欢自己，肯定自己的价值，有愉快感和满足感。只有真正做到如此，才是"悦纳自我"。

项目组在此基础上制作课件、打磨讲稿，并在 2023 年无锡举办的第十四届全国中学生领导力大赛中与来自全国数十所学校的学生同场竞技，荣获团体二等奖，张同学荣获"年度中学生领导力之星提名奖"。

"霓虹穿花处，悦纳爱自身"项目实施过程中，项目组几位同学在尊重和信任的基础上，组建合作团队，极大地锻炼了中学生的领导力，包含了学习力、决策力、感召力、整合力、教导力以及执行力等领导力素养，这正是当下促进生涯规划教育，开发学生潜能的题中之义。

张同学说："在此次领导力比赛中，我们团队内部相互帮助，分工合作，各司其职，每个人都有不少的收获。在一开始，我们遇到过不少问题，能查到的资料太少，对这个项目了解的人也少之又少……这些问题曾一度阻碍了我们的进程，但最终我们克服困难，齐心协力，项目圆满完成，我们每个人都在实践中成长了不少，各自的能力也都得到了提升。"

项目的开展引发了学校关注心理健康的热潮。成员们通过自身的努力影响着身边的同学，引导他们懂得：一个悦纳自己的人，意味着他在接受自己优点的同时，也了解自己的缺点，很坦然地承认了自己的不足之处。然后，不断克服缺点，不断完善自己，学会调整心态，懂得把控情绪，积极勇敢地面对生活、学习中的困难和挫折，更加自信地面对生活，走向成功。同时，在"爱自己"的基础上，也学会"爱他人"。

该项目也得到了学校的大力支持，进一步推动了学校心理健康工作的开展。学校已出台相关方案，决定将每年的五月定为心理健康活动月，心理健康教师已将"悦纳自我、健康成长"纳入为学校的心理校本课程。

（本节作者：湖北省鄂南高级中学　李先卫、郑素娥）

第六章　培养学生的自我领导力

　　被评为2021"新时代好少年"的小石是四川省乐山市实验小学六年级学生。他学习刻苦、热爱集体，担任班长、少先队中队长，是老师的"小帮手"，班级的"领头雁"。他兴趣广泛，喜爱演讲、书法、歌唱、二胡、钢琴、航模等。热爱川剧艺术，刻苦练功，唱、念、做、打表现突出，连续三届获得四川省中小学川剧传习普及展演一等奖，演唱的《空城计》入选《四川优秀传统文化经典传唱演唱范例》。他热心公益，节假日在乐山大佛、峨眉山景区向中外游客免费表演川剧，经常到贫困山区进行公益演出。疫情期间，参与录制四川抗疫公益短片《草》，在人民日报、央视新闻客户端等播出。

领导力包括自我领导力和团队领导力。其中，自我领导力是自我管理的能力。培养学生的自我领导力，需要引导学生以身作则，做好在品德、行为、学习、健康等方面的自我管理。

火车跑得快，全靠车头带。要成为团队的"领跑者"，靠的是本身过硬的综合素养。这就需要引导学生全面发展，不断自我完善，走向优秀。在这一过程中，引导学生努力提升品德修养，培养良好习惯、塑造良好性格，对于培养健全人格，激发领导潜能，具有重要意义。作为班主任教师和科任教师，应当充分认识到体音美劳等课程对于提升学生核心素养的重要意义。从某种视角看，这些课程对于培养学生领导力也具有重要作用。在生活中，多才多艺不仅能够丰富自己的精神生活、陶冶情操，而且能增强人际吸引力，吸引更多的"追随者"。因此，充分利用和创造条件，努力提升才艺水平，对培养与激发学生的领导潜能会起到积极作用。

第一节　以身作则，搞好自我管理

一、以身作则是优秀领导者的"法宝"

以身作则是优秀领导者的法宝。以身作则，即要求别人做到的，自己要率先垂范，做出榜样，成为大家看得见的一面镜子，一面旗帜。教师可以通过引导学生查阅、讲述曹操的"割发代首"、毛泽东的"一根灯芯"、朱德的扁担等故事，结合身边优秀学生的表现，来理解以身作则的意义和要求。

以身作则，是学生管理自己所达到的结果，是学生严格遵守集体中的各种规则，并且在老师和其他同学视野范围之外也能自律。心理学研究表明，在某种情况下，青少年同伴的影响力超过老师和家长。因此，榜样学生的先进事迹会对其他同学产生无形的号召力感染力，对集体产生积极正向的影响。

学生自律能力的形成是一个长期的养成过程，不能一蹴而就。需要抵制和克服个人主义、拜金主义、享乐主义等错误思想，抵制不良诱惑，如电子游戏、烟酒、懒惰、盲目攀比等，同影响健康成长的错误思想、不良诱惑作斗争。这是一个长期的过程，在这个过程中，高自律的学生，面对积极目标的方向感强，逃离诱惑的行动力强，会在同龄中脱颖而出，成为同学们口中的榜样，成为大家纷纷效仿的对象。同时，以身作则除了指榜样学生严格遵守集体规则之外，还包括他们的一些积极行为创造了集体中的新的言行规范，成为同学们称赞的目标。

每个孩子都是小主人

武汉市常青树实验学校三店校区　黄尧菲

刚转来不久的冯同学很快便引起了班主任黄老师的注意。按理来说，初来乍到的学生进入陌生的环境还需要适应一段时间，而她不到一上午已和同学们打成一片，但给黄老师留下了深刻印象的还数那次：原本凉爽的天气突然变得燥热起来，在班上上课的黄老师走到冯同学课桌前，还未开口说话，冯同学已然将手上多余的皮筋递上，好让黄老师将长发盘起。那时，黄老师已然发现这是一个非常有灵性的孩子，在之后的班会课上，岗位竞争时冯同学甚至以绝对性的优势成为402班的班长。小到课前领读，大到组织活动，冯同学安排得井然有序，甚至不用班主任操心。哪怕是上课时黄老师停下来喝水的片刻，她都会主动带着其他学生齐读黑板上的词语，不让课堂有片刻空白的间隙。就这样，在冯同学的操持之下，各科老师更是觉得轻松不少。

然而在那天描写最难过的事的作文中，冯同学在将自习时受到的委屈尽数吐露。原来，那天午自习老师迟迟未来，身为班长的她自然负责班上的纪律起来，她在讲台上学着老师的模样，尽显威风："都跟我把嘴巴闭起来，还吵什么？"说着，还将手中的戒尺在前排同学的课桌上用力敲着，可学生们似乎完全不吃这一套，吵着闹着，喊道："要你管！"不仅如此，更多的孩子对于她的"管教"不以为意。

这样的情况在班上已经发生过多次，其他孩子道："她把自己当老师，大声冲我们吼叫，大家都不服她了。"黄老师找到冯同学："你知道班上的同学为什么已经开始不听你的了?""你的确是一个非常能干的班长,每次都可以帮老师们组织好班级纪律,可是你忘记了,你也是一个学生,你在平常对其他同学耀武扬威,管理纪律时更是觉得自己比其他同学高一级,长此以往,其他同学自然觉得你像秦始皇'暴政'管理啦。"黄老师开着玩笑话,缓和着气氛,向她打趣道:"把你的官架子放下来,大家和你一样都是班上的小主人。"黄老师温柔地拭去她的泪水。

班会课上,黄老师在班级里出示了一份"我是班级小主人"的岗位表,从水杯管理员到花草养护员,从雨伞管理员到门窗小卫士,从红领巾监督员到讲台美容师。大大小小48个岗位职责表供全班同学竞选,班上每个孩子各司其职,学生们从被动管理到主动参与,在对班级事务的积极参与中,学生同学们纷纷展现了自我的领导能力,把事情做得细致,各方面的潜能得到了发挥,他们体验到了自我价值实现的成就感;同时,大家分工协作,师生之间、生生之间的关系也更加融洽,整个班级充满了积极向上的正能量。

二、搞好自我管理,重在坚持

培养自我领导力,需要引导学生逐步学会自律,搞好自己的品德、学习、健康等方面的自我管理。

首先,要增强学生的"规则意识"。要根据不同学段学生认知能力的实际,结合对《中小学生守则》《中小学生行为规范》的学习,通过组织学生制定班规、班级公约、小组公约等形式,使学生懂得自由与纪律的关系,懂得遵守规则才能保障集体成员的自由、保障个人自由的道理。

其次,要引导学生根据自己的实际制定目标,进行目标管理。例如制订学习目标、体育锻炼目标等。目标有学期的目标,也应当有每一天的目标。例如冬季体育锻炼,每天做多少个俯卧撑、多少个跳绳、多少个引体向上等。这些目标要主动督促自己完成,不找借口。如果完成就对自己进行"奖励",做一次自己喜欢的活动。如果没有完成就对自己实行某种"处罚",例如写一则"反思",检查原因。自己做自己的监督员。

最后,要引导学生珍惜时间。做自己时间的主人。时间是组成生命的材料。时间是实现目标的不可逆资源。可以通过引导学生查阅与交流有关惜时的格言,如"一寸光阴一寸金,寸金难买寸光阴""明日复明日,明日何其多。我生待明日,万事成蹉跎"。查阅《生命中的大石头》的故事、古今中外名人珍惜时间的故事,组织学生召开"对拖拉说不""立即行动,告别磨叽"的主题班会等。

轮椅上的摇绳手

清华大学附属小学　王娜娜

四年级的第一学期，学校要组织跳长绳比赛，年级第一名的班级将代表全校去参加海淀区比赛。同学们都拼尽了全力，发誓要勇夺桂冠。

天有不测风云。我们班最棒的摇绳手小洋同学，在年级比赛前两天脚踝骨裂，打了石膏。作为班主任的我一筹莫展，因为班里没有任何同学能代替小洋出战，没有了摇绳手的跳绳队员的默契配合，同学们的节奏将被打乱。

可是，山重水复疑无路，柳暗花明又一村。小洋同学竟然主动说："老师，我可以坐在轮椅上摇绳！"同学们都被小洋的提议震住了，但是打击都觉得这对小洋来说太不方便了。可是，小洋再三坚持。于是，在两天的紧锣密鼓的练习中，小洋坐在轮椅上，高高地举起手臂，一次，两次……明明他的手臂已经很酸了，可是小洋仍然说："咱们再配合一遍，这次我把手臂再举高一些。"两天下来，小洋的手臂酸疼，晚上写作业的字迹都歪歪扭扭。我和同学们都被小洋的精神感动。同学们练习的时候，紧锁眉头，没有了几天前的嬉笑打闹。每一次往长绳里冲，就好像士兵在冲锋，仿佛在完成一项神圣的使命。

正式比赛的那天终于到来了！同学们抓紧赛前的十分钟练习。突然，小洋从轮椅上站起来了，一只脚轻轻地放在地上，而另一只脚牢牢地抓住地面，似乎要把全身的重量压上去。运动员们都惊呆了，望着小洋，一动不动。我赶快上去扶他。小洋转过头，眼睛流露出志在必得的表情："老师，你让我站着摇，这样我的胳膊才能更好地使出所有的劲儿！"我刚想劝他，可是他眼神里的真诚和坚定阻止了我。

同学们也被小洋的举动深深地震撼了，大喊着"加油！加油！五班必胜"。长绳"啪啪"地打在地上，同学们一个个身轻如燕……毫无悬念，在这场团结的力量的竞赛中，五班勇夺冠军，获得了海淀区比赛的宝贵机会！

全班沸腾，同学们把小洋团团围住，高呼着"小洋！小洋！"在小洋的带领下，同学们发挥出了异乎寻常的拼搏精神：有的同学被长绳抽到脸庞，红红的一道长印，但只是"啊"地叫一声，舞者脸继续练习！有的同学甘愿当替补队员，也要每天跟着练习……

就是这样的扭成一股绳的精神，我们班在 2021 年 12 月获得了"海淀区中小学生跳绳比赛小学男子乙组 2 分钟长绳第 7 名"的好成绩。

一个"小洋"，带动了更多的"小洋"如雨后春笋般破土而出。

（本节作者：清华大学附属小学　王娜娜）

第二节　全面发展，带头走向优秀

在正确认识自我的基础上，要增强学生的自我领导力，就要引导青少年学生对自己高标准严要求，全面发展，带头走向优秀。这样，才能从班级小"团队"的"领头羊""领头雁"，逐渐成长为将来能担当现代化建设大任的"领跑者"；从争当学校的"三好学生""优秀学生干部"做起，努力向各级的"新时代好少年""最美中学生""最美中职生"看齐，吹响奋进人生的"冲锋号"！

一、如何才能成为"领跑者"

古今中外的许多卓越领导者虽然所处的时代、家庭出身、个人修养与经历等都各有不同，但是他们有一些共同点。例如，志存高远且脚踏实地，健康体魄与善良品德，善于学习与真诚团结，不懈追求与谦虚谨慎，严以律己与宽以待人等。

志存高远且脚踏实地。远大志向是成功人生的方向盘和发动机。从"燕雀安知鸿鹄之志"的陈胜，到"为中华之崛起而读书"的少年周恩来，都表明了远大志向对于人的成长发展的重大作用。"不积跬步，无以至千里""千里之行，始于足下"，脚踏实地的行动是实现远大志向的必经之路。现在人们崇尚的"以梦为马""追梦而行"，就是倡导从现在做起、从自我做起、从小事做起。

　　甘肃省会宁县的小杜读小学时，她的习作《我的航天梦》被《军事文摘》刊登。在文章中她写道："像杨利伟叔叔、王亚平阿姨那样飞向太空，去探索其中的奥秘……是我的梦想，有了这个梦想，就有了追求的动力。"她品学兼优，多次被评为优秀少先队员。2022年元旦，她的绘画"天宫家园"在中国空间站展出，由航天员王亚平阿姨解说。进入中学后，小杜是班级的学习委员，学习刻苦认真，积极参加学校的各类活动，是老师的好帮手。她还荣获2023年度全国"新时代好少年"称号。

健康体魄与善良品德。健康体魄是进行学习与工作、实现人生理想的个人"资本"，也是成为"领跑者"的重要条件。青年时代的毛泽东就倡导"文明其精神，野蛮其体魄"，常年坚持体育锻炼，所以才能在极其艰苦的条件下著书立说，指导中国革命取得成功。善良品德是立身之本。善良才能产生人际吸引力、凝聚力，才能有人们的跟随。红军战士谢益先在长征过草地时把干粮让给一家母子三人自己牺牲的故事《一袋干粮》，就表明了善良的力量。

善于学习与团结他人。知识改变命运，学习成就未来。善于学习是增强自身实力的"源头活水"。善于学习，才能不断丰富知识，开阔视野，明确方向。走向成功。明太祖朱元璋出身贫寒，少年时放过牛，当过和尚，要过饭。只上过两年私塾。但是他在后来打天下的过程中很注重学习文化知识。元末群雄逐鹿，有的起义军将领都称王称帝，朱元璋却采纳学士朱升"高筑墙，广积粮，缓称王"的建议，建立了明朝，完成了统一大业。

不懈追求与谦虚谨慎。成就一番事业往往需要毕生的精力，需要不懈的努力。满足于一孔之见、一时之得，坐井观天，骄傲自满，往往使事业半途而废，留下遗憾。"满招损，谦受益"；"饱满的麦穗总低头，枯萎的麦穗高仰脸"。青少年朝气蓬勃，蒸蒸日上，努力奋斗取得成绩是客观规律。但是要注意戒骄戒躁，谦虚谨慎，低调做人。

严以律己与宽以待人。严以律己是一个组织战斗力形成的基础，是领跑者做好事业的前提。上梁不正下梁歪，正人先正己。要求跟随者做到的，自己要先做到。《三国演义》中曹操"割发代首"、诸葛亮"自贬三级"等故事，生动地说明了严以律己的重要性。《三国演义》还讲了刘备"宽以待人"的故事，说明了"柔能克刚"的道理。严以律己、宽以待人，才能团结、带领团队成员一道前进。

山西省孝义市第六中学初三年级学生小阳，小学二年级时加入学校足球队，多年来不管酷暑严寒，每天坚持训练。她意志顽强，赛场上勇于拼搏，2019 年成功入选全国校园足球国家队小学女子乙组，并被评为"小学女子组校园足球未来之星"，梦想将来能够参加世界杯为国争光，被评为新时代山西好少年。

益阳市南县职业中等专业学校的小谢，担任班上的纪律委员，严于律己，带着同学们一起进步。在高一下学期时，她成功当选为校团委广播站站长。她没有放弃对"大学梦"的追逐，刻苦学习，认真听好每一堂课，夯实基础，强修内功。在专业课上，她积极参与小组活动，大胆进行"模拟销售"上台表演电商销售方式。

二、在"日日新"中遇见优秀的自己

"苟日新，日日新，又日新"。"每天的太阳都是新的"。教师应当根据各年龄段学生的实际，采用生动活泼的方式，引导学生用发展的眼光看待自己，与人为善，见贤思齐；勤奋学习，全面发展；团结合作，戒骄戒躁，一步步走向优秀。

与人为善，见贤思齐。德乃立身之本，德高方能致远。品德修养就存在于一点一滴地与人为善和助人为乐中。要"以人为镜"，从先进人物的事迹中寻找榜样，汲取智慧与力量。

2014 年，小虎转入海口市灵山中心小学六年级就读，与小冯成为同学兼室友。小冯因患有遗传性截瘫，行走不便。小虎便每天背送小冯往返于寝室和教室之间，一天四趟。2015 年，小虎与小冯一同升入海口市灵山中学，不再住校的小虎每次要背着小冯走 200 多米的校道，再爬 3 层楼。小虎的精神带动了其他同学。当小虎请假时，班上很多同学组成"小分队"背送小冯上下学。2018 年，小虎被评为"新时代好少年"。

勤奋学习，全面发展。翅膀硬才能当好"领头雁"，头角硬才能当好"领头羊"。许多优秀学生，在学习、锻炼、集体事务等方面，都会奋勇争先，走在前面。在学思结合、知行合一、团结协作、共同成长等方面，不断谱写自己的新故事、新篇章。

被评为 2019 年"新时代好少年"的小晨，是江苏省淮安市淮阴师范学院第一附属小学六年级学生。她勤于学习，有良好的学习习惯和高效的时间管理方法，每年阅读近 300 本书，写下十多本学习笔记。她善于思考，留心生活中的问题，并尝试用所学到的知识加以解决。发现学校节假日不上课，上课铃却和平时一样自动响起浪费电，她就主动搜集数据、查阅资料，提出改进意见，相关论文获得市环保征文大赛一等奖。她乐于钻研，积极探索新的遥控飞机飞行方法和技巧，撰写了"三角翼遥控纸飞机"研究小论文。她勇于担当，担任学校"鸢娃航模社"社长，协助老师做好社团管理工作，带领同学们在航模比赛中多次取得佳绩，是老师的好帮手、同学的好伙伴。

全国优秀少先队员、2021 年度"新时代好少年"小尤丽是新疆维吾尔自治区乌鲁木齐第十六中学初二年级学生。她不仅自己学习刻苦，成绩优异，还主动帮助同学。她兴趣广泛，喜欢绘画、舞蹈、快板、朗诵，油画作品《我的家乡》获"全国少年儿童美术作品大赛"金奖。她还长期关心帮助独居老奶奶，帮忙打扫卫生、陪伴聊天，教会老奶奶使用智能手机；喜爱京剧，带领同学们一起学唱京剧，传承弘扬京剧艺术。

不怕艰难，乐观向上。任何新事物的成长都会经历艰难曲折。青少年在成长的过程中不可能一帆风顺，要像传说中的火中凤凰那样，经得起磨难的考验，不怕任何困难，坚信前途是光明的，道路是曲折的，要笑对生活，砥砺前行。

湖北省恩施州宣恩县沙道沟镇民族初级中学八年级学生小王，她的父亲独臂，在外打工的收入维持一家人的日常开销。她的母亲患有癫痫病和智障。尽管生活艰辛，但她却从不向命运低头，坚信前方有路，始终乐观向上。她不但主动为爷爷奶奶分担家务，还照料患病的妈妈和年幼的妹妹。她最大的希望是长大以后成为一名医生，把妈妈的病彻底治好。

勇于求索，学会创造。当今世界，国际竞争日趋激烈，科学技术日新月异，唯有加快自主创新，才能自立于世界民族之林。培养创新精神和创造能力，是青少年义不容辞的时代重任。

江苏省淮阴中学的小魏被称为"科创达人"，小小年纪就有"便携式羽毛球辅助训练器"等 4 项发明成果获得了国家专利，被评为"江苏最美中学生"。课余闲暇，小魏总有一些奇思妙想，也时常会自己动手摆弄一些小发明。他善于在生活中发现问题。例如，羽毛球训练课结束之后，教练要求回家后，把布条扣在树枝上，练习挥拍固定动作，在击打过程中布条经常缠绕在树枝上，导致训练经常中断，效率极低。于是他就思考能不能发明一款高效的羽毛球训练器来提高训练的效率。经过无数次的"实验—失败—再实验"的循环，无数次绞尽脑汁、废寝忘食，终于，他从钓鱼用的锡坠中得到启发，发明成功了一种防缠绕、可拆卸、可回收、便携带的羽毛球训练器。现阶段他正与几家体育用品生产厂家洽谈，争取能早日量产，服务大众。未来，他立志成为一名发明家，去填补世界科技领域的空白，实现自身的价值。

（本节作者：湖北省宜都市杨守敬小学　刘丽华）

第三节　多才多艺，增强人际吸引力

新学期开始，某校 701 班开展班委会竞选，喜欢打篮球的小林和喜欢小提琴的小李分别当选为体育委员、文艺委员。后来，小林参加了学校篮球队，又成为校学生会体育部长。小李在学校的元旦文艺晚会上表演小提琴独奏，赢得热烈掌声，其优雅的艺术气质使她有好人缘。

一、多才多艺与领导力

多才多艺是指具有多方面的才能和本领。除了有一门主要才能之外，还有其他才能。或擅长某项体育运动，或能歌善舞，或会演奏某种乐器，或在书法绘画方面有钻研。

很多卓越领导者都多才多艺。苏轼不仅是文学家，还是书法家、美食家，被誉为"天下奇才"。毛泽东不仅是伟大的无产阶级革命家，还是一位诗人。他在青少年时代就喜欢游泳。朱德在年轻时就很爱打篮球。钱学森自幼就喜欢文学艺术，他在北师大附中读书时就跟随著名画家高希舜学习过水彩画。被称为"东方第一几何学家"的苏步青，不仅是一位科学报国、开拓创新的大数学家，还是一位感情细腻的诗人。"杂交水稻之父"袁隆平，会拉小提琴，中学时是学校有名的铜管乐手，是湖北省游泳比赛男子自由泳银牌获得者。

多才多艺可以增强人际吸引力。美国社会心理学家阿伦森认为，能力非凡可以使一个人富有吸引力。当人在某些能力方面比较突出时，就容易使他人产生欣赏、钦佩甚至崇拜从而产生强大的吸引力。多才多艺是个人思想修养、道德情操、聪明才智、意志品质、艺术气质的集中反映，体现人的综合素养。多才多艺会带来快乐，愉悦人们的精神，因此会受到人们的关注和欢迎，从而扩大自己的朋友圈，结识更多的朋友，甚至成为追随者和"粉丝"。

多才多艺可以更好地表达和传播某种意图。学习一门技艺就是进入一个新的认知领域、一个新的人际"圈子"，会受到多种智慧的启迪。多才多艺，则可以发现更生动活泼的表达意图的方式。著名美籍华裔物理学家、诺贝尔奖获得者李政道博士有一次举行"相对论性重离子碰撞国际学术研讨会"，为了生动形象地揭示会议主题，特意邀请著名画家李可染创作了一幅题为《核子重如牛，对撞生新态》的水墨画。画面上，两头牛墨色淋漓、抵角相峙，以中国画的艺术形式表达了微观世界核子高速相撞现象研究的会议主题。

二、努力提升才艺修养

作为班主任老师、科任教师，如何引导学生提升才艺修养？以下几点供参考：

深化对发展学生才艺的认识。发展学生才艺是落实立德树人根本任务、提升学生核心素养的要求。要坚决摒弃"应试教育"观念和做法，不以牺牲学生的全面发展为代价走片面追求升学率的老路。要从人的现代化、培养创造性人才、提升学生幸福指数生活质量等视角来认识提升学生才艺的重要意义，增强推进素质教育的自觉性。积极支持学生参与发展才艺的社团活动，为学生展示与交流才艺搭建舞台，热情关注学生才艺的提升情况，及时给予鼓励。充分调动学生发展才艺的积极性、主动性。

在"我是中国娃"的排练活动中启蒙儿童领导力
黄石市下陆区花儿朵朵宏维幼儿园　马静

2023年六一儿童节，我们幼儿园举行了"我是中国娃"庆六一文艺汇演，用艺术感染孩子的心灵，用文化浸润孩子的心田。

整个节目，我们进行了精心的策划：以"我是中国娃"为文艺汇演活动主题，从中华文化中的神话故事、历史传说和文学作品中，挑选富有童趣、寓意深刻，适合幼儿认知、理解、排练的节目，如大禹治水、草船借箭、司马光砸缸等，让孩子们从小受到中华文化的熏陶；从演出时长看，整台活动大约 1 个小时，结合了小孩子的生理心理特点；节目内容的时间跨度，从我们中华民族盘古开天、女娲造人的神话传说到三峡大坝、天宫二号空间站的现代科技，使孩子们感受中华文明的演进和精彩；从节目的形式上看，有朗诵、歌曲、戏曲、舞蹈、乐器、舞台剧、游戏和动画等，让孩子们充分体会艺术的魅力；从参与的对象上，有学生、老师还有家长，调动更多的人员参与到中华文化的学习和表现之中；在表演地点上，我们选择在黄石市电视台演播大厅举办，专业的演播人员和专业的灯光、音响设备，使全体参与者共同享受艺术盛宴；从社会反响来看，无论是家长、老师还是现场观众以及电视观众，都认可这台节目有内涵、有意义，希望能够经常开展类似活动，引导孩子们从小热爱祖国、热爱中华文化，激发他们的爱国热情。

在排练过程中，我们针对不同年龄段的小朋友参与的不同节目进行儿童领导力启蒙。比如在排练二十四节气这个节目时，我们让 24 个小朋友身着不同颜色不同形状的象征不同节气的服饰排好队伍，根据节目音乐和节气介绍的顺序出场展示美丽服饰。又比如排练"司马光砸缸"这个舞台剧，我们事先设定的剧情是由一群中班小朋友在下课玩游戏时一个小伙伴不小心掉进水缸里了，然后"司马光"找到石头把水缸砸破救出掉进水缸里的小伙伴。在排练时我们加强引导启发，有的小朋友提出，小伙伴为什么会掉进水缸呢？一定是在玩捉迷藏时不小心掉进去的。有的小朋友提出，发现小伙伴掉进水缸了要向老师报告，请老师来帮忙，有的小朋友说要打"110"报警电话，请警察叔叔来帮忙，有的说要打"119"去请消防员，还有的说把水缸推倒等，大家七嘴八舌想各种办法帮助"掉到水缸的小朋友"脱困。在老师的帮助下大家明白了在北宋时期还没有电话，无法打电话联系警察叔叔和消防员。于是大家分工协作，一部分人去找老师来帮忙，一部人在现场想办法找工具，最后一名小朋友自告奋勇要当"司马光"，带领小朋友们一起找到了一块大石头，一边向水缸里的小朋友喊话让他不要着急，一边疏散人员并砸破了水缸救出了小伙伴。通过节目的排练和演出，我们培养了孩子们的创新精神、规则意识，引导幼儿学习相互沟通，学习相互合作，共同完成节目各个环节的任务，种下了启蒙儿童领导力的种子。

结合学生认知能力的实际，深入浅出地介绍有关知识。从中国文化看，早在春秋时期孔子就倡导学生掌握"六艺"，即礼、乐、射、御、书、数。从现代心理学看，美国哈佛大学教授加德纳的"多元智能理论"认为，人的智能是多元的，即语言智能、数理逻辑智能、音乐智能、空间智能、身体运动智能、人际交往智能、自我认识智能、认识自然的智能等。每个人都有多方面的潜能，提升才艺就是激发潜能、培养个性，促进学生自由而全面发展。从现代脑科学看，人脑左右半球的功能各有侧重。左脑侧重于逻辑思维（科学思维），右脑侧重于形象思维（艺术思维）。一般情况下学生的左脑用得较多，进行才艺活动可以开发右脑，促进左右脑协调发展。

> 现代化建设需要培养创造性人才，而创造性人才的培养需要科学思维与艺术思维协调发展。钱学森非常强调科技与艺术的结合，认为科学家需要懂一些具体的艺术，艺术家也要多了解一些科学知识。他自己对文学、诗词、音乐、园林以及书画等都很有研究。
>
> 微软公司的联合创始人保罗·艾伦 7 岁开始学小提琴，长大之后又酷爱吉他。他曾说："音乐和编程都是促使你的思维超越目前存在的东西，用新的方式表达你自己的东西，强化了你的创造能力。"

引导学生正确处理课内与课外的关系。课内为主，课外为辅。认真学好各门功课是前提，课内知识不扎实，课外实践只能"知其然不知其所以然"。不能从事物本质和规律的深度来理解。同时，课外实践要尽可能结合课内的学习。

引导学生从实际出发，扬长避短。培养才艺需要一定的客观条件，如个人生理条件、学校师资情况、家庭经济条件等。培养才艺一定要从这些实际情况出发，扬长避短。此外还要考虑到家庭经济条件、学校的师资条件等。

引导学生保持对探索未知问题的好奇心。居里夫人说："好奇心是学者的第一美德"。好奇心是兴趣产生的基础，兴趣是最好的老师。牛顿看见苹果落地，奇怪为什么不往上掉，对力学产生浓厚的兴趣，发现了万有引力定律。美国的莱特兄弟，小时候对一架玩具飞机好奇而对发明制造飞机产生强烈兴趣，成为世界上第一架飞机的发明者。

引导学生在多种兴趣中突出一项中心兴趣。人的时间和精力是有限的。发展兴趣不能漫无边际。时间和精力必须相对集中才能有所成就。因此要重点发展中心兴趣，将其发展成某种爱好或特长。有的同学似乎兴趣很广，课外报了多个培训班而超出了学生的负担能力，既学不精，也影响休息。

> 达尔文少年时代可谓"朝三暮四"。最初想参军，后来又爱上气象学、金融学，想当气象学家、金融家，但很快又迷上了音乐，成天在家拉小提琴，后来还学了四年医，但都没多大兴趣，直到 24 岁时，在卢梭的引导下，才把生

物学作为自己的志向，专心于生物学的研究，终于最早提出了生物进化论，成为一代科学巨匠。

引导学生注重基本功的练习。实践是提升才艺的根本决定力量。宝剑锋从磨砺出，梅花香自苦寒来。量变是质变的必要准备，质变是量变的必然结果。"台上一分钟，台下百日功"，因此，要遵循才艺提升的规律，循序渐进，从一点一滴练起，苦练基本功。

美国小学生的音乐课，低年级以唱歌为主，中高年级开始学习乐器，分弦乐和管乐，弦乐在小提琴，中提琴和大提琴里选择；管乐有萨克斯，长笛，黑管，长号，圆号等。学生选择一门想学的乐器后，原则上不再更改。学生组成管弦乐队和乐团，利用课堂和业余时间练习，学年结束前做汇报演出。

（本节作者：黄石市下陆区花儿朵朵宏维幼儿园　马静）

第七章　培养学生的学习力

　　每年年底，比尔·盖茨都会分享"今年我喜爱的5本书"。例如科幻小说《异乡异客》、人物传记《林肯与劲敌幕僚》《门捷列夫的梦》、摇滚明星回忆录《投降》、网球运动《身心合一的奇迹力量》等。

　　巴菲特一生都热爱读书。他每天会按时起床，花大量时间阅读各种新闻、财报和书籍。当有人问起投资的秘诀时，他说，投资很容易，只要多读书就行了。他说读书是对自己最好的投资。他的合伙人芒格说：我这辈子遇到来自各行各业的聪明人，没有一个人不每天阅读的——没有，一个都没有。而巴菲特读书之多，会让你吃惊，他是一本长了两条腿的书。

　　什么是学习力？学习力与领导力有什么关系？如何培养学生的学习力？这些就是本章要讨论的问题。

第一节　走近学习力

一、学习的力量

　　什么是"学习"？《辞海》的解释是"个体经过一定练习后出现的，且能够保持一定时期的某种能力或倾向方面的变化"。从联合国教科文组织"四个学会"的教育思想看，学习力是学会求知、学会做事、学会共处、学会生存的能力；从课堂教学上看，学习力是理解知识和运用知识的能力；从哲学上看，学习力是人们认识世界的能力；从经济学上看，在知识经济条件下，学习力是把知识资源转化为知识资本的能力。

　　在实际生活中，人们对学习力的理解往往局限于对书本知识的学习。实际上，中小学生为提升素质而进行的一切活动，如课堂学习、综合实践等，都是学习。提升学生的学习力，不能仅限于提高考试成绩，从根本上说是为了立德树人，提升学生核心素养和促进学生全面发展。

　　学习是促进人的现代化的力量。现代化的本质是人的现代化。学习才能使人乘上飞速前进的时代列车，在德智体美劳全面发展的同时又有现代品格和鲜明个性，如崇尚科学、追求真理、守时惜时、注重效率、勇于创新、开放包容等。

> 英国男孩爱伦在 4 岁时登上一位阿姨的船去航行，渐渐对航海产生了兴趣。11~17 岁，他把自己的零花钱都积攒起来，花 475 英镑买了第一艘船，18 岁时开始环绕英国进行单人航行。他阅读了大量航海知识的书籍。他和有航海梦想的朋友们成立了"航海俱乐部"。缺乏资金，他写了 2500 封向商家的求助信。经过努力，他终于打破了"周游世界"的航海纪录。

学习是促进团队成长进步的力量。中小学生群体中担任学干的人不少。实行轮换制的班级，人人都有担任学干的机会。师生对学干的首要要求就是以身作则。学干以身作则努力学习，学习成绩提高了，在同学中威信就更高，影响力就更强，班风学风会进一步优化，从而带动班级成长。

学生将要成为推进中国式现代化的劳动者、建设者，不少学生还会成为各级各类组织的领导者。培养学习力，也为日后适应"学习型社会"、成为"学习型人才"、建设"学习型组织"奠定基础，在激烈的竞争中立于不败之地。

学习力的实质是竞争力。有学者提出"树根理论"：将一个企业比作一棵大树，学习力就是大树的根，即企业的生命之根。领导者只有增强学习力，才能高瞻远瞩，走在前列；员工只有不断学习，瞄准前沿的科技、市场动态，才能有所作为。

二、探索提升学习力的有效途径

如何有效提升学习力，是广大师生始终在探索的课题。学习力包括学习动力、学习毅力、学习方法等要素。可以从这些方面进行探索。

激励学生追梦前行，增强学习动力。"叫醒我们的不是闹钟，而是梦想""以梦为马，逐梦而行"，是很多中小学生喜欢的新格言。我们所处的年代是追求梦想的年代。要根据不同学段学生的认知能力，以生动活泼的方式，引导学生理解"中国梦、我的梦"的深刻内涵，学习老一辈无产阶级革命家周恩来"为中华之崛起而读书"的精神，立志为实现中华民族的伟大复兴而努力学习。要充分利用互联网让学生感知现代科技的最新成就。可以通过组织学生参观科技馆、现代植物园、海洋馆等方式开阔学生视野。可以组织学生参加诗词大会、创客大赛、机器人大赛、航模竞赛等，不断激发学生的学习兴趣。结合学生实际积极做好生涯规划教育，例如某小学组织学生参观消防队、组织学生做"给布娃娃打针"的游戏，让学生了解有关的职业技术知识。这也是理想教育的一部分。

激励学生见贤思齐，树立勤奋学习的榜样。可以结合有关知识的教学，引导学生挖掘、分享知识背后的优秀人物故事。如我国古代文化名人司马迁、华佗、毕昇、蔡伦、鲁班、祖冲之、李时珍等，外国的历史文化名人哥白尼、伽利略、瓦特、牛顿、达尔文、爱迪生等；可以让学生讲述我国当代著名科学家钱学森、竺可桢、邓稼先、黄旭华、屠呦呦等人的事迹，汲取动力；可以挖掘当地历史文化名人的故事，增强学生的学习自信。要更多地培养、表彰、宣传本校本班的优秀学生、优秀学干、优秀少先队员、优秀共青团员，鼓励更多的学生出彩。

加强学法指导，提高学习效率。达尔文说：一切知识中最有价值的是关于学习方法的知识。授之以"鱼"不如授之以"渔"。可以通过走出去、请进来、交换生、手拉手等方式，组织学生开展学习经验交流，推动学生不断探索适合自身实际的高效学习方法，提高学习效率。要深入推进"课堂革命"，尝试运用费曼学习法、小组合作学习法、思维导图学习法，尝试开展可视化学习、行走学习、项目学习、研究型学习等。调动学生的学习主动性、创造性。

一次"失败"的开庭
孝感市晒书台小学　熊建伟

403班的同学经常会发生一些小摩擦，为了调解学生之间的矛盾，在张老师的指导下，班级成立了小法庭，由值周班长轮流担任小法官。每当班级里同学们出现了争执时，班级小法庭就会开庭评判。

这天，轮到小张和小李负责抬牛奶，可是他们抬牛奶时打了起来。根据惯例，启动"班级小法庭"进行评判。

班会课，小法庭开庭了。小法官小王宣布，先由当事人说一说打架事件的经过。小张说：抬牛奶时，小李就开始喝牛奶，我就告诉他不应提前喝，他就故意将牛奶泼到我身上。小李说，自己是不小心将牛奶撒了一点到小张身上，小张就骂起人来……在小法官的主持下，律师开始辩护。小张的律师认为如果小李将牛奶弄到小张身上后第一时间道歉，就不会打架，所以小李负主责。小李的律师认为小张小题大做，骂人，应负主责……几轮辩护之后，小法官说，这次打架事件因为没有别的证人，所以请同学们用举手投票的方式判定谁该负主责。经过投票，小法官宣布小张应负主责，要认错并向小李同学道歉。同学们议论纷纷。这时，张老师发话了，没有证人就选用投票的方式评判比较合理，但这种方式科学吗？小法官请投弃权票的同学发言。有的同学说小张平时就经常惹事，所以他获得的反对票多；有的同学说，其实这件事两个人都有不对的地方；还有的同学说，同学们相处时，经常会遇到一些小摩擦，我们难道不应该像道法书中讲的那样多宽容，少争执，友好相处吗？这时，班级里响起了一片掌声。两位打架的同学低着头，走过去互相道歉。最后小法官王力宣布，本次开庭两位同学都认识到自己的错误，他笑着说道，看来这次我们组织的小法庭是一次"失败"的开庭。

经过这次"失败"的开庭，在小法官们的努力下，403 班的小法庭开庭的次数越来越少，但总能顺利解决同学们之间的各种摩擦。

引导学干正确处理"工学矛盾"统筹兼顾。初三、高三的学生学习时间紧，压力大，学干工作与自身学习的矛盾会凸显，一些学干担心影响学习，压力较大，不愿意担任学干。在这种情况下，要引导学干学会学习与工作"两手抓"，在提高学习与工作效率方面动脑筋、想办法。

（本节作者：孝感市晒书台小学　朱亚萍）

第二节　坚持培养良好习惯

有一位诺贝尔奖获得者认为，他之所以成功，是因为在幼儿园里学到了所需要的东西：认真观察、乐于助人、勤奋学习等习惯。这给我们的启示是：良好习惯是事业成功的基石。人的习惯包含很多方面，有不同的分类，按习惯的层次结构可分：行为习惯、情感习惯、思维习惯；按其他标准分，还有做人的习惯、做事的习惯、学习的习惯等。本节我们主要围绕学习习惯来论述。

一、良好习惯有助于人的发展

良好习惯的重要性不少名家都有经典论述：美国现代经济学家约·凯恩斯认为："习惯形成性格，性格决定命运。"英国著名哲学家普德曼说："播种一个行动，你会收获一个习惯；播种一个习惯，你会收获一个个性，播种一个个性，你会收获一个命运。"先哲们的论述告诉我们，习惯对人生的影响非常之大。

爱读书是良好的学习习惯之一。良好的学习习惯还有很多，如学习有计划、敢于质疑、大胆想象、学以致用、善于总结反思、勇于创新、收集信息整理信息、多角度考虑问题、多通道学习等。

二、培养良好习惯的方法

我们都在自觉或不自觉中以"习惯"完成自己的行为。有的人因良好的习惯很多，取得了成功，有的人因身上的坏习惯太多，影响了自己的发展。巴金告诉我们，孩子的成功教育，要从好习惯培养开始。

一位老师在教授《爬行动物》时编了个故事：远古时代有种爬行动物夜龙，谁也没有见过，也找不到化石，历史上没有任何记载。这种动物只在夜里活动，全身黑色，身长60厘米，后腿较长，能在树上爬行且善于跳跃。晚上，夜龙的视觉能力很强，能看到几十米外的地方，因此很容易捕捉到食物，同时避免天敌伤害。中生代后期，夜龙灭绝了。讲完故事后，老师让学生在答卷上写下夜龙的特点。收起答卷后，老师给每个学生都判了零分。学生的脸上写满疑惑，部分学生甚至有些愤怒。全班同学"同仇敌忾"，据理力争。

这时，老师对同学们说："是啊！你们答的和我讲的完全一样，为什么给你们判零分呢？"全班同学纷纷要求老师给出理由。老师说："谁也没有见过夜龙，世界上也没有任何资料记载，那我能不能知道夜龙的特点？"学生说："当然不知道。"老师又说："既然我也不知道，那我说得对不对？"学生猛然醒悟：老师原来在考我们，世界上根本没有夜龙，老师说的没有科学依据，也不一定完全正确。通过这节课学生纷纷发表感想：老师说的、书上写的，甚至是科学家阐述的结论也不一定是完全正确的，科学没有绝对权威，在接受信息时一定要经过认真的分析和思考，不能盲目接受。

这个案例反映的是学生学习时没有自己的思考。案例中老师精心设计授课内容，培养学生勇于思考、敢于质疑的习惯。

敢于质疑是提升学习力的良好习惯。很多人不质疑或不敢质疑，是因为太相信权威。我们在教育孩子的过程中，总是强调自己作为长辈的权威，不许孩子有反对意见，久而久之，孩子就真的把父母老师的话当成了权威，不敢怀疑。培养孩子们敢于质疑的习惯除了课堂上精心设计授课内容外，在平时的教育活动中我们要给予孩子们宽容的成长环境和适当的指导。创设平等的交流环境，让孩子感受到，提出问题不会带来"麻烦"，也不会引来责骂或惩罚。鼓励孩子多提问，孩子们看了书或者观察到不懂的现象，可以大胆提出，父母老师可以和孩子一起探讨，也可以鼓励孩子自己去寻找答案。让孩子独立思考，孩子产生问题后，要鼓励他们自己思考，自己解决，父母可以提意见，但不能包办代替。

善于反思也是提升学习力的良好习惯，如何培养学生的反思习惯？天门实验高级中学有位老师采取了以下做法：让学生每日反思自己的行为与学习习惯。上课注意力集中、进班安静学习、课前做好准备、课后及时整理回顾、不懂就问等这学习习惯对提升学生学习成绩非常重要，将这些影响学生学习成绩及容易犯错的行为列成表格，让学生每天反思。做到了在上面打"√"，没有做到在上面打"✕"，每天检查，强化学生在这方面的意识。有些同学可能不会真实地填写，但这种方式至少可让学生每天要看一遍，思考一下，强化了对这些行为的反思。

让学生每周集体反思。每周的班务活动，以小组为单位对本周的学习习惯和行为习惯进行反思与小结，有哪些方面哪些同学做得好，有哪些方面做得不好，小组解决的措施是什么，然后小组长上台在全班进行交流，互相取长补短。

学生犯错后写反思。学生犯错后对他们的主要惩罚就是写反思，让他们弄清错误性质、错误根源、改正措施。无论大错小错都写反思，每一次违纪违规都要写，如迟到、早退、上课睡觉、课堂吃零食等，通过这些反思，强化学生反思这一行为，清楚自己的问题及与别人的差距，并且养成想办法的习惯。

每次考试后写反思。反思从三个方面去思考：知识的理解与落实、学习方法与习惯、思想态度。然后针对不足的方面，拿出具体的解决措施。

针对班级重大问题进行反思。如，班级饮水机下接水的桶满了，没有人去倒，组织全班同学进行反思："面对一桶水"。针对班上同学打架，展开集体反思："冲突是怎样发生并升级的?"

制订学习计划也是提升学习力的良好习惯。在学校每个学生拥有相同的时间，为什么有的同学学有余力，有的同学连老师布置的作业也不能完成? 这离不开对时间的管理。如何管理时间、制订计划，合理规划每天的时间。有位老师将每天的时间进行分割，让学生在每一时间单元学习什么进行规划，学生每天除上课外还有很多边角余料时间，充分运用好这些时间是提升学习成绩有效方法。

课堂时间一般老师都会布置明确的任务，完成任务即可，但也让学生进行弹性规划，如有多余时间做什么，也做到心中有数。制订计划是有技巧的，有的同学订计划后不能完成，认为订计划没用，实际上是他订计划不得法。每天的计划不要订得太满，一件事要用多长时间，要有客观分析，留有余地，完不成怎么办，完成后做什么，要有调整的空间。计划还要制订得具体，如作业做第几课或练习几，或从第几页到第几页，背英语单词是第几课或哪一页的，任务要明确。

如何督促学生落实并养成习惯呢? 每个学习小组有一位同学在下晚自习前 2 分钟负责提醒同学们按时写计划，每一大组指定一个同学负责检查每个同学的计划，检查的时间固定在第二天早餐后进班时间。老师每天抽查一个大组的同学计划制订的情况，有时有针对性地进行检查，如发现有同学进班后没事做，讲话或做闲事，就查看他的计划，如果没有订计划就要接受班级的处罚规定。

为了培养学生做事有计划的习惯，除了在学校让学生养成制订计划的习惯，还要求学生放假每天也要订计划，每次放假都要求学生对假期进行规划，要完成哪些学习任务，规划好学习的时间。

(本节作者：湖北省天门实验高级中学　王圣庭)

第三节　不断优化学习方法

面对新的环境、新的任务，当我们无法提前预测未来时，该如何优化学习方法，从而快速提高领导力呢？

英国学者雷格·瑞文斯（Reg Revans）曾给出了一个建议：L>C（L为组织学习的速度，C为环境变化的速度）。瑞文斯认为，所有组织，只有自身学习的速度快于环境变化的速度，才能够实现持续生存。因此，面临变化，我们所能做的只有快速学习并主动迎接变化；而在同样的时间内，优化学习所需的心态调整、前置规划、氛围营造和方法选用等关键要素，就成为制胜法宝。

一、磨刀不误砍柴工

根据一组大数据调查显示，当代中小学生之所以出现学习障碍，主要集中在学习品质不优，具体表现为"志向不明茫然学""兴趣不浓挑拣学""方法不优低效学""习惯不好随性学""基础不牢畏难学"等情况。如果没能具体洞察学困生的实际症结，不对症的施教往往很难取得预期效果。

可如今生活节奏越来越快，很多人往往一件事还没做完，就得赶着做另外一件，过程似乎忙忙碌碌，结果可惜差强人意。

《论语·子路》中有"欲速则不达"，《礼记·中庸》中有"凡事预则立，不预则废"。其实，学习是一个漫长的过程。当学习的过程遇到准备不足或障碍难逾的时候，即时修整"磨刀"也是有必要的。因此，学习之初既要有预热式磨刀，学习之中也要有校对式磨刀，学习之后更要有整理式磨刀，这样才能让学习的全过程做到有张有弛、松弛有度，而不至于出现"柴还没砍几捆就把刀砍废了"的事件。

二、掌握科学学习方法

向上生长是万物共同法则。同理，任何孩子都是渴望学习上进的。而学习一般有三重境界：一则"苦学"，处于如"头悬梁、锥刺股"层次的学生，学习或许更多是一种被迫的"苦差事"，长此以往，对学习难免会产生反感或厌学的情绪。二则"好学"，达到"知之者不如好之者"境界的学生，对学习如饥似渴、废寝忘食，一旦有良好成绩的反馈，也就更利于进入学习的良性循环。三则"会学"，能"一点就通、举一反三"，自然能在学习上松弛有度、效率倍增。

近年来，关于科学学习方法的实践研究有很多，因个人条件不同、时代不同、环境不同，选取的方法也不尽相同。以背诵方法为例，实际运用中就多达十几种，如理解记忆法、快速诵读法、提纲挈领法、求同存异法、关联提示法、图表背诵法等。某种方法的选择，除了个人喜好之外，还与学习的内容、要求和环境有关。适合自己的，才是最好的。只要能促进个人或组织快速提升学习力，不违背伦理道德、法律法规等基本底线，就值得探索或借鉴。以下列举一些值得借鉴的学习方法。

"三上读书法"

欧阳修在《归田录》中说："余平生所作文章，多在三上，乃马上、枕上、厕上也。盖惟此尤可以属思尔。"

作为"唐宋八大家"之一，欧阳修官居高位、非常忙碌，但他善于利用"马上、枕上、厕上"等零星时间，读书万卷，笔耕不辍，写下许多传世佳作，开创了一代文风，成为北宋文坛领袖。由此，"三上"成为读书人津津乐道的话题。

一个人的精神发育史，应该是一个人的阅读史，而一个民族的精神境界，在很大程度上取决于全民族的阅读水平；一个社会到底是向上提升还是向下沉沦，就看阅读能根植多深；一个国家谁在看书，看哪些书，就决定了这个国家的未来。随着网络资源、生活方式的日益丰富，有些人把宝贵的时间耗在了上网游戏购物、娱乐消磨度日等方面，却很难静下心来认真读书。作为有着悠久传统文化的中国人，其实更有底气和更大信心将"三上读书法"继续发扬光大。

"团队学习法"

从员工到华润总经理只用了 12 年时间的宁高宁，曾先后执掌华润、中粮、中化、中国化工四家世界五百强企业，面对拥有数百家分公司、数万员工且业务遍布全球的巨型组织，其领头人宁高宁经常性采取"团队学习"的办法，以其卓越的领导力不断提升个人和庞大组织的管理效率。他说，"团队学习法能够在会议中逐步应用，并成为我们未来工作和学习的思维方式、团队建立方式、文化建立方式。"

宁高宁提到的"团队学习"是建立在"行动学习"（Action Learning）基础上的一种有效学习方法，瑞文斯于 1971 年出版的《发展高效管理者》一书中提出行动学习方法论（行动学习公式 L= P+Q），其中的 P 是结构化的知识，Q 即洞见性提问。后来，有一些专家学者不断对这个公式进行了扩张，加上了"R"和"I"，"R"代表反思，"I"代表执行。

相对于"行动学习"而言，"团队学习"的精髓是：一个真实的跨职能/跨层级团队，围绕自身所面对的、组织真实存在的难题或机会，应用结构化的流程方法工具，共同研讨、质疑反思、提出方案并付诸行动，之后持续跟进确保得到成果，并从这一过程中获得能力的提升和团队的融合。

作为师生优化学习方法的重要载体或呈现方式，"团队学习"相对于个人研修来说，往往会以"小组合作学习"（或"研究性学习"或"师友互助式学习"等）方式得以现实呈现。经过多年的教育实践，"小组合作学习"作为个人或组织优化学习其中一项重要的方法选项，也逐步形成了可操作、可复制、可创新的基本模型，如"常规组"和"机动组"的选择使用，如"组内异质"与"组间异质"的搭配安排，如"任务驱动"与"成果展示"的流程设计，如"分配角色"与"分享领导"的个性提升等，其实都在推动"团队学习"优化升级的具体实施，也更能有助于学生领导力的培养提升。

"费曼学习法"

有一项研究表明，学习按自主能动性可分为两类：被动学习和主动学习。被动学习包括：听、看、听+看（图像）、示范，吸收效率依次为5%、10%、20%、30%。主动学习包括：小组讨论、做中学（实操）、教给别人或马上运用，吸收效率分别为50%、70%、90%。其中"教给别人"，对学习的吸收率最高达90%。虽然表面上看是在教别人，其实是在以教的方式"逼"自己查漏补缺。现实学习生活中，如同"小老师"或"兵交兵"或"翻转课堂"的实践做法还有很多，实质就是费曼学习法。

费曼学习法是以教的方式逼迫自己自觉，甚至是开心地完成有意识的主动学习。这种学习方法能够验证个人或组织是否真正掌握一个知识，看其能否通过理解让隐性思维显性化、能否通过重构让显性思维结构化、能否通过呈现让结构思维形象化，最后看其能否用直白浅显的语言把复杂深奥的问题和知识讲清楚。

"项目学习法"

项目式学习法（Project-Based Learning），是一种以学生为中心设计执行项目的教学和学习方法，通过"提出问题—规划方案—解决问题—评价反思"闭环管理，从而促进学生的学习效果。

在中国一些学校和课堂里，"以生为本、学为中心、以学定教"的教学模式层出不穷，有的学校根据课程的不同进行了优化调整，有的老师依据学生的基础作出了适当调整，有的课堂按照任务的差异完善了项目环节。但无论哪一种发展演变，都要抓住最根本的一点：以兴趣和需求双向驱动，从学习的整体目标出发，匹配适合的项目，获取相应的指导，从而展示学习效果。因此，采取项目式学习，既要有以学生为主体的前置考量，也要有教师为主导的闭环设计。当然，项目式学习也有一定的局限性，首先这种方法并不一定适用于所有的年龄和学科，该练基本功的，该下苦功夫的，还是不能走捷径。其次，项目式学习给老师组织教学增加了难度，有时还会带来"场面热闹、效果不佳"等问题；如果老师未能了解学生真实基础或实际需求，后期提出的项目方案则可能会浮于表面或不求甚解。

项目式学习，让道法课成为学生融入社会的舞台
武汉市江夏区第一初级中学　尹斌

2022 年，我在上九年级上册第三课《追求民主价值》这一内容时，第一节课，用讲授法上完课本的基础知识，让学生了解社会主义民主的形式和内容。

第二节课，我采用项目式教学法。课前，我结合武汉市旧城改造热点，告知学生第二节课主题是"纸坊老旧小区加装电梯"九（8）班协商大会。

课前具体安排：

一、人员分组：全班 54 人，分成 9 组，每组 6 个人；

二、课堂议题（调研内容）：1. 老旧小区加装电梯的原因；2. 同一栋楼住户对加装电梯的不同意见及原因；3. 如何解决这些困难；4. 青少年学生对未加装电梯老旧小区提供哪些支持。

三、此活动旨在增强政治认同，培养学生多种学习方法或途径：实地调查，多渠道查资料参考，小组讨论法等。

经过几天准备（一般选择跨周末），由班长或课代表主持（一般 2 人），各小组派代表畅所欲言，充分交流互动，我则作为调解员适时补充，这节课变成了"基层群众自治"大会的现场直播，同学们成了课堂的主人，小居民变成社区的主人，大家都在参与"民主管理"。同学们花了时间，动了脑筋，自然有收获，也体会到了民主的真谛。

项目式学习是培养学习力的综合性教学活动，有助于深度的认知加工，建构知识经验，形成关键的态度和情感价值观，形成稳定的核心素养。通过项目式学习，提升学生的学习力，让道法课成为学生融入社会的舞台。

无论何种学习方法，最根本的要求是理论与实践相结合，知行合一。书本上的理论知识来源于实践，必须接受实践的检验；实践也必须有科学理论的指导。离开

理论指导的实践是盲目的实践，会造成损失，并阻碍事物的发展。因此，必须做到"理实一体化"，即理论与实践相结合。

被评为中华职业教育社第三届"最美职校生"的小庞，是五峰土家族自治县职业教育中心的学生。五峰是"世界茶旅之乡"，她选择了茶叶生产与加工专业。学习手工制茶不仅要在学校里学理论、做研究，还要到茶厂去实践。在炒茶过程中，作为新手的小庞常会遇到一些问题，她跑到茶厂向有多年经验的老师傅请教，从而改进自己的工序。2021 年，她参加了全国职业院校技能大赛中职组手工制茶赛，获得了团体一等奖。小庞还是一个运动爱好者。作为一个土家族姑娘，她在湖北省第十届少数民族传统体育运动会上参加高脚竞速等项目荣获 3 枚银牌。2023 年 6 月，小庞参加了职教高考，取得了 661 分的好成绩。她到长江大学开启了自己的大学生活。长江大学也有制茶室，小庞会继续在这里研究茶叶。小庞坦言："我从小在这里生活，对这里有浓厚的感情。我选择的专业能帮助家乡的经济发展。"

（本节作者：武汉市江夏区教育科学发展研究院　徐强）

第八章　培养学生的批判性思维

某校一位教师在上"孔融让梨"这一课时，给同学们留下课堂作业：写下孔融行为对大家的启示意义。不少同学写要学习孔融谦让有礼的精神，但也有同学却写出了不同答案：

孔融这么做对别人不公平，剥夺了其他兄弟选择和表现的机会。

孔融可能不喜欢吃梨才给自己挑一个最小的，但不喜欢吃就直说，讨巧地编出一堆冠冕堂皇的理由是很虚伪的。

孔融的推理本身就是自相矛盾的，因为他说年纪小应该拿小梨，他比哥哥年纪小，所以应当拿小梨，然后又讲年纪大应当拿小梨，他比弟弟年纪大，所以他应当拿小梨。

但这些"奇怪的想法"很快就遭到扼杀，老师给这些"非标准"答案判了"×"，于是，学生的想法也渐渐地靠向"标准"答案。

某些情况下，"权威"的答案很可能禁锢人们的思维，使人不知不觉失去批判意识和能力。

批判性思维（Critical Thinking）不是指简单粗暴的批评或者指教，而是一种思维方式和能力。批判性思维又称明辨性思维或思辨思维。是当今社会的热门话题。《礼记·中庸》：博学之，审问之，慎思之，明辨之，笃行之。其中的"慎思之，明辨之"，都离不开批判性思维。为什么要培养学生的批判性思维，如何培养学生的批判性思维？这是本章要研究的问题。

第一节　批判性思维这一课要补上

教育活动中不乏存在这样的现象：一方面，许多学生固守书本和传统，不敢批判、不善创新，另一方面，他们又喜欢不分青红皂白地一味否定、反对、抨击，从盲从到"盲反"的转换不用一秒钟。这反映的就是批判性思维教学的缺乏。

一、批判性思维不是挑错

长期以来，批判性思维得不到重视。提倡"批判性思维"有来自不同方面阻力，一方面，它有观念上的阻力，因为它的自由、独立批判思考不符合一些现有的思想教育教条。另一方面，它有实践上的限制。过时的教育大多靠知识灌输，缺乏有效批判性思考教育所需要的传统和资源。

人们往往认为，批判性思维就是全盘否定。其实，批判性思考的目的不是挑错、抹黑或声讨，而是培养人的自由和独立的智识能力。批判思考的智识教育与单纯的知识灌输之间，是授人以渔和授人以鱼的区别。批判思考要给学生的不是现成的知识，而是核查知识可靠性和真实性的能力和方法。培养学生的批判性思维能力被越来越多的国家作为教育的核心目标之一。批判性思维教学的最大目的，就是让学生成为主体，激励学生主动、自主地思考和学习。这与当前中国教育改革的精神是一致的。

为什么批判性思维这么重要？这是因为批判性思维是一种思维方式，是对个人的思维进行系统训练后，能够对问题、论述、证据等进行辩证性的思考，从而提出或形成自己的观点。简而言之，批判性思维就是我们区分事物表现和本质、判断事物的真伪的能力。它使得一个人能够始终保持独立而理性的思考，不会盲从附和或者盲目相信权威，对信息抱有审慎的态度，懂得发现和分析问题。

学习批判性思维，可以让学生认识到，任何断言和证据都是可以怀疑的。即使是第一手的观察资料和现有的知识，都有可能是错的。批判性思维不是指挑毛病、批评别人，也不是同意或不同意的简单的线性思维，而是要求在掌握充分论据的基础上进行分析、判断和推理，尽可能使结论或判断客观公正。通过批判性思维教学，可以让学生避免一味盲从，能综合各方信息，做出自己的判断。这对培养学生的独立思考能力非常有意义。批判性思维的反思性、多样性原则，还十分有助于创新思维的培养。

二、批判性思维的培养应当引起重视

批判性思维是创新的前提，没有批判性思维，一切创新都是空谈。创新是社会发展的驱动力量，创新的关键在于创新人才的培养，而创新人才的创新起点则正在于批判性思维。

传统的教育内容是传授知识、技能和价值。没有批判性思维贯穿其间，传授与接受就是一个"传"与"接"的机械过程；在传授知识、技能和价值的基础上，反向思考乃至质疑既定的知识、技能和价值，其碰撞产生的火花也许正是创新的星星之火，传统意义上的教学过程就变成了双向互动过程，课堂和学校就成了创造工厂。有了批判性思维的加持，所有教育阶段所传授的知识、技能和价值，就有了"活"起来的基础，就有可能由此产生出新的知识、技能和价值，从而产生创新的结果。因此，培养学生的批判性思维，亦即创新思维，前提就是培养和激发学生的反向思维能力，提倡和保护学生的质疑性发问。

批判性思维不只关乎学生的知识和认知能力，而且关乎国民担负公民责任和行使公民权利的能力。对一个学生来说，他的思考、判断和以此为根基的综合学习能力，乃至学术能力，可以说都决定于他的批判性思维能力。对一个公民来说，他是否能有效地运用自己的知情权，把握事情的真相，也在很大程度上取决于他的批判性思维能力。联合国前秘书长科菲·安南说，"知识就是力量，信息就是解放……对每一个社会和每一个家庭都是这样"。然而，重要的不是获取现成的信息，而是对所有的社会和政治信息有所深层的思考、分析和判断。只有经过这样甄别的信息，才有可能成为一种力量和一种解放。

我们生活在一个信息爆炸的时代，每天在现实生活中和网络上，都会接触到大量的信息，我们需要从这些繁杂的信息中去伪存真、筛选、思考和判断出真实有用的信息。以前我们说知识就是力量。但现在要信奉：思维才有力量！就教育来说，每一名教师，确实要思考思想如何提升，思维如何转换，如何培养学生的批判性思维。因此，批判性思维这一课，我们应该补上。

第二节　批判性思维：领导力成长的土壤

和马丁·路德·金一样，小黄同学的竞选演讲主题，同样是"我有一个梦想"。但不同的是，这个 14 岁男生的梦想，只是成为深圳市中央教科所南山附属学校的学生会主席。

2009 年年末，学校里，随处可见这个新任学生会主席的大幅海报。海报上，这个戴着眼镜、看上去文质彬彬的八年级学生，正高举右手，做出一个挥拳的动作。这张获胜者的海报，只是这所拥有某种独特气质的学校的一个缩影，还有更多让人惊讶的事情，正持续不断地发生着。

在这里，每年的约定俗成的"竞选月"，学生会的主席要经过班级、年级到学校的层层公开选举，然后由全校 1800 多名学生选民投票产生。在这里，学生会的主席有权组织自己的"内阁"。在每月一次的校长例会上，他和"内阁成员"们将对学校的公共事务提出意见和建议，校长会一一记录，然后当面解释，或立刻作出整改。在这里，有一个 40 多人组成的学生记者团，成员遍布每个班级。在每周一的早会上，他们能够通过广播站，对教师甚至校长本人提出直言不讳的批评。

最有代表性的场景是，只要没有特殊原因，学校的校长一定风雨无阻地站在校门口向学生鞠躬，并要求学生也对他鞠躬还礼。

5年多来，校长李庆明致力于向下一代推行他的公民教育。"我们要挖掘每个孩子身上的潜质。但如果达不到这个目标，也没有关系，他可以当一个好公民。"李庆明说。"如果我漠视自己的权利，不对身边的公共事务发表意见，那是我的错。"

一、批判思维要突破常规性走向创新

波斯纳教授曾说：所有的领导者都是天生的，但卓越的领导者是培养出来的。在中国传统的教育之中，无论是在家还是在学校，家长和老师都会教导我们要礼让、要谦逊，久而久之，很多孩子就会变得缺乏积极主动性，缺乏敢于争先的领袖精神。但在当今竞争激烈的社会中，尤其是在职场个人领导能力对其自身的发展很是重要。所以中国学生更需要领导力的培养。

"培养青少年领导力要从创新力、批判性思维和服务精神入手，而创造能力、领导才能正是目前中国学生的短板。"原进才中学校长王从连说。"中国孩子最需要培养独立做决定的权利和意识，其次要关注他们的选择是否具备独特性，最后要培养他们实现自己选择的能力。经过这样的过程，孩子才会具备领导力。"文学评论家何志云说。

领导者的基本职能之一就是"决策"，而批判性思维是决策的关键。批判性思维至少包括质疑、反思、创新这三个方面的特质。决策过程的起点是发现问题，发现问题起于求异性、反问性的质疑。在提出问题、通达真理之途，质疑是一个必不可少的环节。批判就是对一切信念和知识都表达一种疑惑，追根究底，彻底省察，受既有信仰的摆布，受现存观念的束缚，不受已有模式的限制，不接受任何现成的答案。

反思就是指在决策中要有"反反复复""翻来覆去"的思考。"反思"即"反向而思"，对立面是"顺思"即"顺向而思"。有学者指出："反向思维和顺向思维是相对的。我们所讲的反向思维，主要指敢于打破旧的传统观念，'反其道而思'之，从反面提出问题，制定方案。"

决策的过程是一个系统工程，决策有着科学的路径。按照决策的思维方式划分，决策可以分为理性决策和行为决策。前者偏于逻辑理性，后者偏于艺术感觉；前一种决策之路明晰性高，后一种决策之路独创性强。愈往高层，领导人就愈无法找到符合决策的明确程序，这就要依靠高级管理人员本身的经验、判断力、直觉和创造力。如果决策不想墨守成规，那就必须走向创新。面对问题需要先进行独立思考，在向他人咨询可选方案之前暂时忽略别人的意见，先让自己的思维任意驰骋一番。批判是为了积极地建构，决策过程正是批判建构的过程，在这个过程中，决策走向了创新。在这个意义上说，批判性思维就是要突破常规性思维而走向创新。

二、决策要反对流行的俗见

具体而言，领导者决策需要批判性思维的几个方面：要有思维的全面性，你不能简单地被眼前的现象带走。做到思维的全面性就意味着你能够从很多不同的角度来思考一个问题。批判性思维强调决策者要有自我批判的勇气，要有自我反思的习惯。同时，决策者也要容得下别人对自己的批评之声、质疑之音。我们知道，成功的决策基于对信息的掌握，任何决策者都不可能掌握全部的信息和资源，所以，决策者必须重视他人的意见，尤其是那些反对的意见。

要有思维的公平性。思维的公平性意味着，这件事我设身处地地跟对方换过来想一下，我能不能够理解，能不能够接受？

要有思维的勇敢性。思维的勇敢性，就是你得敢想，你得敢做，你得敢于跟别人不同。决策者要有自己的立场、观点与方法，在克服个人独断的前提下同时超越毫无新意的"炒现饭"式决策。一个善于决策的人，不是对事情有了百分之百的把握再去决策。决策总带有一定风险，一点风险都不敢冒的决策，绝不能算高明的决策。成功的决策者是一个独立思考敢于负责的决策者，他首先要做到不盲从于众人的压力和权威。

要有思维的科学性。我们需要学会判断事物的可证伪性，不能够轻信很多归纳法的结论。如果我们的决策照搬照抄传统的陈旧模式，不考虑当下实际情况，就会出现严重的倒退。决策就是要反对流行的俗见。

一个好的领导要懂得控制自己的杏仁核，用大脑皮质做事，杏仁核就是人的本能，它就做两件事，打或者逃。一个大脑皮质活跃的人，他永远在出主意，他永远都在建议有想法，有解决的空间，而一个杏仁核活跃的人，经常讲的话要么说不行，要么说太好了，他时刻关注的都是别人怎么看我，别人怎么评价我。

锻炼领导力就是要学会战胜杏仁核，培养自己的大脑皮质，在低压、放松、乐观、开放等状态下大脑皮质就能够得到发育。批判性思维要求我们更多地调动大脑"系统二"（慢思考系统，它代表着严谨和理性的部分）思考，不要被大脑"系统一"（快思考系统，它代表着直觉、本能和感性的部分）带走。

（本章作者：湖北省高等学校毕业生就业指导服务中心　陆艺）

第九章　培养学生的表达力

　　我国的公务员考试科目分为笔试和面试两类，笔试科目包括《行政职业能力测验》及《申论》；行测方面主要体现在语文、数学、政治等几科题目上面，对数学思维能力和解题技巧要求比较高；申论方面主要检验文笔与办事能力，是考查写作能力的科目。面试主要考考生的语言组织能力、应变能力、口头表达能力。面试过程中会向考生提问职场或者社会的一些问题，给几分钟的时间思考，然后让考生说出自己的看法、问题解决方案。

　　表达的思想是否科学、符合逻辑、条理清晰，直接影响到受众的思想、情感、行为。因此，表达力对于领导力的培养十分重要。本章讨论有关提升学生的表达力即演讲能力与写作能力的问题。

第一节　表达力是领导者的必备能力

　　领导力大师坦南鲍姆认为："领导就是在某种情况下，经过意见交流过程所实现出来的一种为了达成某种目标的影响力。"领导者的影响力需要通过语言、文字等方式表达出来，这就是表达力，即演讲、写作能力，或者说口才与文才。

一、好口才增强影响力

　　领导＝70％口才＋30％管理。美国成功学大师卡耐基说："当今社会，一个人的成功，仅有一小部分取决于专业知识，而大部分取决于口才的艺术。""做领导的必要素质是能够站出来说出自己的想法"，这表明了领导与口才的关系。

　　口才即运用声音、表情、姿势等表达思想的才能。口才好的人说话具有"言之有物、言之有序、言之有理、言之有情"等特征。人们常用三寸不烂之舌、能言善辩、伶牙俐齿、口若悬河、妙语连珠、铁嘴铜牙、唇枪舌剑、舌灿莲花、一语中的等词汇形容口才好。

　　好口才有利于人们抓住机遇，崭露头角。时势造英雄。好口才有利于引发关注，使人找到用武之地。春秋战国时期，奴隶制向封建制转变，社会矛盾异常尖锐。各诸侯国为富国强兵，招贤纳士。儒、法、道、墨、兵等各种思想流派便应运

97

而生。诸子百家著书讲学，互相论战，表达自己的学术思想、政治主张，史称"百家争鸣"。晏子使楚、毛遂自荐、完璧归赵、触龙说赵太后、烛之武退秦师、苏秦游说列国建立合纵联盟、张仪提出连横亲秦战略……这些都是利用好口才登上历史舞台发挥个人作用的经典案例。

口才有利于阐明真理，找准方向。好口才的背后是渊博的学识、过人的胆识、深邃的思想、高超的智慧、人格的魅力等。领导者的思想理论素养关乎团队、组织的前途命运。领导者以科学理论为指导，紧密联系实际的战略思想，通过好口才表达出来，对于找准发展方向起着至关重要的作用。

好口才有利于扩大共识，凝聚力量。领导力大师库泽斯与波斯纳提出了卓越领导者的"五种习惯行为"，即以身作则、共启愿景、挑战现状、使众人行、激励人心。如果用精彩的语言领导团队，就会更好地扩大共识，鼓舞士气，形成团队发展的强大精神动力。

好口才有利于化解矛盾，促进团结。任何组织、团队的内部都不可能没有矛盾。良言一句三冬暖，恶语伤人六月寒。正确处理与化解矛盾，就可以及时消除隔阂，促进团队的和谐。

好口才有利于得道多助，扩大合作。面对曹操大军南下，吴国的主战派、主降派争论不休。诸葛亮舌战群儒，不仅引经据典，据理力争，而且讲事实摆道理，有力地驳斥了主降派的刁难。随后，他用激将法，巧妙地说服了孙权、周瑜等下决心抗曹……赤壁之战的胜利，奠定了魏蜀吴三国鼎立的局面。

在互联网条件下，好口才更容易获得新机遇。"双减"政策下，英语培训机构新东方的转型引发关注。某社交平台上，新东方的老师当主播用双语带货，在介绍产品时穿插英语。例如在讲大米的时候可以用英文畅聊，也可以从十月的稻田谈到夏夜的蛙鸣……结果家长们纷纷让孩子看直播……

二、笔杆子也能"打天下"

成就伟业离不开笔杆子。"枪杆子里面出政权"干革命不仅靠枪杆子，还要靠笔杆子。非常重视笔杆子的作用。毛泽东的雄才大略也通过他写的文章广泛传播，例如《星星之火，可以燎原》《实践论》《矛盾论》等。这些著作将马克思主义普遍真理与中国革命的具体实际相结合，指导中国人民取得新民主主义革命的伟大胜利。

一次《恰同学少年》读书会活动

赤壁市第一中学　元娟

活动主题：《恰同学少年》
参加人：高一年级毛泽东作品赏析社团

活动准备：

（1）社团会长组织成员开会选出项目总监，由项目总监细化活动方案，对撰写主持串词、会场布置、邀请嘉宾等进行任务分工。

（2）宣传部长组织排练《沁园春·长沙》诗词朗诵表演。

（3）文艺部长组织创作、排练小品《橘子洲头》，体验青年毛泽东、蔡和森等的伟大情怀。

（4）落实活动各项准备工作实办人，商定彩排检查时间及需要协调的事项，大家分头行事又随时碰头，培养学生的团队协作能力。

活动时间、地点：五四青年节下午4：00学生报告厅

活动过程：

（1）主持人宣布读书会开始。展示毛泽东的一首诗："孩儿立志出乡关，学不成名誓不还。埋骨何须桑梓地，人生无处不青山。"介绍这首诗的故事。

主持人：让我们一起走进毛泽东的诗词世界，去感悟他的丰富情感、伟岸人格和光辉思想。

（2）《沁园春·长沙》诗词朗诵表演。

（3）小品表演《橘子洲头》

主持人：从小学到高中，我们已经学习了毛泽东的很多诗文。下面让我们来分享学习毛泽东诗文的体会。

（4）学生交流。

学生1：毛泽东的《七律·长征》只56个字，但字字珠玑。既显示了中国文字表情达意的神奇曼妙，也体现出攻坚克难、绝处逢生的革命精神与斗争智慧。

学生2：《沁园春·雪》。毛泽东大笔写意，他眼中的空间场景总是无垠的宇宙。千里冰封，万里雪飘……多么寥廓的世界。而他眼里的时间流转则是由秦皇汉武、唐宗宋祖这些英雄人物贯穿起来的。这是何等雄奇的历史。

学生3：毛泽东诗词形象地寄寓了中国共产党领导全国各族人民救亡图存和励精图治的价值取向与使命担当。毛泽东诗词具有永恒的魅力，字里行间洋溢着浩然之气，既有惊心动魄的震撼力，又有扣人心弦的穿透力；既有催人奋进的感召力，又有朴实无华的亲和力。毛泽东诗词凝结着无穷的中国力量。这种力量包括人民的力量，正义的力量，真理的力量，道路的力量。

其他学生发言……

活动总结：这次活动主题是读书品鉴。让学生组织活动，在交流中提升思想，学生从诗出发，论情感、历史、国家、革命、韬略梦想与希望，既锻炼了口才又锻炼了综合能力。

《周易》曰："鼓天下之动者，存乎辞。"意思是，想要鼓舞天下人都参与其中，就要靠文章的表达。因为，文章更能促进领导者的思想传播，产生更广泛、更深远的影响。从人类文化传播的演变过程看，先后经历了口语传播、文字印刷为基础的大众传媒和以现代通信技术、互联网技术为基础的现代传媒等阶段。在大众传媒和现代传媒出现以前，口语传播受时间、空间限制，领导者的思想只能使相同时空的听众受到影响。而领导者的文章能超越时空的制约，借助文字、印刷等大众传媒，以报刊、书籍等为载体，记录下来并且传播出去，影响更多读者。

从普通人步入仕途看，笔杆子也能"打天下"。《论语》说"学而优则仕"，隋唐至明清时期，我国通过实行科举制来选拔各级官员，为此进行的各类考试都有对写作能力的考核，其在相当长的历史时期内对于传承中华文化起了积极作用。

从普通人参与学业、职业竞争看，笔杆子也能"打天下"。对普通人而言，写作能力是一种"硬实力"。现代社会生活中的各种竞争非常激烈，竞争靠的是综合实力，而写作能力是综合实力的重要组成部分，许多文学家艺术家的成功，更是充分发挥了笔杆子的作用。人们喜欢听相声、看小品。时下的年轻人还喜欢看"脱口秀"等电视节目。不过，相声、小品、"脱口秀"节目的脚本，都是事先写出来且反复修改的。在文学艺术等领域有所作为的人，都是深入生活，紧贴时代脉搏，深入思考，勤奋写作，才能拿出精美的作品的。现在，写作可以依靠电脑，发挥的依然是"笔杆子"即写作能力的作用。

（本节作者：赤壁市第一中学　元娟）

第二节　在真实的情境中练就好口才

好口才是在实践中"习"得的。练好口才需要在实践中遵循时间保障、方法指导、聚焦问题、分步达标的原则。好口才的习得需要学生大量自主实践，需要教师创造有利口才训练的情境、环境和时机，根据不同学生特点辅助指导，不同学生能力提升过程中出现的问题，有针对性地指导，因材施教，逐步培养他们的口才。

一、在日常生活中练口才

日常生活中遍布训练口才的场域，教师可以有效利用人际交往的生活场景，微演讲练习的方式打开学生的口头表达的大门，帮助学生接触口才训练、喜欢口才训练，进而培养好口才。

李老师班上有很多学生来自农村，很害羞，平时跟老师说话都是低着头。

李老师觉得要想让学生练好口才，首先要解决的是胆量问题，于是他想出来一个口才训练进阶法：第一步，"自信问候"训练，要求学生每天早上进教室，要向班主任问好，一周以后，每天见到校长打招呼，目的是让学生初步摆脱与人交往的害羞感，体验人际交往的自如愉悦感，建立初步的面对公众的自信；第二步，进行"大声问答"训练，这个训练李老师也参与：他站在教室的讲台前，接受训练的同学站在教室的最后面，李老师大声提问，要求学生大声回答，只要学生声音不够大，李老师就会重复问，直到能听到为止，目的是让学生突破自己，更加自信；第三步，"每日演讲"训练，李老师把每天的课前 3 分钟和每天晚自习的时间拿出来让学生到讲台上进行针对学科学习内容或者每日固定话题的微演讲；第四步，"演讲比赛"口才考核展示，要求班上学生和别班同学联谊在规定话题、规定时间进行口才展示，目的是进一步巩固提高口才水平。

二、在教学过程中练口才

在学科教学中，深入推进小组合作学习，每个小组不超过 6 个人，让学生轮流主持小组内交流，让每个学生都有在课堂上演讲的机会。

王老师在讲授《青蒿素：人类征服疾病的一小步》后，给学生创设口才训练的时机，拓展学生的思维，要求小组合作学习：请结合屠呦呦的故事，从成功、成就、价值三者之间的关系角度讨论并发表看法。

小组 1 代表：成功属于个人，价值属于社会，更有意义，对于屠呦呦来说，获得奖项是她个人的成功，但发现药对于世界人们来说是极具价值的，成功更多的是让人们关注物质因素，名声、财富，价值是人们强烈坚信的内在精神要素。

小组 2 代表：屠呦呦获得诺贝尔奖，这是她个人事业的巨大成功；她带领团队发现治疗疟疾的药物，她的价值除了治病救人，还体现在她为后人尤其是科学界所带来的精神价值，如果说她的成功是物质的奖项，那么她的价值既有物质也有精神的，成功的人不一定是有成就的人，但是有价值的人一定是个有成就的人，屠呦呦是个集成功、价值、成就于一身的人。

小组 3 代表：屠呦呦不仅是一个成功的人，她带领团队克服重重困难，终于从中草药中分离出青蒿素，应用于疟疾而获得诺贝尔医学奖，她取得的成就是举世闻名的，这一伟大的发现在人类医学史上留下浓重的一笔，为人类的健康带来了希望，她的价值重于泰山。

三、在文化生活中练口才

教师可多引导学生平时找机会看语言类节目，如模仿"答记者问"、表演小品、说相声等，利用课前 5 分钟以及晚讲、晚唱等时间让学生发表演讲、讲述故事或多进行角色扮演等，保障每个学生都有上台展示口才的机会。

吴老师利用晚讲时间给学生们播放了关于"刀郎新歌《罗刹海市》引热议"的短视频后，让学生自由上台发表看法。

学生 1：蒲松龄写《聊斋志异》，倾注 40 年光阴。如果没有那些鬼狐陪伴，蒲松龄的一生何其孤独！刀郎也消失了 10 年，别人以为刀郎"封刀"了，没想到他在霍霍"磨刀"。他在沉寂时光里隐忍与积淀，才使得一曲《罗刹海市》一举成名天下知。

学生 2：颠覆自己比超越他人更难。这个社会很"卷"，乐坛也是一代新人换旧人。华语乐坛好像热闹非凡，又似乎青黄不接。"拷贝"别人，重复自己，凑合能走一程；开出新路，独辟蹊径，或别有洞天。超越别人，不容易，而颠覆自我，更难。从《2002 年的第一场雪》的文艺沧桑，到《罗刹海市》的怪诞辛辣，同一个刀郎，却判若两人。

学生 3：传统文化是顶级的富矿。读《聂小倩》，读《画皮》，读《促织》，读《婴宁》，似乎读聊斋读得差不多了。没曾想《罗刹海市》大火，才知拂去浮尘见真珠。而《聊斋志异》也只是传统富矿之一角。无论是艺人还是作家，都可以继续"挖呀挖呀挖"，而且常挖常有，常挖常新。与其每天想着赶时髦，哈日哈韩哈英美，不如回眸历史亲近经典。该保持文化自信，让传统再焕发荣光。

以文化人，以文育人。5000 多年文明发展中孕育的中华优秀传统文化，在党和人民伟大斗争中孕育的革命文化和社会主义先进文化，积淀着中华民族最深层的精神追求。肩负"立德树人"使命的教育者，应多引导学生积极参加各项文化活动，在活动当中锻炼口才、树立文化自信。

四、在学生自主管理中练口才

学生干部在组织活动、召开会议时，经常需要在有限的时间内传达思想，表达会议内容，体现组织能力，达成合作服务共识，这时学生干部就需要大胆自信地面对组织成员，通过厘清思路，把握内容要点，同时注意融入积极情感，平等尊重地影响其他组织成员地达成合力服务的目标。

王老师在班级管理中，注重班干部领导力培养，他利用各种机会让班干锻炼口才，每周班干例会，必不可少的是每个班干部就本周发现的本班同学学习的情况进行陈述2分钟，在每次班级参与学校组织的活动前，都会安排一名班干部进行班集体荣誉动员，增进班级凝聚力，然后进行分工，争取最大可能地体现班级共同愿景，达到共同目标。王老师的这样做法是充分培养班干部，训练口才，增强他们在班级的影响力，进而优化班级管理。班干部经历这种培训后，口才得到了锻炼，个人管理能力和影响力也提升了。

练就好口才，成就好人生。在课堂内外、校园内外，学科教学、德育活动等多种真实的情境里让学生进行口才实际操练，最终让学生会沟通、懂交际，提思维，能演讲，善辩论。方法助力，实践为要，学生的好口才就会水到渠成，其领导力也会得以相应提高，人生之路也会越走越宽。

（本节作者：武穴市实验高中　李洁、吴彩云）

第三节　攀爬书面表达的阶梯

语文特级教师邓济舟1998年在荆门市龙泉中学创办校园文学社团岚光文学社。培养了一大批校园文学爱好者，上百名社员因为校园文学而成就了自己大学梦。社员作品集《让作文飞》《作文萌萌哒》等公开出版。

中国古代圣贤崇尚"立言不朽""发愤著书"。曹丕在《典论·论文》中写道："盖文章，经国之大业，不朽之盛事。"文学，是开在纸上的灵魂之花；写作，是对社会人生的书面表达。拥有写作能力的人，更有魅力，更具竞争力。

德国著名教育学家斯普朗格说："教育的最终目的不是传授已有的东西，而是要把人的创造力量诱导出来，将生命感、价值感唤醒。"教育的核心在于唤醒。写作要唤醒什么？邓济舟认为，写作就是要唤醒学生生命中的灵性和欲求。

一、写作能力是参与竞争的硬实力

写作是写作者为实现写作功能而运用思维操作技术和书面语言符号，对表达内容进行语境化展开的修辞性精神创造行为；优秀写作的文化精神在于寻求生命生存的依托和"乐土"。

写作能力是书面语言的表达能力，也是领导力的体现。回望历史，那些对人类历史产生过重大影响的伟大人物，莫不是拥有强大写作能力的人。学生的写作能力反映了学生的领导力。学生的写作活动具有个体性、实践性和创造性的特征。学生可以在个体性的写作活动中唤醒自我，认知自我，反思自身，得到成长；在实践性的写作活动中，尊重他人，合作探究，增强团队意识；在创造性的写作活动中，增强角色意识和社会责任感。

写作能力是学生实现个人价值的核心竞争力。相对于听说读能力，写是更高级别的能力要求。写作是典型的信息输出，是一项最基本的技能，更是核心技能。在其他条件相当的前提下，好文笔是竞争更高效的武器。写作能力强的人，能更好地表达意愿，更有效地说服别人，更准确地传递信息，从而得到大家的青睐。

小静，2002 级岚光社员。2004 年，她的作品被《三角洲》杂志录用。该杂志用整整 11 个版面，为她出了一个青春写作"专栏"，刊发了她的九篇校园文学习作及导师的一篇推荐文章。好文笔为她的梦想插上了翅膀。后来，小静带着这本杂志走进了北京大学自主招生考场，顺利考进了北京大学。

学生的写作，是学生个性化的书面表达，体现其逻辑思维和创造性。学生有好文笔，往往更容易从竞争中脱颖而出。有好文笔的学生，应该不仅仅是热爱生活、勤奋好学的人，还是视野开阔的高人，是思维缜密的强人，是擅长修辞的真人，是推陈出新的奇人。

小李，2014 级岚光社员。纪实散文《手背的伤痕》发表在著名作家贾平凹主编的《美文》（青春写作）2017 年第 5 期。2018 年 5 月，荣获第二届汪曾祺散文奖"我的老师"主题征文大赛学生组作品第三名。这一赛事有 4 万多人参赛。其中学生组共有 1 万多篇应征稿件，只评出了 16 篇学生作品。她也因"对文字娴熟的运用和耳目一新的叙事风格"获得中国人民大学青睐，成功通过该校自主招生考试，进入该校中文系就读。

写作为成长赋能，文学为成功赋能。在学生的生涯规划中，超强的写作能力可以拓宽学生的竞争领域。学生可以在至真至情的写作中，促进自身成长与发展。

小肖，2014 级岚光社员。邓济舟老师发现他既有学理科的天赋，也对文学情有独钟。每次作文，他总能洋洋洒洒写上一两千字。一篇考场作文，他几乎写成了散文或小说。他后来被中国人民武装警察部队警官学院中国语言文学专业录取。

学生的写作活动，是学生毅力和生命热情的展示，是学生的个性和人格的集中体现。学生在写作中反思自我、提升自我、关照他人、对话社会、实现成长。从长远来看，欠缺书面表达能力的学生，在很多方面的发展是会受限的；而写作能力强的学生，很大程度上更具有领导力和竞争力。

二、在写作实践中磨炼妙笔生花的本领

学生的整体写作现状不容乐观，信息时代的到来更是引发了全球性的写作危机。这种危机在我国中小学生写作现状中具体表现为"虚无化"的"无我"之文，"空洞化"的"无物"之文，"模式化"的"无特色"之文。

新课程背景下，提升学生写作能力，革除写作弊端，需倡导新的知识观、课程观、师生观，建构开放的、生成性的、充满生命力的写作教学体系。

当然，最主要的还是唤醒。一是变"要我写"为"我要写"，唤醒学生的写作内驱力。写作是一个动态的过程，需整合教学资源，实现学科融合，引导学生感知生活，激发写作兴趣。比如，积极开展各种社会实践活动，组织学生参加各种征文活动，在积累素材的实践活动中，唤醒学生对写作的兴趣与热爱。又如，引导学生坚持写日记，写百字短文，当学生养成习惯后，写作就成为他们生活的一部分。

> 小徐，2004级岚光社员，2007年考入中南财经政法大学，2011年考上中国人民大学研究生。小徐说：我感恩母校，她给我提供了培养兴趣爱好的土壤。从小，文学就是我的爱好，我的生活因为写作而充满乐趣。到了高中，我以为我必须要经历枯燥乏味的三年备考生活。令我感到意外的是，学校文学社给了我发展兴趣爱好的空间……

二是变"不会写"为"我能写"，唤醒学生的思维与表达力。高考为党育人，为国育才，高考作文要求反映时代主题，正面传递价值观念，从定向思维转向辩证思维、批判性思维、理性思维，有正确的社会价值判断，用真情实感行文。高考作文对学生写作的内容、形式和语言表达都有明确要求。

在具体的写作实践中，可以序列化、专题化地培养和提升学生在审题立意、谋篇布局、思维训练、语言修辞等方面的能力。文章唯"言之有我"，方见真心诚意；为文贴合情境，解决问题，方显文章的应用性与工具性；为文有起承转合，方见思维的全面与深刻；语言修辞为情理服务，方显文字的精妙与高超。磨炼生花妙笔，不仅仅要课时化，还可以情境化、问题化、参与化、方法化、评价化、反思化，从而有效激活学生的思维，提升作文的形象性与深刻性。

三是变"人皆有"为"我独有"，唤醒学生的写作创造力。写作是一种创造性的劳动。文有别致吸眼球，推陈出新占鳌头。激活学生的写作创造力，要充分尊重学生的个性和自主性，内外联动，引导学生在自评互评、合作探究、反复修改升格、竞赛研讨、辩论演讲、文学社活动等写作实践中，唤醒学生写作的个性化表

达。比如，在写作讲评时，注重师生互动、生生互动，讲究激励艺术，让学生充分体验到写作的幸福感。

当学生发现自己能够与众不同地表达的时候，内心总会洋溢着自我认同的幸福感。老师的表扬，同学的欣赏，也会成为学生写作的外在动力。除此以外，班级可开展一些作文竞赛活动，或在班级进行分组竞赛。教师积极为学生创造对往外投稿的机会；在条件允许的前提下，指导学生自主编辑刊物，展示作文成果。

不断唤醒，当外在动力内化为学生的内部动力时，学生不仅提升了写作能力，更获得了巨大的成就感。

（本节作者：湖北省十堰市东风高级中学　张春华、荆门市龙泉中学　邓济舟）

第十章　培养学生的沟通力

　　著名的政治家、教育家梁启超，育有九子，个个成才，其中有三位是院士。梁启超对子女教育虽然严苛，却也经常听取子女的意愿，因材施教。不论孩子们身在何处，他都会常常写信交流开导，甚至在信上直言关心想念，希望他们不要因为学习而劳累身体。而孩子们也是如此，梁思成就算在海外留学，遇到学业上的问题或者感情上的问题，也都会主动写信请教父亲。有了父亲的书信，即使在异国他乡遇到问题时也游刃有余，不再孤独。梁启超对孩子们的爱，藏在每一封漂洋过海的书信和每一次的叮咛和关心中。而孩子们对父亲的爱也在字里行间表露无遗。在孩子们的心中，他是"一个亲切有味的父亲，一个童心未泯的老顽童"。

　　大到国际关系，小到家庭生活，无处不需要沟通。沟通，能使人与人之间更加了解；沟通，能使人与人之间消除隔阂；沟通，能使人与人之间更加亲密；沟通，能帮助人们解决难题赢得胜利；沟通，能使人的工作、生活更加美好。

　　沟通是建立人际关系的纽带，是心灵的桥梁，是治愈的良药。它是人与人之间、人与群体之间思想与感情的传递和反馈的过程，以求思想达成一致和感情的通畅。人与人之间的交流，无论是在工作、学习，还是在家庭生活中，都是极其重要的一件事情，我们要积极主动与他人、与朋友、与父母进行沟通。

　　为此，本章着重从沟通对于培养领导力的意义，掌握一些沟通的技巧和培养学生沟通能力的方式方法三个方面，来谈谈学生沟通能力培养问题。

第一节　沟通创造领导力

　　沟通能力是衡量一个领导优秀与否的重要标准。不善于沟通的领导常常会陷入孤军奋战的境地。领导需要激发员工解决问题的热情和能力，如果不会沟通，领导力就很难施展。因此，学会沟通是一个好领导必备的素质和能力。

一、沟通能创造良好的共事环境

　　只有良好的人际关系，才有良好的共事环境。良好的人际关系引起的是人们愉快、亲切、随和的心理体验。这样的心理体验带给组织的是积极、健康、饱满的精神状态。只有组织成员具有了积极健康的精神状态，才能更好地投入组织的各项工作，不断地为组织的生存、建设和发展作出贡献。

那么怎样培养具有良好人际关系的共事环境呢？一个很重要的方法就是沟通。通过积极有效的沟通，增进了解，消除误会，增加信任，避免彼此倾轧和内耗，在团队内部营造一种心心相印，和睦相处，团结如一人的合作共事氛围。

突破沟通障碍，是团队所有成员、特别是管理者要用心去做的事。团队领导要在团队内部营造一种开放坦诚的沟通生态，使成员之间能够充分沟通意见，每个成员不仅能自由地发表个人意见，还能倾听和接受其他成员的意见。当沟通无障碍时，就会心情舒畅，政令通畅，事业顺畅。

二、沟通能增强组织的凝聚力

所谓凝聚力，是指团队对成员的吸引力，成员对团队的向心力，以及团队成员之间的相互吸引。团队凝聚力是无形的精神力量，是将一个团队的成员紧密地联系在一起的精神纽带。

任何团队都需要极强的凝聚力，"团结就是力量"，只有拥有一支具有很强向心力、凝聚力、战斗力的团队，拥有一批彼此间相互鼓励、支持、学习、合作的成员，才能保证团队的不断前进、壮大。相反，没有团结互助的精神，组织就缺乏凝聚力，维持组织生存和发展的感情关系就会破裂，人与人之间的矛盾冲突就会加剧。试问一个组织像一盘散沙似的，如何能够承受住困难和挑战呢？

团队凝聚力的重要性不言而喻，但是创造凝聚力却是一件很有学问的事情。因为在一个组织内部，各个成员的思想意识、文化基础、性格特点、能力特长等迥然不同，要想大家心往一处想、劲往一处使，首要的是统一思想，让大家认识上一致，目标上一致，形成团队精神。这就需要在深入了解各个成员的思想认识、个体需求的同时，把团队的目标、行动的策略贯彻到每个成员的心中，实现单位的文化认同。这个过程就是团队成员之间的沟通过程；集体目的是否能达到，团队凝聚力是否能生成，取决于沟通是否积极有效。

三、沟通能提高管理的效率

沟通是管理工作的灵魂，是提高工作效率，实现共同目标，满足各种需要的重要工具。它有利于协调组织成员的步伐和行动，从而确保组织计划和目标任务的顺利完成。

对于一个组织而言，良好的沟通能够使成员认清形势，使决策更加有理、有效，建立组织的共同愿景。领导通过沟通，引导员工更好地工作；下属通过沟通，更好地理解、执行领导的意图和决策；同事之间经过沟通，更加精诚团结、密切合作。在一个组织内，所有的科学决策和共识都是经过沟通达成的。

领导良好的沟通，让员工感到组织对自我的尊重和信任，因而产生极大的责任感、认同感和归属感。可以激励成员的工作激情，形成和谐的气氛，从而提高成员的工作积极性、主动性和创造性，进而提高工作效率。一个单位，上意下达，下情上知，互通信息，同甘共苦，必定是一个兴旺发达、充满生机的组织，这个结果也必定与领导民主高效、善于沟通有关。

第二节　人际沟通有技巧

在生活和工作中，你肯定会遇到这样的情形：想说服上司给你升职，却不知怎么开口；面对叛逆的孩子，你无计可施；买东西时你想老板便宜点，却让一句"不还价"顶了回去；别人对你有误会时，你不知道如何解释……所有这些，都是因为你不会说话，不善沟通。

面对纷繁复杂的世界，结交形形色色的人物，处理突如其来的事件，都要学会适时、适地进行合适的沟通交流。勇于沟通，善于沟通，有效沟通，是一门人际关系的科学。为了培养学生的沟通能力，介绍几种必备的沟通技巧：

1. 真诚第一

一把坚实的大锁挂在大门上，一根铁杆费了九牛二虎之力，还是无法将它撬开。钥匙来了，他瘦小的身子钻进锁孔，只轻轻一转，大锁就"啪"的一声打开了。铁杆奇怪地问："为什么我费了那么大力气也打不开，而你却轻而易举地就把它打开了呢？"钥匙说："因为我最了解它的心。"

这则寓言说明，每个人的心都像上了锁的大门，任你再粗的铁棒也撬不开。唯有真心才能把自己变成一把细腻的钥匙，进入别人的心中，了解别人。所以沟通时，一定要真诚为上，多为对方着想，以心换心，以情动人。想要与人顺畅地沟通，首先要有真诚的心态。内心的想法最终都会投射到人的只言片语、肢体动作以及表情上，所以不要认为内心的想法别人察觉不到，弄巧成拙不如敞开心扉，用最真实的一面与人沟通。话说得再漂亮，如果不真诚，明白人一听就知道是虚情假意，或者是哗众取宠，自然这样的沟通肯定达不到理想的效果。所以沟通的本质是要真诚。

2. 有备而来

一个小公主病了，她娇憨地告诉国王，如果她能拥有月亮，病就会好。国王立刻召集全国的聪明志士，要他们想办法拿下月亮。

总理大臣说："它远在三万五千里外，比公主的房间还大，而且是由熔化的铜所做成的。"魔法师说："它有十五万里远，用绿奶酪做的，而且整整是皇宫的两倍大。"数学家说："月亮远在三万里外，又圆又平像个钱币，有半个王国大，还被粘在天上，不可能有人能拿下它。"

国王又烦又气，只好叫宫廷小丑来弹琴给他解闷。小丑问明一切后，得到了一个结论：如果这些有学问的人说得都对，那么月亮的大小一定和每个人想的一样大、一样远。所以当务之急便是要弄清楚小公主心目中的月亮到底有多大、多远。

于是，小丑到公主房里探望公主，并顺口问公主："月亮有多大？""大概比我拇指的指甲小一点吧！因为我只要把拇指的指甲对着月亮就可以把它遮住了。"公主说。

"那么有多远呢？""不会比窗外的那棵大树高！因为有时候它会卡在树梢间。"

"用什么做的呢？""当然是金子！"公主斩钉截铁地回答。

比拇指指甲还要小，比树还要矮，用金子做的月亮当然容易拿啦！小丑立刻找金匠打了个小月亮、穿上金链子，给公主当项链，公主好高兴，第二天病就好了。

这则故事告诉人们，如果不关注对方的真实需求，完全按照自己的意愿做事情，不论多么努力，结果总是不好。所以在沟通之前，要做足功课，了解对方的心理需求，想到任何对方可能提出的问题，并制订应对策略，才能有的放矢，积极高效。否则很难说服他人接受自己的观点。

为了做好沟通工作，平常要注意知识储备。说出来的话只是冰山的一角，海面以下是长年累月的学识积累。知识的储备，不是为了炫耀自己懂得多，而是为了让说出来的话言之有物、不偏不倚。知道的，不隐瞒；不知道的，不妄言。储备知识，提前做功课，是高手说话的基本功。

3. 多问多听

故事一：一次，巴顿将军为了显示他对部下的关心，进行了一次参观士兵食堂的突击袭击。在食堂里，他看见两个士兵站在大锅前。"让我尝尝这汤！"巴顿将军向士兵命令道。"可是，将军……"士兵正准备解释。

"没什么'可是'，给我勺子！"巴顿将军拿过勺子喝了一大口，怒斥道："太不像话了，怎能给战士喝这个？简直就是涮锅水！"

"我正想告诉您这是涮锅水，没想到您已经尝出来了。"士兵正色答道。

故事二：美国知名主持人林克莱特一天访问一名小朋友，问他说："你长大后想要当什么呀？"小朋友天真地回答："我要当飞机的驾驶员！"林克莱特接着问："如果有一天，你的飞机飞到太平洋上空，所有引擎都熄火了，你会怎么办？"小朋友想了想："我会先告诉坐在飞机上的人绑好安全带，然后我挂上我的降落伞跳出去。"当在现场的观众笑得东倒西歪时，林克莱特继续注视着这个孩子，想看他是不是自作聪明的家伙。没想到，接着孩子的两行热泪夺眶而出，这才使得林克莱特发觉这孩子的悲悯之情远非笔墨所能形容。于是林克莱特问他说："为什么要这么做？"小孩的答案透露出一个孩子真挚的想法："我要去拿燃料，我还要回来！

我们经常犯这样的错误：在别人还没有来得及讲完自己的事情前，就按照我们的经验大加评论和指挥。反过来想一下，如果你们的位置对调，你还会这么做吗？打断别人的语言，一方面容易做出片面的决定，另一方面会使他人缺乏被尊重的感觉。时间久了，不管是朋友还是下属将再也没有兴趣向你反馈真实的信息。如果反馈信息系统被切断，就成了"孤家寡人"，如果你是领导，在决策上就成了"睁眼瞎"，如果你原本是他人的朋友，你就会"与世隔绝"。如果你是商务人员，那么在商务活动中，你就很难打动对方，且会"让人讨厌"。只有保持畅通的信息交流，尊重对方，主动倾听，才会使你做事情时如鱼得水，及时纠正错误，制定更加切实可行的方案。

询问与倾听的行为，是用来控制自己，让自己不要为了维护权力而侵犯他人。尤其是在对方行为退缩，默不作声或欲言又止的时候，可用询问行为引出对方真正的想法，了解对方的立场以及对方的需求、愿望、意见与感受，并运用积极倾听的方式，来诱导对方发表意见，进而对自己产生好感。一位优秀的沟通好手，绝对善于询问以及积极倾听他人的意见与感受。

4. 学会赞美

一次，一个人到一家快餐店买早点，准备赶车出差。可是排队购买的人很多，前面还有人插队，这让他烦躁不安。好不容易轮到他点餐了，他口气冷冷淡淡的，点完餐后，服务小姐突然对他说："先生，你的领带看起来好漂亮、好别致哦！"她这么一说，使得周围的客人眼光都向这位顾客看过来。这位"烦躁先生"的脸马上"转阴为晴"，连声笑道"谢谢，谢谢！"服务小姐忙得不可开交时还不忘赞美一下客人的"小处之美"，让长时间等待的客人所有的不愉快顿时都消失殆尽。

有人说：欣赏他人，赞美他人，沟通就没问题！的确，"赞美，是口角的春风，语言的钻石"，不管是大人，小孩，男人，女人，都希望被欣赏，被肯定，被赞美。其实，沟通时，嘴巴甜，懂得多看别人的优点，且适时地，真诚地加以夸赞，就能够缔造和谐的交流活动！

5. 建立信心

在美国一个农村，住着一个老头，他有三个儿子。大儿子、二儿子都在城里工作，小儿子和他在一起，父子相依为命。

突然有一天，一个人找到老头，对他说："尊敬的老人家，我想把你的小儿子带到城里去工作，可以吗？"

老头气愤地说："不行，绝对不行，你滚出去吧！"

这个人说："如果我在城里给你的儿子找个对象，可以吗？"

老头摇摇头："不行，你走吧！"

这个人又说："如果我给你儿子找的对象，也就是你未来的儿媳妇是洛克菲勒的女儿呢？"

这时，老头动心了。

过了几天，这个人找到了美国首富石油大王洛克菲勒，对他说："尊敬的洛克菲勒先生，我想给你的女儿找个对象，可以吗？"

洛克菲勒说："快滚出去吧！"

这个人又说："如果我给你女儿找的对象，也就是你未来的女婿是世界银行的副总裁，可以吗？"

洛克菲勒同意了。

又过了几天，这个人找到了世界银行总裁，对他说："尊敬的总裁先生，你应该马上任命一个副总裁！"

总裁先生说："不可能，这里这么多副总裁，我为什么还要任命一个副总裁呢，而且必须马上？"

这个人说："如果你任命的这个副总裁是洛克菲勒的女婿，可以吗？"

总裁先生当然同意了。

虽然这个故事不尽真实但它在一定程度上体现了沟通的力量。这个故事说明，沟通时，信心非常重要，只有心里认定了这件事对双方都有好处，才能获得对方的配合，取得沟通的成功。而且认定了这一点后，还要不屈不挠，不怕拒绝，直到取得最后的胜利。

第三节 培养学生沟通能力的方式方法

一、建立民主沟通的对话课堂

课堂教学是素质教育的主阵地，学生的沟通能力也主要通过课堂教学来培养。怎样的课堂教学才有利于培养学生的沟通能力呢？当然是民主沟通的对话课堂。

由"对抗"走向"对话"是世界发展的大势所趋，教育教学亦是如此。德国学者克林柏格提出了"对话教学法"。他认为，在所有的教学中，都进行着最广义的对话，不管哪一种教学方式占支配地位，相互作用的对话都是优秀教学的本质性标识。在他看来，教学本身就是形形色色的对话，具有对话的性格，这就是"教育对话原理"。日本教育家左藤学教授提出：学习是"以交往和对话为特征的活动"，是一种"对话性实践"，是"构筑世界""构筑伙伴""构筑自身"的过程。总之，教学的本质应该是一种"对话"的艺术。构建"对话课堂"，符合教育改革创新的精神主旨。构建民主对话课堂，是培养学生沟通能力的一条有效途径。

民主沟通对话的课堂，要充分发扬民主，落实学生的主体地位。传统课堂教学，教师是演员，学生是观众，课堂是学生围观的场所，讲台是教师表演的舞台。新课改要求教师是导演，学生是演员。课堂上教师应激发学生积极思维，为学生创造更多发表意见的机会，鼓励学生大胆提出问题、发表见解甚至质疑教师，尊重学生的不同意见，甚至是错误的观点，鼓励学生大胆地动脑、动口、动手，培养学生的探索精神和创新能力。

有效沟通可以提升领导力
湖北省沙市中学 张祥文

小刘同学算是班上的异类。他其貌不扬，体形消瘦，平日总是戴着口罩，露出一双黑沉沉的眼睛打量着周遭的一切。他对这个世界充满疑惑，所思所想与他人大相径庭，要么沉默不语，要么语出惊人，来到班上的第一个月，就惹怒了不少同学，人际关系处理得非常糟糕。

原来，他从小就是一名留守儿童，因为缺少家庭的温暖，导致他性格孤僻，做事总是横冲直撞，把握不住人际交往的分寸。了解小刘同学的基本情况之后，我鼓励他参与了值日班长的竞选。他本身有非常强烈的为班集体服务的愿望，在当选之后，更是尽职尽责。尽管任劳任怨，但同学们对他的管理评价并不高，为此小刘同学非常苦恼。

"张老师，我该怎样做，同学们才能接受我的意见？"我问小刘："你有没

113

有向同学们了解过原因呢？"没有，我以为只要为班级好，就能得到大家的支持。"听了小刘同学的话，我笑道："班级管理除了用心以外，还要注意沟通事情的方式方法，要想办法调动整个班干部团队的积极性，发挥大家真正的实力和作用。"

在我的帮助下，小刘同学与其他班干部召开了会议，讨论和制定了一周值日安排，改变了值日形式，每天由一位值日班干部对班级出勤、课堂纪律、作业、卫生进行点评，在指出问题的同时尽量发现同学们的闪光点，激发他们热爱班级的热情。经过一段时间的磨合，班级凝聚力明显增强，各项活动开展也井然有序，在每个月进行的一次班级干部评议中，小刘同学的评议得分有了明显的变化。

良好的沟通，有效的团队管理和协作能提升学生解决问题的能力，帮助学生成为一名更加优秀的领导者。

二、建立班级自治的沟通协调机制

班级是学校的细胞，是学生主要学习、生活的基层组织单位，自然也是学生锻炼成长的基本平台。让学生成为班级的主人，"我的班级我做主"，在班级自治管理中，培养学生的沟通能力。

（1）人人都是班级管理者。班委会及班级各种管理干部，实行自荐、民主推荐、竞争上岗等形式产生，不能完全由班主任指定任命，实行任期制、轮流坐庄制，班级事务实行承包制，让更多的人有当干部的机会，让班级成员都来参与班级管理。在班干部产生的过程，就是一个积极沟通协调的过程。

（2）民主制定班纪班规。班级管理制度，不能是老师的一厢情愿，该做什么，不该做什么，违规该给予怎样的处罚，都由同学们讨论决定。人人都可发表意见，按照少数服从多数的原则最终确定。让班级制度制订的过程，就是一种民主协商、沟通一致的过程，也是学生自我教育的过程。

（3）自主组织班级活动。一个学期，班级要开展哪些文娱体育及专题学习活动，计划由大家制订，具体活动由大家安排，学生既是导演，又是演员，还是观众。成功组织一次有意义的活动很不容易，对教练和运动员都是一次考验，在完全民主的环境下，无疑成员的沟通协调能力尤为重要。

（4）沟通处理班级问题。矛盾无处不在、无时不有。小小的班级亦是如此，每时每刻都会产生这样或那样的问题。在班级自治的制度下，学生需要自主面对问题，自主解决问题。这就需要协调成员之间方方面面的关系，善于做矛盾双方的工作，这就是沟通协调能力。

班长帮扶后进生的故事

英山县博文实验学校 兰汝苗

小王同学，她性格活泼，学习成绩优异，平时乐于助人，敢作敢为，有主见。暑假开学第一周，班上竞选班长，她的大胆发言让同学们折服，纷纷投她一票，她成了我们六（5）班的班长。我向她交代了班长的工作后，还和全体班干部开了一个小会，交代了各人的工作职责，就由他们自己开展工作。

在班级日常管理中，她并没有班级干部的架子，而是非常清楚自己身为班干部更应该帮助同学、帮助老师管理好班级的日常事务。在开学一个月以后，班上组织"后进生学习帮扶活动"，让学习成绩优异的去帮助不爱学习的学生大家一起进步。但是有一位男生总是完不成作业，身为班长的她监督这位男生，但是仍然很难完成作业，甚至因为沟通问题还出现了矛盾，导致她感觉到很失落。我发现这种情况后就及时和小王沟通。我对她说："他的作业完不成其实并不是你的能力不行，而是因为他自觉性不够，我们一起想办法，把他的学习成绩提升上去。"在我的鼓励之下，小王不再去纠结于那位同学的作业是否能写完，而是会耐心询问这个男生具体有哪些地方不会，尽力耐心讲解；学会倾听，站在对方的角度去沟通，并和我一起去给那位同学制定新的学习任务和学习目标，帮助他树立信心。在这种学习目标的影响之下，这位成绩不好的学生，学习成绩也慢慢提升上来。小王学会了做后进生的思想工作，在她的影响之下，班级里的其他同学也积极去帮助学习成绩不好的学生，班级里面形成一股良好的学习氛围。

对于拥有领导力的学生，身为老师的我们可以利用经验与能力去帮助他们，给他们历练的机会。通过这个学生的成长经历，让我坚信：给孩子一个机会，经过锻炼，领导能力才能脱颖而出的。

三、让学生成为家校沟通的桥梁和纽带

家校合作，协同育人。教育需要家长与学校老师信息畅通、协调一致。如何实现家校有效沟通？那就必须思考一个焦点问题，那就是家长和老师共同的话题是学生，孩子在家长和老师面前的表现，起到了连接家庭和学校的桥梁与纽带作用。

在这些事件中培养学生的沟通能力——

（1）向家长宣传学校的教育理念。学校的办学思想，育人目标，教学方式，管理模式等，学生能入脑入心，不失时机地向家长进行宣传，争取家长的认同感。

（2）向家长解释学校的管理制度。学校的作息时间，校园门禁管理，手机管理，学生着装要求等管理制度，学生能向家长解释清楚，从而得到家长的支持与配合。

（3）向家长汇报自己的学习情况。家长最关心的是孩子在校的学习情况，学生要善于向家长汇报学习过程，展示学习成果，沟通学习困惑。

（4）向家长介绍学校的大事要事。学校每天都在发生这样那样的事情，反映着学校的教育成果和发展变化。学生如果能及时向家长介绍，一方面增强了学生的集体荣誉感，另一方面增强了家长对学校、对老师的信心，从而实现家校共荣。

（5）向老师介绍家庭的基本情况。因材施教，不仅要求老师要了解学情，最好还能熟知家情。如果学生能坦诚地向老师介绍家庭基本情况，争取老师有效地指导家庭教育和积极地开展家访，是很有帮助的。

（6）向老师转达家长的有关诉求。家长望子成龙心切，对学校和老师期望值很高，一些家庭甚至还有一些特殊要求，学生能够合理地向学校、向老师转达，从而减少一些不知情和误会。

（7）向老师汇报假期的学习生活。假期作业完成情况，社会实践开展如何，假期生活有哪些变化和困惑等，学生如果能积极向老师汇报，有利于学校对教育的整体把握。

（8）积极参与老师的家访活动。老师家访，切忌背着学生搞突然袭击，或是打小报告。家访不能完全是老师和家长之间的事，要让学生部分知情和参与其中。学生不能怕老师家访，最好能积极主动地要求老师家访，甚至能事前把自己的一些想法与老师和家长沟通。

（9）为学校开好家长会提供帮助。开好家长会是家校协同育人的一种方式之一，和家访一样，家长会不能纯粹是家长和老师的事，让学生完全置身于事外。否则，孩子就害怕召开家长会。只有让学生知情，并参与其中，帮助老师备会，向家长告知会议的意图和内容，向老师转达家长的意愿和建议，甚至谈一些个人的想法，家长会才能有针对性和实效性。

（本章作者：英山县人民政府督学　肖永如）

第十一章　培养学生的行动力

哈尔滨市卫生学校学生小李，学习成绩优异，连续四个学期年级专业成绩排名第一。她担任班团支书、校团总支书记，工作表现突出。她在追寻天使梦的道路上勤学苦练、追求卓越、敢闯会创，在创新创业、志愿服务、社团活动等各方面积极踊跃，校园内外都是勇往直前、砥砺奋进的身影，获评全国第三届"最美职校生"。

人类一切物质财富的创造都离不开人们改造客观世界的实践。实践，就是办事情，就是实干。实践是改造客观世界的根本途径。要帮助学生树立行动的意识，实际上就是引导学生树立实践观点。让学生体会到行动对于自身健康成长、团队健康成长的重要性。要让学生从扫地、做清洁等实际行动中，体会到只有行动起来，才能使事物发生改变的道理。人们为实现目标而进行的行动，不可能不遇到困难，而人们行动的目标越是宏大，所遇到的困难就越大。人们克服困难战胜困难，需要坚强的意志品质。坚强的意志品质是人的领导力的重要组成部分。

第一节　心动不如行动

一、拖拖拉拉阻碍成长

很多家长有这样的烦恼，从早到晚都是在"催人泪下"：早上催起床，一遍无效，来第二遍，第三遍后，孩子才十分不情愿地起来，眯着眼磨磨蹭蹭穿衣服；放学回家后催作业，写个作业拖拖拉拉，刚拿笔没 5 分钟就吵着要喝水，一会又想吃水果，一会又想上厕所。本来作业不多，非得磨蹭到晚上八九点才写完。晚上到点催睡觉，提醒多次却还在看电视……日复一日，从早到晚，催到自己无奈流泪。

"为什么我的小孩做个作业总是拖拖拉拉"，"煮好了早餐放在那里，他都磨磨蹭蹭半小时才出门上学"，"明明那么早催你起床，你上学怎么还迟到了"……类似这样无奈的声音经常环绕在我们的耳边，这就是学生典型的拖延症的表现。拖延症是指自我调节失败，在能够预料到后果有害的情况下，仍然把计划要做的事情往后推迟的一种行为。当今，有不少学生都存在拖延症的表现。

孩子拖拉，我们可以这样做
英德市实验中学　陈宝丹

当孩子做事拖拖拉拉的时候，老师该如何应对比较好？

作为一名曾经的"拖延症患者"，李老师非常清楚拖延症对一个人的影响。尤其是对孩子而言，不仅会严重影响到孩子的学习效率，甚至会耽误孩子的未来，让孩子的人生因为拖拖拉拉错过很多成功的契机。

老师应当知道孩子做事总拖拖拉拉的原因，帮助孩子制定一个良好的计划表，帮助孩子彻底摆脱拖延症。

拖延症对孩子的负面影响有哪些？

1. 计划容易搁置

每个人都有自己的一份计划表，有的记录在纸上，有的则是放在心里面。孩子比较拖延的话，就会导致计划表内的内容经常搁置，甚至还会导致孩子以后在工作上，经常因为拖延症影响工作的完成的进度。

2. 影响学习效率

因为经常拖延，孩子就会变得把学习计划搁置，甚至还会把功课放在快要上学的时候再做——这种情况我们可以从很多暑假快结束才临时抱佛脚的孩子身上看到。因此，如果孩子经常拖拖拉拉的话，会严重影响到他的学习效率。

师生共进，避免"拖延"。老师在了解孩子之所以拖拖拉拉不愿行动是因为缺乏"行动力"后，不妨试试这三招：

第一招：让孩子在思考后迅速行动。让孩子在短时间想出一个大概的计划轮廓，然后再让孩子通过这个计划雏形去行动。譬如说孩子想怎么做作业，可以先从简单题做起，把难题放在后面做。

第二招：帮助孩子做计划表。如果孩子经常拖拖拉拉，很困难是没有一个计划表，因此做事就像无头苍蝇一样，即使有什么想法，也会等着以后再去做。因此老师要指导孩子做好相应的计划表，让孩子以后都按照计划方式去实施。通过长久的熏陶和养成，孩子自然能慢慢理解到计划可以怎么规划并落实，同时孩子也能知道效率对一个人来说有多么可贵。

第三招：让孩子明白时间的重要性。可以委婉地告知时间对一个人的重要性，以此督促孩子避开拖延症，不要等孩子成了拖延症才想到帮助孩子纠正。

亲子共变，赶走"拖延"。家长要引导孩子在生活中明确自己的任务，懂得取舍，一起成长，拒绝拖延。家有"小拖拉"，家长巧应对。

1. 家长要变得"不勤快"

奥地利心理学家阿尔弗雷德·阿德勒在《儿童人格教育》一书中写道：

"在孩子眼里，我的事情都有爸妈帮我做，我干吗要那么着急。"俗话说"懒妈养出勤快孩"，父母学会慢半拍，孩子才能快起来。

2. 家长要变成"合作者"

孩子获得了"主动权"，家长也要适度"合作"。在充分尊重孩子的前提下，与孩子一起制定各种计划，提出合理化建议，适时进行表扬和鼓励，增强孩子的自信心，使孩子养成高效的好习惯。"督促者"变成"合作者"，亲子关系会更融洽，也会达到事半功倍的效果。

3. 孩子要变成"小主人"

孩子要乐于接受大人的"放手"，勇于变成自己的"小主人"。在家长的引导下，逐渐学会管理时间，学会自己解决问题，学会与人沟通，学会承受自己错误的后果。慢慢改变的过程，也是孩子责任心得以建立的过程，有了责任心，才能成大事。

二、培养雷厉风行的作风

摆脱拖拖拉拉的坏习惯，培养雷厉风行的作风十分必要。如何培养学生雷厉风行的作风呢？

第一，让学生树立时间观念。父母不仅要教会孩子学会看钟表，还可以买几个不同时间、不同颜色的沙漏，让孩子了解时间的长短。这样能让孩子对时间流逝有更直观的印象，也更有趣好玩。家长可以提醒孩子："在沙子漏完之前，就要刷完牙齿哦！"长期提醒后，孩子就会慢慢地了解时间的重要性，会有意识地计划时间，知道什么时间该做什么事情。比如到了吃饭时间就该吃饭，到洗澡时间就该洗澡，做作业时间做作业，玩耍时间玩耍，到了睡觉时间就要立刻睡觉。

第二，用"清晰的指令"代替"催促"。晚上做作业，与其凶狠狠地跟孩子说："赶快把作业完成！"不如换个视角慢慢跟孩子说："先去喝杯水，喝完水要坐在书桌前，开始完成自己的作业了。"给孩子划重点，帮助孩子梳理头绪，孩子会更容易配合。这些清晰的指令比干巴巴的一句"快点"有用很多。

第三，通过一些具体的事情，比如做作业、做家务等，帮助孩子树立一个完成任务的时间目标，鼓励孩子要在自己规定的时间里完成，如达到目标后，父母不妨及时地给予孩子肯定和表扬，以此来培养孩子雷厉风行的习惯。

第四，通过参加体育运动来培养孩子雷厉风行的作风。有些体育项目，可以帮助孩子养成行事果断、雷厉风行的风格，比如打乒乓球、打网球、打羽毛球、拳击等，凡是与灵敏反应有关的体育项目，都能帮助孩子养成雷厉风行的作风。

第五，父母以身作则，培养孩子雷厉风行的作风。在平时的生活中，要做孩子的榜样，平时的决策等需要果断，在无形中影响孩子，润物细无声。

家校携手，共育孩子好习惯
英德市实验中学 王喜娟

每个班或多或少会有几个慢性子的学生，这种"慢"给孩子的学习、生活和未来都会带来负面影响。教师和家长一定要齐抓共管，帮助孩子解决磨蹭拖拉问题。

接手新班级之始，有个性格内敛的男孩引起了我的注意。早上查人时，他总是最后一个进课室，气喘吁吁，满头大汗！"小泽，你怎么又迟到啦？"不管我怎么询问，他始终低着头，不开口。我只好让他先回座位，然后离开教室联系他的家长。从家长口中，我了解到，小泽总爱在床上反复挣扎很久才起来，洗漱也磨磨蹭蹭，妈妈为了让他不迟到，总是一边埋怨，一边给他收拾好书包。尽管如此，有时还是来不及。

我想，正是因为小泽妈妈事无巨细为孩子操心，才让小泽养成了思维定式："反正不管我什么时候起床，妈妈都会为我准备好的，我再睡个五分钟也不碍事！如果迟到了也是妈妈的问题。"

于是我告诉小泽妈妈，孩子过度依赖爸爸妈妈，就不会明白自己磨蹭有什么错误，出了问题也不会从自身找原因。家长总嫌孩子做事太慢，急着去帮忙，结果只会越帮越慢，使孩子失去了锻炼的机会。时间久了，孩子就会形成习惯，这种坏习惯还会蔓延到学习、生活等多方面，补救极为困难。孩子妈妈说："我也知道，但看到他不慌不忙的，我忍不住啊！"

后来，学校召开了以"培养习惯，助力成长"为主题的七年级新生家长会。会上，小泽妈妈听得十分认真，并跟我反馈自己在这堂家长会上受益匪浅。会后，我和小泽妈妈共同制订了"三步走"计划：第一，家长改变教养方式，退出包办角色，让孩子学会自己的事情自己做，经历困难，感受独立自主的快乐；第二，父母做好榜样，教育孩子学会自律，引导孩子合理安排作息时间，父母和孩子共同制定每周的时间规划表！每晚总结、勾画。第三，培养一项父母孩子都感兴趣的体育活动，每到周末的娱乐时间一起锻炼，比如打羽毛球、乒乓球等，培养孩子的反应能力，锻炼孩子的反应速度，让孩子逐渐养成雷厉风行的作风！

其中，共同制订每周的时间规划表这一步非常重要，我建议小泽妈妈和孩子一起画一幅"起床流程图"，定时定事，分解任务，让他在闹铃中轻松地起床。后来，我又和小泽一起根据事情的轻重缓急制订了"周末生活流程图"，并请家长共同鼓励与监督，让他养成良好的生活起居习惯。

作为班主任，我专门找了班上小泽最好的伙伴帮忙监督，值日班长负责主抓。经与小泽商量，共同制定了"小泽出勤表"来依次记录他每月按时上学和迟到的次数。如果当月小泽按时上学的次数大于迟到的次数，那么小泽与他的伙伴都可得到奖励。反之，则都要受到处罚。

在家庭与学校的双方协作下，一个多月后，教室门口再也没有看到那满头大汗的身影了。

（本节作者：广东省英德市实验中学　周晓文）

第二节　千方百计，完成任务

一、办法总比困难多

大到国家和民族的发展，小到个人的成长，都免不了遇到困难。面对困难，有人选择了逃避退缩、停滞不前，也有人选择了迎难而上、积极面对。态度不同，得到的结果当然也不同。《史记》中记载："文王拘而演《周易》；仲尼厄而作《春秋》；屈原放逐，乃赋《离骚》；左丘失明，厥有《国语》；孙子膑脚，《兵法》修列……"爱迪生面对7000多次实验失败的困难仍坚持不懈，终于发明了电灯；钱学森面对美国的重重阻挠毅然回国，克服新中国成立之初的各种困难，为中国航天事业做出不可磨灭的贡献。可见，真正有所作为的人大多经历了困难和挑战，他们在困难面前选择勇于面对和接受挑战，不断寻找解决困难的办法。

作为新时代的学生，大部分出生后物质生活条件相对优越，较少面对困难和挫折的挑战。但是，人的一生不可能一帆风顺，能否正确地认识困难、直面困难，最后战胜困难，成为学生能否取得成功的重要因素。

对于小学生，可以用革命先烈艰苦奋斗的励志故事告诉他们困难并不可怕，鼓励他们要用实际行动战胜困难；可以用身边的人爱岗敬业、努力工作的事迹告诉他们，眼下学习和生活中的困难算不了什么，珍惜时光、努力学习其实是一件多么幸福的事情；可以通过解决身边的困难，比如解答了难题，处理了班级的一件难事等，让他们感受克服困难后获得成功的喜悦，从而增强战胜困难的勇气。

对于中学生，可以通过名人故事告诉他们，战胜困难需要坚定的理想信念，需要制定明确的目标，需要百折不挠的意志，需要临危不惧的胆识，需要脚踏实地的行动，需要体验成功的喜悦……并鼓励他们制订计划、立即行动、认真落实，进而收获成功。

"艺"起庆祝教师节

珠海市第三中学　曾旭恒

2022 年 9 月 10 日，是高二（13）班这个艺术班分班以来经历的第一个教师节。有同学提出给老师买礼物表达心意，班主任曾老师提倡"利用同学们的艺术特长，送出非物质文化祝福"更显心意、更具意义。

班上踏踏实实、每天坚持完成一定量画作任务的美术生们没多久按质按量完成了教师节祝福，而班上那群课间嘴巴就像关不上的水龙头的音乐生们，想到要给老师表达自己心意时却扭捏、拖拉了起来。

知道音乐生们有些拖拉的个性，曾老师提前两周就把方案和建议通过小诗和小莹两位学习委员和组织委员传达给其他音乐生。结果在距离教师节还有一周，曾老师询问进度如何，小莹不仅将音乐老师的话断章取义为"学校另有安排，大家不要浪费时间"，还以"大家都不情愿""找不到谱子""人员不知道如何安排""以为只需要给自己的专业课老师准备"等为理由，称大家没有行动。

小诗虽然知道小莹有一定的组织、协调、沟通与决策能力，但是碍于小莹的脾气不好以及缺乏服务意识，只能有点尴尬地附和。曾老师看出了小诗的异样，随后又把其他音乐生召集起来询问相关情况。

通过询问发现，原来最大困难在于以小莹为代表的同学，煽动了大家的"自私"想法。曾老师没有直接批评他们，而是列举了文化课老师平时是如何"牺牲自我休息时间来给他们讲授知识""不计付出和他们课下谈话""不求回报鼓励他们考试失意"的片段，让同学们去思考。许多同学听完后都低下了头表示愧疚并希望能够补救。此时，班里公认最"自我"的男生小叶主动请缨，表示愿意承担起领导大家完成教师节祝福的责任——给老师们献上属于三中 2021 级音乐生版《爱你》。

解决了最大的困难，在"人员安排"又面临着男女比例不均、部分演奏乐器音色不合适的难题。经过商量后，学架子鼓的同学提出放弃演奏乐器加入"人声组"，男生因为音调低主动提出加入"器乐组"，最终大家决定分成"古筝""钢琴""小提琴""扬琴"和"人声"5 个组。

确定好人员安排后，又遇到"搜不到适用所有乐器谱子"的问题。这时，小莹的"大大咧咧"发挥了作用，丝毫没有因为自己不久前所犯的错而胆怯，径直向办公室走去准备问曾老师。曾老师得知后，建议他们可以用小红书、抖音、快手等热门 App 尝试进行搜索。小莹在曾老师的建议下，很快便找到了，但只找到"一半的谱子"。小叶想起既然自己承担了责任，就要负责到底，亲自去看看谱子的情况。看完后，小叶感慨还好亲自来检查一遍，谱子是完整的，是小莹的水平不够所以没看出来。

有了前面克服各种困难的经验，随后的改编歌词、录制视频、剪辑视频中遇到的小问题，在大家相互讨论、共同决策下都得以解决，终于赶在教师节前夕，把这份独特的教师节祝福群发给全校的教师们。能够让学生发挥自己的主观能动性，提高学生的专业素养，用自己的特长来表达心意，培养了他们感恩以及劳动会给人带来快乐的优秀品质，同时在准备这份祝福的过程中他们的决策、沟通、协调、组织的能力都得到了锻炼。三中 2021 级音乐生版《爱你》不仅温暖每位三中教师的心，还登上了"珠海市第三中学"公众号的大版面。

二、从小事做起，一步一步达到目标

马拉松比赛不仅要有较强的爆发力、速度和技巧，更重要的是运动员体力和耐力的较量。而作为亚洲选手山田本一却"凭智慧取胜"。他在自传中写道：每次比赛之前，我都要乘车将比赛的路线仔细地勘察一遍，并把沿途比较醒目的标志画下来，比如第一个标志是一家银行，第二个标志是一棵大树，第三个标志是一座公寓…这样一直到赛程的终点。比赛开始后，我以百米冲刺的劲头向第一个目标冲去到达第一个目标后，又以同样的速度向第二个目标冲去。40 多公里的路程就这样被我分解成若干。他就是这样用小目标，一步步实现大目标，"凭智慧取胜"取得了一个又一个冠军。

目标是我们努力的方向，是我们动力的源泉。伟大的目标可以产生伟大的动力，伟大的动力导致伟大的行动，伟大的行动必然会成就伟大的事业。毋庸置疑，一个具有明确、合理目标的人，通过坚持不懈的努力，肯定会比一个根本没有目标的人更有作为。

但实现目标却需要脚踏实地，从小事做起，一步步实现目标。正如《道德经》所说：天下难事，必作于易，天下大事，必作于细。达·芬奇从画鸡蛋做起，终成一代艺术大师；金利来从生产领带的家庭作坊做起，不断拓展品牌市场，创新品牌形象，终成享誉世界的知名服装品牌……

对于小学生，可以鼓励他们坚持做一件小事，如每天早起早睡，每天阅读半小时，每天运动一小时等，经过一段时间的坚持，看看自己发生的变化。

对于中学生，可以告诉他们，播种一种行为，收获一种习惯；播种一种习惯，收获一种品格；播种一种品格，收获一种命运。一个人的成功，往往缘于坚持不懈地从小事做起，从现在做起。

1.01 的 365 次方约等于 37.781，0.99 的 365 次方 = 0.0255，数学中的这个结

论告诉我们，只要每天比别人多付出一点点，一年后就会有惊人的收获；而每天只要懈怠一点点，一年后你将被别人拉开差距。

一个班级生活委员的成长历程
珠海市第三中学　马强

　　开学初，班主任饶老师接手高一（14）班，面对新班级，尽快选拔班干部、成立班委成为班级工作的当务之急。但是，班主任饶老师认为这个事不能急，如果班干部选不好，可能会影响到班级未来的发展。饶老师决定先选几个临时班委，让班级工作能够正常进行，一个月后再进行班干部选举。

　　在批改作业的时候，饶老师发现小欣的作业字迹工整，逻辑清晰，做事认真细致，和同学们关系不错，也比较热心。于是，饶老师找小欣谈话，告诉小欣想让她做临时班干部。小欣思考了一会说自己没有经验，怕做不好，但是愿意试一下。商量后决定让小欣先做临时生活委员。

　　小欣上任后的第一项工作是安排值日，她做了一个表格，把同学们分为五个组，注明每天要完成的工作。公布后的第一天，第一组的同学都能提前到班级，大家抢着扫地、摆桌子、擦窗台，这些活干完之后同学们都开始早读。结果，后面垃圾没有人倒，问起来值日组每个人都已经参与值日了，认为垃圾不该自己去倒，最后饶老师安排两个学生去倒了垃圾。上课的时候又出现了新情况，黑板没有人擦，最后小欣自己擦了一天的黑板。

　　小欣沮丧地找到饶老师，说自己不适合做生活委员。饶老师说你先别急，精心想一想问题出在了哪里，怎么解决？不要遇到问题就打退堂鼓。第二天小欣重新排了值日表，责任落实到人，擦黑板、扫地、拖地、倒垃圾都有专门的人负责，而且考虑到同学关系，小欣还特意在每天值日小组的人员安排上花了心思，使得每个小组组员能够相互配合。接下来看起来一切都比较顺利了。到了周五，小欣又遇到麻烦事了，大扫除时有两个同学没完成任务就走了。小欣找饶老师诉苦，饶老师问她，你在安排值日的时候，有没有考虑到这样的问题？那么接下来应该怎么做才能避免这样的事情再次发生？小欣说自己再琢磨琢磨。接下来，小欣经过广泛征求同学们的意见，制定了相应的值日奖惩细则，让同学们能心服口服。慢慢地班级的值日这个问题能够有序地进行了。

　　一个月后的班干部选举中，小欣顺利地当选生活委员。在班级事务管理中，小欣遇到问题能够及时和同学们沟通，很好地完成了合唱比赛筹备、运动会活动准备等一系列班级重要活动，并在期末被大家推选为优秀班干部。

（本节作者：珠海市第三中学　饶正宽）

第三节　磨炼意志，百折不挠

意志是一个人自觉确定目标，支配、调节行动，克服困难达成目标的心理过程。意志是意识能动性的集中体现，是人类独有的心理现象。形象地说，坚强的意志是认准目标不达目的不罢休的韧劲，是悬崖上的松树"咬定青山不放松"的精神，是面对逆境忍受痛苦的气量，是遭遇狂风暴雨永不退缩风雨兼程的乐观，是成功者驶达彼岸的风帆。意志是人生最需要的养分、最坚实的基石。意志和行动是密不可分的。意志支配、调节着行动。培养坚强的意志品质是培养学生领导力的重要内容，对促进班风和学风也有重要意义。

那么我们应该如何培养学生的意志呢？

培养学生按计划行动的习惯。每一阶段（学年、学期、一月及一周）教师都要引导学生制订出切实可行的活动目标和实施计划。只要计划可行，就必须始终坚持预定的计划，不论遇到什么阻碍，都不改变原计划和目标。制订计划时要让学生明白，困难是肯定存在的，要有克服困难的思想准备，要把如何克服困难的措施制定在实施计划中，这样学生就有目标可奔，有计划可循，也有克服困难的办法。作为教师，要经常检查学生目标的完成情况，并随时帮助学生修正错误，要鼓励学生坚持，决不能朝令夕改，不能随便降低标准修改目标。比如：张老师班规定学生每天练习一页毛笔字帖，他每天督促，如果有一天他忘了检查，则第二天必定提醒学生，补练当天的内容，以保证目标的完成。

培养学生不怕困难的心理品质。意志活动常常和克服困难紧密地联系在一起。事实上，意志就是在不断地克服困难的过程中培养起来的。教师在培养学生意志力的活动中，要依据最近发展区理论，设计稍微有些困难的活动，让学生"跳一跳能摘到桃子"。如果事情太容易，学生不费吹灰之力就能完成，那对意志的培养就没什么意义；如果事情太难，超过学生的能力太多，就容易打击学生的自信心，使学生畏惧逃避。在学生遇到困难的时候，教师要鼓励他们，并且充分相信他们能够战胜困难。通常在这种鼓励下，学生比较容易想出应对之法。在沔州学校，对于学生的小病、小累、小伤、小痛，老师不会过分渲染，而是鼓励他们坚持学习，磨炼坚强的意志。常言道：不经历风雨，怎么见彩虹？这里的"风雨"既指自然界的风雨，也指生活中的各种困难考验，比如饥饿、生病、劳累、委屈等。如果学生连一点小伤小病都熬不过去，何谈将来的大成就、大作为呢？

充分发挥榜样的作用。榜样的作用是无穷的。首先教师自己要以身作则。俗话说：身教重于言教。"其身正，不令而行；其身不正，虽令不从"，要求学生做到的，教师自己先要做到。比如：要求学生大声读书，那张老师也大声读书。在潜移默化中影响学生，对培养学生的意志有着重要的作用。其次，除了教师之

125

外，我们身边品学兼优的同学、古今中外历史上的杰出人物，体育军事界的模范人物、电影电视中的英雄人物等都是很好的榜样，教师要注意发现和树立好的榜样，特别是那些刻苦好学、顽强拼搏、自强不息的优秀代表。我们可以组织学生采访英模人物、观看励志电影、开展征文活动等，这些对于培养学生坚强的意志有很大的益处。

从点滴小事中磨炼意志。从小事做起，持之以恒，是磨炼意志的好方法。高尔基曾说："哪怕是对学生的一点小小的克制，也会使人变得刚强有力！"许多事业上有成就的人都曾通过小事情来磨炼自己的意志。苏联科学家巴甫洛夫，以工作精确、细致闻名。他的字十分工整，像印刷出来的一样。原来在年轻时，他就把工工整整地书写作为磨炼自己意志的开端。有的学生意志不够坚强，但又不肯从小事做起，以为一节课、一次作业，可以胡乱敷衍，没多大关系，这些与意志无关。岂不知，就是这小小的一堂课、一次作业，让其意志一天比一天脆弱，最后才导致学习上的"全面溃败"。反之，学习上意志坚强的人，能够认真对待每一堂课、每一次作业，积小胜为大胜，学习便不断进步。如沔州学校巴乌社团的训练从吹单个音符开始，既为技术打基础，也磨炼了意志。

在集体活动中增强意志力。集体活动有利于培养人的意志力，比如沔州学校每学年都会开展"汉江远足（十公里）"活动，使体力弱的同学得到平时锻炼不到的效果；班干部协助老师组织该活动，又锻炼了领导力。沔州学校还开展篮球联赛，竞争气氛和现场体验增强了学生的意志力。集体的力量可以使学生的意志力提升得更快，集体的力量可以把弱者历练成强者。

注重培养意志力的独立性。沔州学校的班主任倡导班干部独立地安排班级活动，独立完成任务。让学生明白，老师不能代替学生，自己的事情必须自己办。学生只有自己调动起工作的主动性和积极性，才能有效地提升自己的领导力。比如安排清洁卫生值日工作，张老师一定要卫生委员自己安排，哪怕班干部安排得有一些问题，他也只是帮助提一下改进意见，决不自己包办。日久天长，学生就有了较强的独立工作能力。

坚持体育锻炼。体育除了能"强筋骨""壮体魄"之外，还能"强意志"。如长跑，如果没有一定的意志力是很难坚持跑下来的，还有爬山、游泳、足球、俯卧撑、跳绳、篮球、围棋等，都对培养人的意志力有良好的效果。对于学生来说，培养坚强意志的最简便、最有效的途径就是坚持体育锻炼。"坚持"本身就是坚强意志的重要组成部分。许多人容易"三天打鱼，两天晒网"或半途而废，归根到底就是缺少"坚持"二字。比如，沔州学校长期组织晨跑活动，长久坚持，不因严冬和酷暑而中辍，学生的意志普遍增强，钢铁般的意志提升了学生的领导力。

（本节作者：湖北省仙桃市沔州学校教育集团　汤敏飞）

第十二章　培养学生的决断力

　　清华大学附属中学初2106班的特色班名是"清韵诗风"，由同学们自主提名并投票选定。取自："尔雅饮露，清韵诗风"。"尔雅饮露"为"二幺零六"谐音。"尔雅"，是辞书之祖，代表我们博闻强识，学识渊博，行为方正，温文尔雅，厚德自强，做博雅君子。"饮露"，代表我们畅饮知识清泉；"朝饮木兰之坠露兮"，养君子般的高洁品格；同时，"露"与"鹿"谐音。《诗经·小雅·鹿鸣》云："呦呦鹿鸣，食野之苹。我有嘉宾，鼓瑟吹笙"，代表六班同学团结友爱，和悦温馨。

　　"清韵诗风"，"清"指优雅的言行；"韵"指和悦的声音；"诗"指诗意地栖居；"风"指温馨的氛围。"尔雅饮露，清韵诗风"，代表同学们志传诗词清韵，行展六班华章！

　　我们班的吉祥物是鹿，"鹿"与"六"谐音。围绕"鹿"开展文创、班徽、衍生吉祥物等征集。同学们设计出漂亮的黑板报、帆布包、尺子、书签等。吉祥物和文创设计让班级文化洋溢才智也充盈情趣。看到吉祥物、使用班级文创，同学们就会想到"鹿"，时刻鞭策着践行。

　　"树深时见鹿，溪午不闻钟"是我们的班级纪律自治方针。诗句内涵引领着我们沉静有序、灵动活泼。讲台上放有一对吉祥物小鹿摆件，陪伴同学们自律成长。班级实行值日班长制。按学号依次履职值日班长，负责课前提示、午休、自习课等纪律管理，客观全面地记录班级日志"小鹿日记"，提倡"君举必书"，做忠实"史官"。闪亮之事及时点赞，不足之处理性提醒。

　　同学们积极参加元旦晚会"以诗会友"活动，举办"清韵诗风，清凉一夏"劳动君子活动，开设"鹿鸣讲堂"系列自治班会等。同时，在清华附中第十一届学生节中，初2106班的文化展台获得班级创意文化展示一等奖。展台设计以书法、对联为灵感，以经典诗词和《醉翁亭记》《小石潭记》为载体，以班级自制"千里江山图"为布景，通过班级文创产品、绘画、折扇等艺术作品打造传统文化中的自在江山和江湖世界。秉承"自强不息，厚德载物"的校训精神，践行"行胜于言"的校风，初2106班成为校级学生自治管理四星班集体。(清华大学附属中学　郭林丽)

决断力是领导力的重要组成部分，也是每个人都需要培养的能力。从个人生活中的衣食住行，到社会生活中各种组织的兴衰成败，到国家和民族的生存发展，决断的力量无处不在。那么，什么是决断力？决断力对于成功有什么影响？为什么要培养学生的决断力？如何培养学生的决断力？这是本章要讨论的问题。

第一节　走近决断力

人们在生活中会遇到各种各样的问题，这些问题虽然各不相同，但是最终都离不开对"怎么办"问题的处理和解决。坚决果断处理和解决重大问题的能力，就是决断力。所谓坚决，就是态度鲜明，坚定不移；所谓果断，就是当机立断，立即行动，干脆利落，快刀斩乱麻！

一、重大问题的解决需要坚决果断

一般情况下，人们的生活与工作按部就班，决断力的作用不明显。但是在遇到突发情况、面临重大风险时，决断力的作用就凸显出来。关键时刻的正确决断，能够化解危险，创造奇迹。

2009 年 1 月 15 日下午 3 点 26 分，萨伦伯格机长驾驶的飞机从纽约拉瓜迪亚机场起飞，2 分钟左右时，一群黑雁撞上了飞机。凭借多年的飞行经验，他的大脑立即反应：飞机遭到了鸟类撞击，引擎已经损坏。他立即向空管报告险情。3 点 28 分，空管建议紧急降落到 13 号跑道、04 号跑道，或者附近的机场。此刻，急速下滑的飞机距离地面高度已不足 900 米，迫降到地面必死无疑。萨伦伯格机长决定迫降到附近的哈德逊河面。他操纵飞机向着哈德逊河面滑翔。在接近河面时采用腹部先行接触河面的方式，飞机机身呈现平稳姿态。从引擎失灵到迫降成功仅仅 208 秒，机上 164 人全部生还。事后调查组出具了一份 213 页的报告，用电脑模拟了各种可能性，得出结论：机长做出了最正确的选择，避免了一场空难。萨伦伯格机长的决断创造了世界航空史上的奇迹。

关乎企业兴衰成败的重大问题，优秀领导者的决断力可以一锤定音，及时扭转经营危机，创造新的商机。关乎国家民族前途命运的重大问题，卓越领导者的决断更是力挽狂澜，带领人民扭转乾坤开辟新的时代。

事实证明，处理和解决问题坚决果断，就能抓住时机、化解危机，赢得主动，促进发展。反之，优柔寡断，犹豫不决，就会坐失良机，贻误战机，陷入被动，导致危险和损失。机不可失，时不再来。时间有"一维性"，沿着"过去—现在—将来"的方向而不可逆。不同的时间有不同的情况。因此，把握时机，对于规避风险、取得成功至关重要。卓越领导者的决断，不是独断专横、主观武断，而是尊重科学、尊重规律、符合人民群众的根本利益和共同愿望。

二、从学会自己做决定做起

卓越领导者的决断力是从青少年时期就开始锤炼的。邓小平16岁就到法国勤工俭学，18岁就加入旅欧中国共产主义青年团；毛泽东在长沙读书时就和蔡和森等发起成立新民学会……这些人物的青少年时代，很多事情是自己决策。

现代化建设会遇到层出不穷的新问题。高黎贡山隧道是我国第一条横穿横断山脉的铁路隧道，穿越19条断裂带，埋深达到1100多米，几乎涵盖了所有会影响隧道施工的不良地质条件和重大风险。隧道的建设者随时在研究优化施工方案。这说明培养解决重大问题的决断力对于排除风险争取成功极为重要！

因此，培养学生的决断力，应当从引导他们自己做决定开始。我们每天都倡导学生自主学习，对学习中遇到的问题自主处理。例如每天学什么功课、做什么作业乃至怎样开展小组合作学习、怎么做好班级值日、怎么办好黑板报、怎样组织好班会、主题队会……正是这些问题的不断产生又不断解决，就构成了学生日常的学习生活和处事经验，为日后决断力形成和增强奠定实践基础。

学会自己做决定
海口市西湖实验学校 冯素如

503班的班主任刘老师因为车祸腿部骨折，503班的9位小组长都安排了轮流当值周班长。本周的班务主要由值周班长向梦娟负责。刘老师鼓励她大胆工作，大胆管理。这天的语文作业，刘老师要求同学们观看德国电影《海蒂和爷爷》。写一则观后感。

刘老师特意通过视频与向梦娟沟通。班上的绿植文竹、杜鹃因为同学们浇水过多死了。向梦娟问刘老师怎么办？刘老师表扬向梦娟责任心强。不过她没有直接回答，而是反问向梦娟；你看了《海蒂和爷爷》的电影吗？向梦娟说，看了的。刘老师问：牧羊少年彼得对海蒂说，人们说你爷爷过去杀过人。当天晚上，海蒂打算去羊圈睡。爷爷说，你是听了别人说什么了吧？你要用自己的眼睛看，用自己的头脑思考。海蒂决定不去羊圈睡，和爷爷道了晚安，她知道爷爷是好人。后来，海蒂遇到的很多事情，例如她带克拉拉外出，她给克拉拉写信，都是她认真思考后自己做的决定。向梦娟说，老师，我懂了。有些事情，认真思考后，自己可以做决定的，就要学会做决定。

决策能力是领导力的重要组成元素。刘老师善于运用电影《海蒂和爷爷》的情节，来引导学生学会自主做决定。这实际上在培养学生的自主决策能力，为今后学会在关键时刻做出重要决策打下能力基础。

学会自己做决定，心中要有"底线"。教师要告诉学生，将来走上社会，所有的问题都得自己解决。解决问题要守住"底线"，如维护国家和人民利益、有利于班集体和同学、有利于健康成长、合乎道德与法律，遵守规章制度等。

学会自己做决定，要不断开阔视野。可以多阅读伟人传记、伟人故事，从他们的经历中汲取营养，增强社会责任感，锻炼综合思维，培养敏锐眼光，使自己有远大的抱负，博大的胸怀，有处理重大问题的心理准备和知识储备。

学会自己做决定，要立即行动。清华大学校园有一个古典计时器——日晷，日晷上写着"行胜于言"。"行胜于言"的清华校风，培养了一大批脚踏实地、报国奉献的优秀人物。优柔寡断会坐失良机。立即行动才能抓住机会。在世界著名的麦肯锡公司，无论做什么事都干脆利落，员工都有速断、速决、速动的"三速"工作作风，谁都没有"等等看""明天再做吧"的想法。

学会自己做决定，要从小事做起。伟大出于平凡，从小事做起，将来才能干大事。我们可以学着主持一次小组讨论、参加一次志愿者社区服务、独立设计一个主题班队会、提出一个研学旅行的建议。在这些活动中，学会倾听，求同存异，博采众长。体验下面这些格言：海纳百川，有容乃大；三人行必有我师；三个臭皮匠顶个诸葛亮……体验有关科学决策、民主决策、依法决策、群众路线的方式方法。

学会自己做决定，要敢于尝试，不要怕出错。任何新事物的成长都不可能一帆风顺。失误和挫折是难免的，失败、挫折、是成功的铺路石。成功不能孕育成功，失败才是成功之母。爱迪生发明电灯、贝尔发明电话机、居里夫人发现镭、莱特兄弟制造出"飞行者一号"飞机……都是经过无数次失败才取得成功的。小小的成功具有重要意义。

(本节作者：海口市西湖实验学校　冯素如、覃贞梅)

第二节　在班级自治中锻炼决断能力

一、班级自治的内涵、特点

自治管理是陶行知先生在20世纪初针对当时所提倡的自动主义思想而提出，

他在《学生自治问题之研究》中解释了"学生自治"的含义：学生自治是学生结起团体来，大家学习自己管理自己的手续。他指出学生"自治"有三个要点：第一，学生指全体学生，有团体的意思；第二，自治指自己管理自己，有自己立法、执法、习法的意思；第三，学生自治与别的自治稍有不同。实行学生"自治管理"，班主任要做好指导规划、奖惩分明、授权放权等工作，对学校而言，其主要工作就是"为学生预备种种机会使大家组织起来，养成他们自己管理自己的能力"。所以学生"自治管理"指的是学校和班主任通过启发引导激发学生进行自我管理、自我教育、自我服务、自我监督的过程。

他们作为独立主体，有追求自治的意识和能力，学生从家庭走向学校，随着他们年龄增长以及主体意识增强，他们一定会突破原先多为"顺从"的人—人关系模式，走向主体表达的"协商"人—人关系模式。因此，独立、自主是学生成长的内驱力，为了"迎合"学生的内驱力，教师就需要给予相应的支持，否则，学生就会走向"对抗""冲突"的人—人关系模式。

班级自治，就是赋予班级和学生更多的自主权，一个班级就是一个集体，集体的成长意味着每位学生的成长。身处集体之中的每位学生身上都有闪光点，都有为班集体做贡献的意愿和取得成功的潜能。让学生自己策划、组织、实施、总结反思相关活动，在此过程中逐渐培养学生的良好行为习惯、自律意识、责任担当及组织领导能力。学生自治过程就是学生解决真实问题的过程，在这个过程中需要学生思考很多问题：如何解决个体需求与集体利益之间的矛盾？如何解决自治能力与自治效率之间的矛盾？如何协调学生自治与学习成效之间的关系？如何协调有序与成长之间的关系？这些思维都将促使学生的深度思考与综合学习。这种思维模式中有公正和正义，是超越个人私利的"公利"；这种思维模式中有综合多维要素的考虑，在解决问题时要考虑"我与同学""同学与同学""同学与集体"之间的关系；这种思维模式中有积极情感的传递，互帮互助温暖同学，让同学感受生活中的美好；这种思维模式中有对自己付出劳动的认可。这些都是带领学生走向五育综合发展的通道。这些思维模式和思维品质是学生自治组织应承担的重要功能之一，都有助于学生成长型思维模式的形成。成长型思维模式的形成有助于激发学生的学习动机和情感，使学生全面综合地开展学习。

二、班级自治锻炼决断能力的做法

决断能力和创新能力、批判性思维能力、问题求解能力一起被称为高阶思维能力。在现今信息社会下，决断能力的高低不仅是衡量社会所需人才质量的标准，更是人生存和发展必备的一种能力。但是决断能力不是人生来就具备的，决断能力是可教授、可培养的。对于正处于发展阶段的学生来说，培养他们正确、科学地做出决断更是至关重要。

决断能力是由一系列子能力构成的，一般可以通过决断过程来培养决断能力，具体包括发现与认识问题的能力、信息收集与整合的能力、决断形成的能力、决断评价与优化的能力。清华附中培养学生决断能力的重要途径之一是：班级自治。班级自治，充分尊重学生的主体地位，激发学生的决断意识，帮助学生习得决断的方法，给予学生决断实践的机会。在班级管理中实行"人人有岗位"的管理制度，力求人人有事干，事事有人干。同时要注意开展班级轮岗制，班级管理干部宜精不宜多。个体因其家庭出身、生长环境和个性特点的不同而呈现出多样性。因此，在班级自治锻炼决断能力中还应尊重学生的个体差异，实行个性岗位制，培养学生个性化决断能力。

1. 班级自治尊重学生主体地位，使学生敢于做出决断

在班级自治过程中班主任都会把班级管理的权力下放到班委，充分尊重学生的主体地位，使学生在班级管理中得到了充分的自由，对于在班级活动中出现的问题，鼓励学生敢于提出自己的看法和见解，在这个过程中，即便是班中出现不安定因素时，班主任也不会做出干预，而是冷静地观察班委的应对方法，让班委及其他同学学会独自处理班级事务。刚开始，可能有的班委缺少足够的经验，处理问题时难免出现缺漏。这时，作为班主任可以跟班委共同分析问题处理的有效方法以及班委所采取的具体措施中有何不妥之处，一起探讨出解决或避免此类问题再次出现的有效方法。由于班主任较少直接参与班级管理，慢慢就会从学生眼中的"管理者"逐渐向"合作者"转变，这样反而使学生更能准确地做出自我定位，意识到自己才是班级的主人。形成自由民主的师生关系，不盲目相信权威，敢于自主做出决断，为培养决断能力奠定意识基础。

2. 班级自治激发学生决断意识，使学生乐于做出决断

班级自治要求每个学生积极参与和配合班级事务的管理，学生在参与的过程中为班级发展出谋划策，把班级真正当作自己的"家"，学生成为"家"的主人，班级的各项规章制度的制定、学生活动的开展，学生都是决断的主体，激发学生自主决断的兴趣和动机。学生自治给学生提供了解决问题的场景，也给学生创造了体验各种角色的机会。这种角色体验不同于教师有意设计的"角色扮演式"的体验，因为这种有各种角色（如班长、学习委员、组长、成员等）的"角色感受式"的能力、情感、经历的体验本身就是其真实的生活。从班级自治的各项内容上看，都是和学生日常生活学习情景相联系、相贴近，使学生感到自己的决断能够解决实际问题，意识到决断的重要性，从而使学生主动参与到决断过程中，使学生能够易于、乐于做出决断。

3. 班级自治帮助学生掌握决断的策略，使学生能做出决断

要提高学生的决断能力，帮助学生掌握和熟练运用决断的策略是不可缺少的环节。决断过程一般分为认知决断问题，收集整理资料，探索解决及评价问题的方案。在班级自治的建立过程中，班主任老师都会根据学校管理的要求，设置班级管理的目标，学生干部们则要将实际面临的问题与本班级学生的具体情况联系起来，提炼出实现班级自治要面对的各种问题，这里就锻炼学生在一般情境中提炼出问题、且能够认知问题，把问题明确、科学地表达出来的能力。第二步，搜集整理资料。在自治班级的建立过程中，班主任都要给出明确的班级自治目标，学生们会根据目标进行研讨，收集相关资料，对信息进行分析、判断和甄别，在这个过程中，教师也会适时给予指导，解答疑惑。第三步，探索解决问题的方案。根据搜集的信息探索解决方案，班主任引导学生发散自己的思维，鼓励学生自由思考，大胆表达，获取尽可能多的方案。教师要参与其中，给予指导，引导学生归纳总结多个方案。第四步，评价解决问题的方案。师生共同对形成的各个方案的优缺点、可行性、限制条件等进行评价、检验、验证、推理，这个过程中教师要尊重学生的不同意见，给予及时指导，并对各种解决方案进行分析评价，推断种种方案可能出现的结果，评价不同方案的风险和益处。

4. 班级自治给予学生决断实践的机会，达到技能内化的程度

学生的决断能力是在决断实践的过程中生成的，具有很强的应用性。因此，培养学生的决断能力，一定要为学生创造实践的机会。在班级自治过程中，学生是自我管理的主体，讨论班级管理条例，设计管理方案，都是学生决断的过程，都给予了学生完整的决断的实践机会，让学生真正经历决断过程。使学生在决断过程中对决断形成概括性的认识，且能够有效将这些认识迁移到班级管理情境之外的决断实践中。学生决断实践后，给学生足够的时间思考、反思以更好地总结经验。学生在实践中不断将决断概括化、系统化，形成自己对于决断问题的表征，并在实践中总结问题和不足，进而改进与创新。班主任在班级自治管理中，可以根据不同学生的不同职责，充分发挥学生的个性特长，注重让学生经历决断的每一个过程，最终达到学生能够在实践中自发运用决断策略进行科学决断的目的。

通过学生自治，形成班级自治，在这个过程中，教师不能做单纯的管理者，学生组织也不能做单纯的管理机构，而应营造适合学生主动成长的氛围和环境，进而激发学生自我引导与自主矫正。在学生开展班级自治的过程中，决断能力的形成和发展能够充分唤醒学生的主体意识，促进学生主体性回归，赋予他们更大的自主权，对于学生自主性、创造性地发展具有积极的现实意义。

（本节作者：清华大学附属中学　王田）

第三节　学会科学思维

一、正确决断离不开科学思维

在现实生活和工作中，人们做出重要决断之前往往要经过深入思考，而思考过程就是思维过程。思维方法是否科学直接影响到决断的科学合理性。科学思维帮助我们做出科学合理的正确决断，问题解决起来事半功倍；反之，不科学的思维会导致我们做出不够科学理性的错误决断，往往使我们事倍功半，甚至劳而无功。实践一再证明，只有科学思维才能指导我们做出正确的决断，在实践中实现预期的目的。

> 宋真宗年间，皇宫失火，一夜之间，宫室楼台殿阁亭榭变成一片废墟。宋真宗派当时的晋国公丁谓负责建造新皇宫。当时，要完成这项重大的建筑工程，面临三个大问题：第一，需要把大量的废墟垃圾清理掉；第二，要运来大批木材和石料；第三，要运来大量新土烧砖。不论是运走废墟垃圾还是运来建筑材料和新土，都涉及大量的运输问题。如果安排不当，施工现场会杂乱无章，正常的交通和生活秩序都会受到严重影响。实施什么样的皇宫修建方案是非常重要的决断。丁谓反复思考，制定出了"一举多得"的修建方案：丁谓首先在皇宫前开沟渠，然后利用开沟取出的土烧砖，再把京城附近的汴水引入沟中，使船只运送建筑材料直达工地。工程完工后，又将废弃物填入沟中，复原大街，这就很好地解决了取土烧砖、材料运输、清理废墟三个难题，使工程如期完成。

科学思维指符合认识规律、遵循逻辑规则的思维，是能够达到正确认识结果进而帮助我们做出正确决断的思维。科学思维与不科学思维相对立。不科学思维是主观臆断的、不合逻辑的、片面僵化的思维。科学思维是对实践中遵循认识规律、运用辩证思维方法、做出正确决断、创新性解决问题的思维方式的统称。

科学思维追求认识的客观性。科学思维总是从实际出发，力图如实地反映认识对象。科学思维不盲目崇拜权威，不盲目相信书本结论，它尊重实践检验的结果，注重实事求是的推理和论证，坚持以理服人，努力把握和遵循客观规律。所以，运用科学思维会使人们的决断符合客观实际，从而做出正确的决断。

科学思维的结果具有预见性。科学思维总是通过对事物历史与现实材料的分析，找出事物发展的规律，并对事物的发展趋势、发展前景作出合乎逻辑的推断。所以，运用科学思维会使我们的决断符合事物发展的客观趋势，具有前瞻性，从而帮助我们做出正确的决断。

科学思维的结果具有可检验性。思维的结果必须接受实践的检验。越是复杂的事物，对它的认识越要经过实践的反复检验。科学思维能够以实事求是的态度接受实践的严格检验，修正错误，坚持真理。所以，运用科学思维会使我们坚持实践第一的观点，在实践中不断调整、优化我们的决断，从而帮助我们做出经得起历史和实践检验的正确的决断。

二、做出正确的价值判断与价值选择

价值判断与价值选择是人生的重要向导，对我们认识世界和改造世界的活动有重要导向作用。它承载着一个民族和国家的精神追求，体现着一个社会评判是非曲直的标准。古今中外，没有一个社会不重视主流价值的传递与塑造。主流价值理想可能不是现实存在，但它不是假话，是被广泛认同的价值准则，具有强大的价值导向和精神支撑作用，能最大程度整合社会力量，推动社会进步。

价值判断是人们根据对事物的客观状况及其本质属性、发展规律的认识，进一步对事物能否满足主体的需要以及满足的程度做出的判断。人们的价值选择要在价值判断的基础上做出。我们从事各种实践活动，同各种事物打交道时，要不断进行价值判断，然后根据价值判断做出具体的抉择、决断，特别是在人生的关键点或工作的重大决策之时，这一判断和抉择的意义非常重大。

中国第一位田园诗人陶渊明在人生的关键点，通过正确的价值判断和选择最终作出了正确的决断。陶渊明在做了几年的地方小官后辞去官职，回到乡下种田去了。他过着"采菊东篱下，悠然见南山"的生活，还写下了《归去来兮辞》在内的许多千古传诵的名篇。《归去来兮辞》非常鲜明地表明了陶渊明对人生价值的判断与选择。"归去来兮，田园将芜胡不归？"这是脱离官场归隐田园的宣言，是对自己过去人生道路的当头棒喝，表现了对人生价值判断与选择的大彻大悟。在他看来，田园是人类生命的根，是自由生活的象征。田园将芜，意味着根的失去，自由的失落。归去来兮，是田园的召唤，也是作者本性的召唤，表现了陶渊明对官场的认识以及对人生的思索，表达了洁身自好、不同流合污的精神，也表明了他的人生价值判断和价值选择。今天看来，陶渊明通过正确的价值判断与价值选择最终做出的正确决断帮助他创造了我国文学史上田园诗文永恒的生命价值和文化意义。

与陶渊明类似的还有法国伟大的启蒙思想家孟德斯鸠。他 27 岁时从伯父那里承袭了让人羡慕的波尔多高等法院法庭庭长的职位。他边履职边从事学术研究，出版了《波斯人信札》等著作。他发现权势不是自己所要的东西，而履职中的日常琐事严重分散了他的精力，所以毅然决然地按当时法律所允许的方式以 10 万里弗尔的价格把庭长职位出售给代理检察长达尔贝萨。这轰动一时的交易让很多人不理解。孟德斯鸠对那位大为不解的承接者说："它把我困在波尔多，让我整天忙着烦琐的诉讼程序，哪儿都去不了。最近我打算去巴黎，我的'三权分立'学说只有在巴黎才会发光。"孟德斯鸠的做法完全是听从了自己内心的生命呼唤，追求他所渴望的人生目标。他不愿终身偏居一隅做悠闲富足的乡绅和官吏，不惜抛家舍业，弃官而去巴黎，广交朋友，体察社会，遍游欧洲各国，实地考察政体、法制等。孟德斯鸠带着巨大收获回国后，潜心研究，埋头著述，完成了《法的精神》等彪炳史册的名著，实现了自己确定的人生目标和价值。

在现实的工作生活中，我们如何做出正确的价值判断与价值选择呢？首先，各种价值判断与价值选择都不是凭空产生的，而是社会存在于不同人的头脑中的反映，是在社会实践的基础上形成的。人们选择的目标能否实现、实现的程度如何，取决于人们的认识是否符合社会发展的客观规律。因此，做出正确的价值判断与价值选择，必须要树立正确的价值观，坚持真理，遵循社会发展的客观规律。

其次，社会历史是由现实的无数个人及其活动构成的，社会历史的主体是人民群众。人类是以类的方式存在的，离开家庭、社会、民族、国家、人类、宇宙等"他者"意义烛照，人自身是无价值可言的。人只有融入社会，献身于社会，才能真正找到个体生命的意义和价值。个体的价值目标是否与人类社会总体的理想目标相一致，以及为实现这一目标作出了多大的贡献，决定了人类个体人生价值和价值量的大小。王阳明曾提出过"三立三不朽"的人生目标，确立"立功、立德、立言"既而使生命不朽的人生价值取向。歌德通过《浮士德》故事也表明，人作为个体，很容易走向苦闷、焦虑、虚无、无聊，只有不断地创造和追求，为人类社会谋求福利作出贡献，才能找到个体的生命价值。这都从一个侧面说明，人作为类的存在，他的生命价值主要体现在人类社会里，体现在人类发展的历史长河中。所以，要做出正确的价值判断与价值选择，就必须要自觉站在最广大人民群众的立场上，在个人与社会的统一中做出抉择与决断。

再次，在纷繁复杂的实践生活中，要做出正确的价值判断和价值选择需要砥砺自我、充分发挥主观能动性，从多个方面努力。除了需要拥有过硬的相关领域的专业知识以外，还需要加强学习，增加人文学识，加强理论修养，提高思想境界，提高审美情趣层次以及注重在实际生活中的锤炼，从而增加阅历。同时还需要把学识、智慧、信念等与实际行动结合起来，及时、迅速地做出价值判断与价值选择，做出符合实际的决定。

（本节作者：荆门市龙泉中学　陈翔）

分论 2：
不同职级学生干部领导力的培养

　　"分论 2"包括第十三至十八章。这一部分从中小学不同职级的学生干部学生领导力培养来展开研究。包括，从学校一级看，有校级学生干部领导力的培养（小学、中学、中职学校的校级学生干部）；从班级看，有小学班委会、少先队干部领导力的培养、中学班委会、团支部干部领导力的培养；鉴于中职教育的发展态势，还需要深入研究中职学校学生干部领导力的培养。在小学、中学，最基层的学生干部岗位即小组长、科代表。小组长、科代表在实际生活中是相当大的群体，几乎每个学生都有可能经历这些角色。虽然这些角色作用不可或缺，但是很少成为人们关注的焦点。关注小组长、科代表的领导力培养，是本书的一大亮点。

第十三章　校级学生干部领导力的培养

被评为全国优秀少先队员、2021"新时代好少年"的小陈，是湖南省长沙市雨花区枫树山大桥小学六年级学生。她在第八次全国少代会上提出《城乡携手共建红色教育网络》的提案。暑假期间规划"追随伟人足迹"红色研学线路，撰写文章《与红色同行 朝梦想出发》，在"学习强国"平台首页推送。作为少先队大队长，她依托湖南丰富的红色资源，带领队员开展"追寻红色足迹、巧手绘制地标"主题教育实践活动，获得师生家长一致好评。

小学的少先队大队委，中学、中职的学生会、校团委干部，这些校级学生干部是全校学生的领头雁，是学生的榜样，分别对少先队员、青少年学生、共青团员的行为规范起模范带头作用，是学生群体的"公仆"。培养这些校级学生干部的领导力，对于培养学生的主人翁意识、民主意识、服务意识，责任意识，提升少先队组织、中学学生会、校团委的活力，具有重要意义。那么，校级学干的领导力的培养有何规律？如何更好地发挥其作用？是可以进一步深入研究的课题。

第一节　小学少先队大队干部领导力的培养

少先队，是"中国少年先锋队"的简称，它是中国共产党领导的少年儿童群团组织，是少年儿童学习共产主义的学校。少先队干部按照所处组织的规模大小，分为小队长、中队委、中队长、大队委和大队长。小学校级学生干部，通常指少先队大队委和大队长。

少先队干部的领导力培养，该从何着手呢？通过长期的教育实践，我们认为可以从组织教育、自主教育和实践活动的角度开展。具体而言，做好两个方面的工作：明确岗位职责和搭建展示平台。

一、明确岗位职责，增强责任意识

2023年3月，武汉经济技术开发区奥林小学按照组织生活的程序，召开少先队员代表大会。在会议上，来自全校各年级的少先队代表投票选举产生了新一届少先队大队委员会，大队辅导员江老师郑重宣读了大队委员会全体委员的名单。在会议结束以后，新当选的大队委员会大队长张依檬主持召开了第一次大队委员会全体会议。在会议上，大队辅导员江老师向所有大队委介绍了各位大队委员的工作职责。江老师说："小张第一次主持大队委员会全体会议，能准确地说出大队委员会会议的流程，很不错！"小张说："在参选大队长之前，我就了解了大队委员会会议的主持流程，希望能给大家留下一个好印象。"

小黄是第一次担任宣传委员。"老师，我只是主持过升旗仪式和红领巾广播站，还不知道其他的宣传工作该怎么做呢。"江老师说："我们少先队的作风是什么？""诚实、勇敢、活泼、团结。"小黄流利地答道。江老师说："所以，我们是新一届的大队委，是敢于尝试的先锋，队员们选择了你，就是相信你，你是会学习的好队员，在工作中学习好方法，积累经验，一定可以胜任这个岗位！"

2023 年 3 月 28 日，来自宁夏吴忠市利通区的校长团到校参观。在小黄的带领下，红领巾讲解团的队员们圆满完成了讲解任务。事前，小黄带领红领巾讲解团的队员们召开会议，一起策划活动。他们弄清参观线路，分头写出解说词，进行现场排练。

总结大会上，江老师对参与此次活动组织工作的大队委和队员们授予"小主人章"红领巾奖章。

（一）权责分明，强化"存在感"

明确学生干部的岗位职责，要让学生干部清楚地认识到自己在组织中扮演的角色，增强其责任意识。清晰的岗位职责有助于激发学生干部的组织认同，促进学生干部树立自信。在明确岗位职责方面，有以下两点实施路径：

第一，组织定岗，制度定责。根据少先队组织对设置大队委的规范要求，确立大队委员会的岗位；根据学校少先队工作的实际需求，兼顾大队委员的个人特长，通过召开集体工作会议的形式，明确各岗位的工作职责内容，形成制度。第二，岗位公示，强化意识。在少先队活动室，挂牌明示大队委员会的职责分工；在校园宣传橱窗和校园公众号进行大队委员会委员任职情况公示。

（二）自主实践，强化"意义感"

学生能力的发展，离不开其在实践中的体验。我们根据学生所在的组织性质差异，结合不同年龄学生发展的身心特点，为其制定了清晰、具体的岗位职责，有助于学生干部根据岗位职责制定个人发展目标和组织发展计划。而在实践活动中去履行这些工作职责，对学生干部的领导力发展有强烈的推动作用。

第一，规范组织生活。定期召开组织生活会，在组织生活会上进行"述职"。帮助队员在"述职"中反思工作经历，总结实践经验。第二，切实履职尽责。在日常工作实践中，大队辅导员根据岗位职责分工，将对应的工作任务分配给对应的小干部，实现小干部人人"做实事"。第三，坚持评价激励。对于小学生来说，来自老师的肯定与鼓励，是其树立信心的强大支撑。利用学校的学生成长评价体系，对小干部的岗位实践工作效果进行评价激励，让学生干部自主强化工作内驱力和工作自信，促进领导力提升。

二、搭建展示平台，增强主体意识

小郭是武汉经济技术开发区少先队大队委员会学习部长，起初，她虽"满腹经纶"，却不善言辞；虽思维活跃，却腼腆羞涩。在担任大队委 2 年的时间里，在各项少先队实践活动中逐渐成长为活泼睿智、思维条理清晰、大胆表达的优秀代表，深得队员们的喜爱和信赖。

2021 年 5 月，奥林小学少先队"红帆记者团"先后前往东风本田汽车公司、汉南通用机场和科大讯飞研发总部，开展红领巾寻访实践活动。本次寻访实践活动，是由小郭设计、在辅导员李老师的指导下实施的。

在"建党百年"庆祝活动之际，学校少工委发布了少先队实践活动方案征集令。小郭组织大队委员讨论"去哪里"的问题。她在工作记录本上详细地写下队员们提出的建议，她带着队员们在网络上搜集信息，作出了安全可行的活动计划。由大队委们自主设计活动主题、活动内容、活动形式，已经成为学校培养大队委的"法则"。

少先队开展实践活动的形式很多，包括红领巾志愿服务、红领巾寻访、"大手拉小手"、少年军校等。实践活动是少先队员展示风采、发展能力的舞台，那么怎样在实践活动中培养大队委员的领导力呢？可以把设计实践活动和组织实践活动这两点结合起来，搭建好小干部发展领导力的平台。

（一）设计活动，培养"策划力"

每年都有一些适合开展少先队实践活动的节日，比如，"六一"儿童节，"十一三"建队节以及寒暑假。在自主设计实践活动内容的过程中，大队委的策划、决策能力可以得到充分的锻炼。

每一次实践活动的方案，交由大队委员们负责设计，他们在设计方案的过程中，学会搜集资源、整理资源、应用资源。既能设计符合学生需求的活动内容，得到队员们的认可，也在过程中训练了整体思维和系统思维，发展"策划力"。

（二）主持仪式，培养"组织力"

学校每周一都会进行升旗仪式主题教育活动，每学期会进行新队员入队仪式。这些仪式活动，都是由大队委轮流主持。

大队委按照辅导员老师提供的仪式方案，联系参与仪式展示的队员，组织队员进行展示内容的排练。在频繁的师生交流和生生互动中，大队委的语言表达能力、沟通交际能力和应急处置能力都能得到充分的锻炼。

（本节作者：武汉经济技术开发区奥林小学　周策）

第二节　中学学生会、校团委学生干部领导力的培养

作为学生和学校联系的桥梁和纽带，学生会、校团委组织对学校的发展和学生的成长发挥着重要作用。无论是在思想道德建设还是学业提升进步，作为学生自治团体成员，校级学生干部都发挥着先锋模范作用；同时，参与学生会、校团委组织工作对学生个人综合素质的发展也有极大的促进作用，而学生干部领导力的培养是其中的关键一环。对于中学生而言，他们正处于青春期这一特殊发展阶段，领导力培养要尊重他们的发展规律，满足其发展需求。学生干部可以从领导力培养中收获什么、学生自治对校级学生干部有哪些要求？如何高效培养中学校级学生干部的领导力呢？这是本节要讨论的问题。

一、学生自治促成长

中学阶段是个人成长的黄金时期。中学生正处于青春期这一特殊发展阶段，自我意识觉醒，独立意识空前高涨，希望大人不再像对待孩子一样约束他们。帮助中学生实施自我管理不仅可以满足这一期待，还能帮助他们实现自我成长。对学生领导力的培养有利于学生更高效地进行自我管理，进而促进自身发展与成长。

学生领导力培养利于自我管理。教育家苏霍姆林斯基说，"只有促进自我教育的教育才是真正的教育"，而学生的自我管理就是一种自我教育，学生干部领导力培养中重要的一面即是通过引导学生认识自我，发掘自己的领导才能，进而更全面客观地评价自己，最终达到自我完善。

学生领导力培养激发内生动力。我们期待处在可控的环境中，但外部世界的变化总是难以预料与掌控，那么人的主观努力便显得尤为重要。发挥主观能动性，学生自我管理可以让环境相对可控一些，激发内生动力，从而帮助自身更好地与不确定性共处，以更大的勇气与智慧迎接挑战。

学生领导力培养促成良好氛围。学生干部是学生管理工作的重要力量，他们来自学生、了解学生、影响学生，在引导宣传、组织协调、沟通服务和榜样示范等方面发挥着不可替代的作用。校级学生干部在自我管理的过程中以身作则，发挥带头作用，引导其他同学一起建设和谐美好校园文化，共促良好奋进校园风气。良好的校园氛围与积极向上的学生形成良性的互动循环，实现"双赢"。

二、学生自治有要求

领导力首先体现为自我领导，即领导他人的前提是学会领导自己，自己是自己的主人，自己对自己负责，自己对群体（或他人）负责。一个人的自我领导力既体现在自我规划、自我管理、自我完善的意识和水平上，也体现在一个人在团队中的服从、合作与执行等方面的意识和水平上。

要想实现高效自治，校级学生干部应先学会领导自己，从自身出发，从个人做起。加强自我管理，对自己提出更高要求。校级学生干部作为学校和学生的"中间人"，是优秀学生代表，这也意味着他们应当对自己有更严格的要求，不仅成为学习中的"佼佼者"，也要在工作中发挥桥梁作用，连接服务学生与学校。

自我管理可以从以下几个方面入手：首先提高时间管理能力，平衡好学习和工作；其次觉察关注自己的情绪，学会调控情绪，做情绪的主人，从而更好地与同学们的情绪一起工作；另外也要不断提高自己的责任意识，以积极乐观的心态迎接学习工作中的挑战，更好地服务同学。

三、实施自治有方法

凝魂聚气，发扬精神。奥斯特洛夫斯基如是说："人的巨大的力量就在这里——觉得自己是在友好的集体里面"，集体需要精神，作为学生自治组织的航标，校干精神凝聚学生力量。

以学校发展理念为核心，结合校园文化、管理实践工作等形成学生干部认同的校干精神，并在实际工作中以此为标杆，不断追求，积极落实。相信在有影响力的校干精神的激励下，学生干部一定能把准方向，更好地服务学校、老师和同学。

树立目标，坚定信念。中国科学院"科技领导力研究"课题组提出，领导力是领导者在特定情境中吸引和影响被领导者与利益相关者，并持续实现群体或组织目标的能力。领导力的三要素：领导者、被领导者以及所实现的共同目标。

为增强学生干部的基本素养和综合能力，实现学生自治，增强管理能力，2022年7月，青岛某中学组织所有学生干部进行了工作述职暨现场答辩活动。

学生干部从自身优势、工作业绩对所负责工作的未来规划与设想等方面进行全面阐述。他们提到学生干部不仅要有勇担重任、勇攀高峰的先锋带头作用，更要敢于为学校各项工作组织、发展提供切实可行的建议，推动学校朝着更好的方向发展。学生干部们以饱满的状态展现了学生代表应有的风采，全面展示了其自身的综合水平与特色优势，赢得了在场观众的阵阵掌声。

学生自主管理是学校德育管理的一大亮点，自主管理只有进行时，没有完成时。本次述职会的召开，明确了学生干部的工作职责和目标，对提高学生会的工作效率、促进学校工作的全面提升将起到积极的推动作用。

目标是我们想要达到的境界或目的，是前进路上的灯塔。案例中通过述职报告与现场答辩，学生干部对自己的工作职责和目标有了更深刻的认识，在目标的指引下，学生干部们在工作中明确方向，坚定信念，砥砺前行。共同群体目标的确立也有助于学生干部拧成一股绳，团结一心，为实现目标而努力。

特色培训，提升能力。通过有组织有针对性的培训活动提升学生组织管理、沟通协调、心理调节等方面的工作能力，促成学生干部领导力的全面提升。

2022年4月，华中师范大学第一附属中学全省首创中学"青马工程"培训班。这一培训目的是进一步实施素质教育、培养创新型人才，提高学生骨干的思想政治素质、理论水平及学习能力，培养一支思想政治素质过硬、政策理论水平较高、具有未来世界领导能力、实践能力和组织协调能力的多元优质发展的学生骨干队伍。

学校向全体学员提出三点要求：一是要深化理论学习、坚定理想信念，二是要加强实践锻炼、增强干事本领，三是要加强作风建设、发挥示范作用。希望全体学员珍惜在"青马工程"培训班学习的机会，增长才干、练就本领，并祝福全体学员学业有成。

案例中"青马工程"培训班的培训活动是学生干部领导力提升的有效途径。学生干部的培养从大局着眼，以学生为中心，全面提升学生的领导能力。

总之，校级学生干部领导力的培养，有利于学生把握正确的目标方向，有利于加大工作执行力度，有利于学生群体的有效管理，达到学生自我管理、自我教育、自我完善的目的。同时，使得学生干部们无论在学习工作还是与人交往中都能以身作则，真正做到不计较个人得失，一心一意为同学、为学校服务。

（本节作者：华中师范大学附属第一中学 沈胜方）

第三节 中职学校学生会、校团委学生干部领导力的培养

中职学校学生会、校团委学干作为学生中的"领头雁"、老师的助手、学校和学生之间的"联络员",在学校管理中起着不可或缺的作用。同时,作为学校学生具体工作、活动的落实者,学干的领导力直接影响活动的执行与效果。因此,对学干领导力的培养有重要意义。

中职学校学生会、校团委学干领导力的培养,要立足青少年身心成长规律,重点是校级层面对学生干部的认可,难点是持续消除学生干部的受挫心理,增强其自信心、自尊心和自我价值感,提升其判断力、领悟力和执行力,在内在的心理层面和外在的行为层面进行双重引导和锤炼,教会他们品行合一,久久为功。

一、中职学校学生会、校团委学生干部的基本特点

中职生大多是中考的失利者,同时,往往伴随着家庭教育的缺失或失当,相较于同龄的高中生,这些中职学生更需要来自各方面的肯定,更需要感受到快乐、成长和成功。其中,部分学生因渴望突破而参与学生会、校团委工作,一方面是实现自我价值的需要,另一方面也是他们尝试的一种新选择。

敏感。渴望获得认可是他们的表面特点。中职学校学生会、校团委学干在进入学生组织后,通常会经历一个"敏感期",他们特别在意老师的看法和评价,渴望获得老师对他们的认可。因此,他们会主动出击,以自己认为很"出色"的方式来完成一些任务,同时会以各种途径告知老师"这是我独立完成的"!

孤独。不敢正视自己的过往是他们的内在创伤。中职学校学生会、校团委学干在参与学校的各类活动中,很少"想当年",因为他们的"当年"大多在老师、家长和社会的批评、忽视和偏见中度过。他们尽力想忘却但无法忘却的这一段历史,成了心理的"禁区",这是他们孤独的内在根源,也是获得成长的心理障碍。

向往。对学生干部这一身份的认同是他们的追求动力。中职学校学生会、校团委学干大多很享受自己的"学生干部身份","学生干部身份"提升了他们的价值感和自信。

欠缺。学生干部工作方法的改善和能力的提高是他们亟待解决的难题。由于学习背景单薄、工作经验不足以及家庭教育缺失,学生干部在工作中往往缺乏全面的思考,在管理上缺乏经验,组织协调能力较弱。遇到问题时难以找到问题的根源,应对突发状况应变能力有待提高。

二、探索中职学校学生会、校团委学生干部领导力的培养方法

中职学校的学生在成长过程中很少获得他人的肯定和赞扬,也缺乏自我展示和

勇气和机会，与同龄人比起来有着强烈的自卑感。中职学校给了他们展现自我才能、实现自身价值的平台，有利于培养他们的自尊心和自信心。无论在言语上，还是具体的活动中，学生干部们能够一次又一次地体验到"我是有用的""我也可以成功"，从而逐步破除其长久以来形成的"自我无用论"，形成全新的、积极的自我评价和认知，培养成熟、高效的行为和工作模式。

学生会、校团委是学生进行自我管理、自我教育、自我服务的自治组织，是学校、教师和学生之间的桥梁纽带，是学校开展各项管理工作的得力助手，是学生利益的忠实代表。学生会、校团委的性质要求学生干部必须在这些方面有所作为，学生干部领导力的培育也必须要围绕这些方面展开。

宜昌科技职业学院（原湖北三峡技师学院、宜昌市机电工程学校）学生会干部任期通常为两年，第一学年属于选拔阶段，其中第一学期以适应和学习为主，要求能够高质量地完成本职工作，成为学生会干部考察对象，第二学期承担更多的工作任务，接受学长和指导老师的指导，循序渐进培育领导力，在该学期末通过公开竞选成为试用干部。第二年，通过各项考核后转正，承担部门管理工作。第三年因面临实习与毕业，进入"退役"阶段。该校在学生会干部领导力培养方面的主要做法有以下几点：

1. 科学构建学生会干部队伍，实现优势互补

学生会不同的岗位对学生的特质有不同的要求，各项工作要想开展得有声有色，离不开具有各种专长的学生会干部。在构建学生会干部队伍时要根据岗位要求和学生的能力、素质、爱好及性格进行合理配置，既要有驾驭全局工作能力并起模范表率作用的战略人才，又要有具有某一专长及创新思维的战术人才。

2. 指导学干明确自身角色，化解角色冲突

教师要指导学生用一分为二的眼光看待自我，既不妄自尊大，也不妄自菲薄，客观地审视自身的优缺点。学生会干部同时扮演着多种角色，教师、学生和学干本人对每一种角色的期待不尽相同，这就可能引起角色冲突。面对角色冲突，他们常常表现为不知所措或顾此失彼，迷失自我认知，导致工作、生活和学习难以平衡。因此，教师要指导他们灵活处理角色冲突，让他们认识到，不同角色之间的冲突是可以兼顾和调和的，为学生领导力的培养创造良好的内部条件。

3. 根据学干特点针对性培养，做到有的放矢

教师在培养学生会干部领导力时应根据学生的特点，采取针对性的培养方式。比如，对于有坚毅品质、做事沉稳但缺乏自信心的黏液质型的学生，可采取赏识教育，要放得开、信得过、多授权、多鼓励，让他们独立完成工作，并且多给予关心和支持，做到扶放结合，以培养他们的自信心和领导力；对于思维敏捷、精力旺盛但浮躁不踏实的多血质型学生，教师可以采取警示教育。

4. 引导学生在千锤百炼中成长，实践探寻真知

学生会干部领导力培育是一项复杂的系统工程，实践锻炼是非常有效的培育方式。实践锻炼有任务分配、行动学习、轮岗学习、模拟训练等方式。教师可以把学生放到艰苦的岗位上磨炼，于细微处见精神、见品德。在培育过程中，学生会经历知事、干事、谋事三个阶段。我们要关注的是，当学生初入知事阶段，学生是牢骚满腹还是智慧应对，步入干事阶段，学生是拈轻怕重还是脚踏实地，进入谋事阶段，学生是墨守成规还是开拓创新。根据学生的状态对学生进行时间管理、冲突管理、沟通技巧、战略思维、系统思维、创新思维上的指导。

（本节作者：宜昌科技职业学院　张程、杜涵）

第十四章　小学班干部领导力的培养

被评为2021"新时代好少年"的小闫是内蒙古自治区呼伦贝尔市海拉尔区第五中学初三年级学生。她担任班长，积极配合老师参与管理班级事务，时时处处严格要求自己。她热爱书法、跑步、游泳、主持，积极参加各类比赛活动并取得好成绩，积极参加志愿服务活动，为社区居民写春联送福字，做"爱心超市"义务售货员、市规划馆义务讲解员等，用一颗爱心温暖他人。

小学的班级是小学生生活的集体，小学班干部是班级中承担一定管理职责的"孩子王"，是本班同学的"领头羊"。经验表明，在小学时期担任过班干部的孩子，会比没有担任过班干部的孩子，其自信心、责任感、自主性、胆量、沟通能力都更强一些。培养小学班干部的领导力，不仅有利于搞好班级管理，而且有利于发展学生核心素养，促进学生健康成长。

如何培养小学班干部的领导力？这一问题与价值观、自信心、志向、胆识、责任感、团队意识、组织能力、沟通能力等方面相关，要从多个维度进行研究，才能更深入地探索培养小学班干部的基本规律和基本经验。

第一节　激发学生班级管理意识

班级是学校的细胞，班级管理对育人发挥着重要的作用。班级是学生进入小学后首次接触的小集体，一个班集体几十名学生来自不同的家庭，受不同的家庭教育，学生的思想、言行等方面各不相同，如何融入集体，并在集体中成长，是小学阶段一个重要的命题。学生在校不仅受到老师的影响，身边的同龄人也时刻影响着他们的思想、言行。尤其班干部既是生活学习中联系密切的伙伴，也是极具榜样力量的存在。对班干部领导力的培养，可以激发学生干部自主管理意识；同时可以"以点带面"式地全面提高班级整体管理水平。

一、培养责任意识，激发自主意识

培养班干部的责任心，让班干部懂得责任与担当。在班集体中，班干部承担有一定的职责。班长、副班长、学习委员、清洁委员、中队长、小组长等，各负其责，相互配合，整个班集体的行动才能有序进行。

1. 任务清晰，目标明确

给每个班干部的岗位列一份《岗位职责清单》，让每位班干部对自己的具体职责心中有数，而且列出履行这些职责的计划，同时了解履行职责要遵循的原则与方法：如对自己要自尊、自主、自强、自信；对他人要尊重他人、奉献友爱、互助进步；对集体要参与集体成长、珍惜集体荣誉、努力为集体发展贡献自己的力量。

2. 营造氛围，齐头并进

集体对个体有着巨大的感染力。和谐的班级氛围有利于培养学生积极向上和团结友爱的优良品质；友爱的班级氛围有助于学生感受来自老师同学的关心与爱；朝气蓬勃的班级氛围能激励着学生不断进取，主动投入班级建设和自我学习中。在一个高度和谐、友爱、朝气蓬勃的集体中，学生的责任心自然而然就得到了培养。因此，教师在班级管理中要注意营造良好的班级氛围，培养学生们对班集体的热爱之情和认同感，增强班集体的凝聚力。

3. 言传身教，身正为范

要培养学生的责任感，教师要以身示范。比如学生在学校做错事主动找老师承认错误，老师首先要肯定学生自我认错的行为，对学生进行正面引导与强化，同时也要主动承认自己在班级管理中没有教育好学生，承担自己的教育失误，然后适时召开班级会议，共同商讨解决问题的方法，以身作则。

4. 奖罚分明，以理服人

奖赏是对学生十分有效的正面激励机制，惩罚同样是班级组织和管理中重要的反面激励机制。灵活有效地应用奖罚机制，不仅能及时教育，而且有助于班级管理的秩序化、规范化。学生完成任务要奖励，做错了事要惩罚，要让学生明白奖励与惩罚是让学生向阳而生的一种手段，而不是目的。更重要的是，在对学生的错误进行惩罚前，一定要先帮学生分析错在哪里，错误的原因是什么，为什么要罚，罚的目的是什么，只要把错误的原因讲清楚，罚的目的讲透彻，学生明白惩罚为自己的错误负责，学生自然就会接受惩罚，学生接受的教育才是成功的教育。

5. 先扶后放，自主管理

一个班集体在磨合、运行一段时间后，慢慢会形成一套集体认可的管理模式，这个时候老师就可以逐步放手让学生自主完成一些力所能及的事情。放手是培养孩子责任意识的开始，我们常说"穷人的孩子早当家"就是因为穷人家的孩子从小就参与家庭活动，懂得去做许多事情。放手不仅培养学生做事及参与班级管理的本领，还能让学生从参与班级管理决策过程中提升班级主人公意识，强化学生的责任意识，明白责任重于泰山的道理。

在"圆桌会议"中培养班干部的责任意识

武汉市光谷实验小学　李瑶琴

我们每个月召开一次的班干部"圆桌会议"。通过班干部团队讨论、分享、协商，共同形成对话式决议。本月的圆桌会议的核心话题是：班级管理工作中的问题及解决方案。

圆桌会议前，我先在班级内部针对班干部在班级管理工作中出现的问题进行问卷调查。根据问卷调查的结果进行问题筛选并拟定会议讨论的框架，邀请3名老师、1名班干部家长代表共同参与会议。针对班级管理工作中的问题，对以下问题进行研讨：如何减轻班干部工作中的懈怠情绪？如何解决班干部工作中与同学发生的矛盾？如何面对班级工作中的荣誉与挫折？

在圆桌会议中，班长小涵同学提出：班级管理应该明确职责分配，每位班干的职责清晰了，工作效率会更高，懈怠情绪也会减轻。宣传委员小芸同学提出：我们要多和同学们进行沟通，遇到矛盾时我们要先了解同学们的想法，然后再心平气和地协商解决方案，如果矛盾解决不了，还可以向老师或其他班干部求助，尽量不要激化矛盾。班干部家长代表提出：在家里要多和孩子进行沟通，帮助孩子树立责任意识和服务意识，告诉孩子当班干部是很好的锻炼机会，荣誉与挫折都是个人成长的一个经历。班级的几位老师提出：要定期在班上举行颁奖仪式，给优秀班干部颁发奖品和奖状。

会后，做了一个优秀班干部的评价量表，从责任与服务意识、班级工作完成效果、组织与协调、合作与沟通、实践与创新、问题解决等维度对班干部进行评价。学生们及教师们可以根据评价量表的内容定期进行优秀班干部的自评、互评与表彰。

以圆桌会议的形式，教师、家长、学生针对班级管理工作交流意见、碰撞思想，有利于班干部责任意识的建立与强化，是构建家校共育、师生共同成长与进步的良好教育生态的重要途径。

二、珍视集体荣誉感，增强班级凝聚力

集体荣誉感是指一种热爱集体、关心集体、自觉地为集体尽义务、做贡献、争荣誉的道德情感。在集体生活中，个人将逐步体会到集体荣誉与自己的关系，体会到个人在集体中的地位。就小学而言，可以从提高认识、班级文化、班级活动等方

面寻找破解路径。

1. 认识集体荣誉感，寻找突破点

无论是老师，还是学生，都要正确认识集体荣誉感。集体荣誉感是通过集体成员共同努力获得的一种积极的心理品质，它能产生向上的精神力量，让集体成员在努力的同时拥有幸福愉悦的情感体验，并自愿为集体荣誉付出加倍的努力，寻找突破点，与集体同成长共进步。

2. 打造班级文化，明确共同愿景

开始，在一年级进校经过初步的磨合之后，班主任就应带领全班同学为班级"起班名、画班徽、定班歌"，在制定的过程中班级约定、班级愿景慢慢会越来越明了，全班同学有了共同的愿景后，都会为了实现这个愿景共同努力。随着学生年龄的增长，班级愿景可同步调整得越来越高、越来越明确。

3. 组织班级活动，体验个体成长

小学生天性活泼好动，学校、年级、班级可以顺应学生的天性，开展一系列丰富多彩的活动，让学生参与活动，在活动中展示自己，获得群体认同，同时参与活动的学生也会产生强烈的自我认同与集体荣誉感，不自觉地就把自己与集体融为一体，以主人翁的姿态与担当投入班集体建设，为班级服务，为集体争光。

课代表"养"成记
武汉市光谷实验小学　王志敏

和小雅初次见面，她并没有给我留下太特别的印象。我对于她的关注，一是来自她对数学学习的主动。在同龄孩子享受"我已经会做"的自我满足时，小雅会在下课铃响后的第一时间主动找我探讨"我觉得还有另外的方法"。每次听她这样说，我都会弯下身专心听她手舞足蹈地边比画边说。我和她一起聊方法，也聊她还有待改进的地方。二是她对数学学习自我要求的严格。一次课堂上，我们分享小伙伴"读题时把题中重点词句画上线，能更好地帮助我们正确解决问题"的好方法时，她默默记在心中。我发现她做练习题时都是指读题目，一遍读完就在题中重点地方画线，确认无误后方才动笔书写。面对她的这些具体表现，我会拍照呈现她的作业，让小伙伴来评价。而我则顺水推舟："小雅不仅会用心学习他人的好方法，而且她还在不断挑战自己，让这些好方法都慢慢变成自己的好习惯！"同学们听了跃跃欲试，而她听了我和小伙伴们对她的肯定与表扬，小脸上的笑容更自信了。

有一天，探讨结束后，她主动问我："我可以帮你做一些事情吗？""可以呀。你做我的课代表吧！""课代表是干什么的？""课代表是为大家服务的。要收发作业本，还要主动帮助有数学学习困难的小伙伴。当然，你自己要真的喜好数学，并按时完成学习任务。""我想我应该可以把这些事情做好。""对了，数学课代表还要及时把身边小伙伴们学习数学时遇到的好的、不好的情况都告诉我。""这个没有问题。"她回答得开心而肯定。

小雅上岗后，各项工作得心应手：收齐的作业翻到待批改页面，为了方便批改；××今天作业写得特别工整，你可以特别表扬一下他……有了这个课代表，我仿佛多了一双眼睛，真好！

培养小干部过程中的感受：在这个快节奏的大数据时代，学生与家长之间卷的不仅仅是学习，还有班级里的小小"职场"社会的"认可"！为了实现"公平、公正"，我对班级小干部的选择做法是：要想获得相应的职位，首先得要用自己的实力来说话！这个实力不是道听途说，而是自己在各种场合或情况下自我的一种表现，这些优秀的举动要让身边小伙伴和我都看得见。其次，还要不断调整自己，成为本职岗位相应责任内容要求里的领头羊。最后，小干部一旦确立，还要能一如既往地坚持做，往细致里去做。

说教在这一代原本就个性鲜明的孩子身上已不能使其心服口服。但同龄人的认同与褒贬，他们还是非常在意的。于是，我在扮演大朋友角色的同时，负责在班级里不断创设相应职位的情境（或具体活计），让学生在情境中去表现自己力所能及的样子，我则适时在伙伴们的评价后推波助澜，让所有人都看见和感受到"我/她确实做得比我们好"的时候，当事人自信有了，身先士卒的榜样领头羊就不知不觉站到了聚光灯下，岗位也非他莫属了。

委任？体验挑战身先士卒？我选择"先花时间考察、再适时引导树立榜样形象，最终达成领导力言行举止和心理建设共赢"的路径！

（本节作者：武汉市光谷实验小学　陈惠芳）

第二节　日常班务、队务的履职能力培养

学生娃娃中的"孩子王"，会有一群"追随者"。这样的学生有一定的组织能力。作为班主任，只要深入观察，就会发现班上的"领导者"。那么怎样培养学生的领导力，让他们配合班主任的工作呢？

一、知人善任，选好班队干部

每接手一个新班，班主任可以跟学生讲，班级不应该由班主任一个人来管理，应该由我们大家共同来管理。班级有许多具体的事务，比如学习、卫生、纪律、文娱、体育等，需要若干个"分舵手"来负责，这些"分舵手"需要一个"总指挥"来指引方向，他就是班长。班长以及其他班委的确定是开学初的一件头等大

事，一般分三步完成：个人毛遂自荐、班主任考察、竞选演讲。

选拔班干部之前，班主任可以侧面了解一下哪些同学之前担任过何种职务，有哪些突出成绩，同学口碑如何，做到心中有数。开学第一周，班主任要用心观察，发现"孩子王"。有领导潜质的孩子一般都会有较强的组织能力，办事有条理，善于发现问题，有勇气管理。小"领导者"也分几种，一种能用语言征服别人，心胸开阔；一种凭霸气征服别人，性子急，但心地善良，热心组织事情，所以偶有和同学关系紧张的时候。这时候，班主任布置一件具体的事情让他们分别去办，比如分发新书，几样新书如何快速分发到同学手中，那就要看他们的团结协作能力了。有头脑相对灵活的，善于分工协作，组织得有条不紊。几件事情办下来，两三个班长候选人就大概有数了。接下来就是这几位班长候选人的竞选演讲，一要说明为什么要竞选班长，二要详说怎样带领大家建设好班集体。竞选结束大家投票表决，公布得票情况。每一个环节都考验候选人的勇气和智慧。班主任再和新班长一道选拔其他班干部，同样经过自荐或他荐、竞选演讲环节，班主任和新班长再根据他们各自的特长与能力进行分工，新一任班、队干部就成立了。

二、循序渐进，提高履职能力

班干部是班级活动的组织者、领导者，组建一支有力的班干部队伍，通过班干部把全班同学拧成一股绳，形成一个有凝聚力的班集体，需要班主任的智慧。

制定班级公约。在班长的倡导下，全班同学根据本班实际制定班规。有些处罚类的班规，也许在大人看来并不科学，但都是经全体学生讨论后举手表决的，班规自上墙之日起就需每个同学认真执行。大致分为两类：第一类为岗位职责，比如班长职责、学习委员职责、学科代表职责、组长职责等。第二类为考核制度，比如迟到早退、路队、仪表（衣着及红领巾）、两操、课堂纪律、作业、劳动等方面，值日干部依据制度考核同学。

树立干部威信。班干部只讲付出，不求回报，他们也是普通学生，作为班主任，要告诉同学们，班干部工作也辛苦，要尽量理解、信任、支持他们的工作。聪明的班主任都会尽可能地放权给班干部，让他们自己去解决问题，尊重他们的决定，同时会利用各种机会肯定班干部的榜样作用，不断给他们注入成长催化剂，树立班干部在同学中的威信。如果班干部在班级管理中，与其他同学出现冲突、矛盾，个别同学不服从管理的情况，班主任要及时探个究竟。班干部如有处理不够完善的事情，班主任尽量不要当着其他同学的面批评，不能降低他在同学中已经建立起来的威信。可以私下找他谈话，面授机宜，然后利用班会课针对焦点问题、棘手问题，肯定班干部处理及时、坚持原则。让所有同学理解作为一名班干部的"两难处境"，倡导大家积极建言献策，共同解决问题。

适时授之以渔。培养班干部是一项细致活，班主任要当好教练，学生潜在的领导能力就会被激发出来，才能大胆去干。班主任培养班干部的履职能力要先扶后放。在班干部培训会上先进行集中培训，明确每个班干部的具体职责和拥有的权限，明确要达到的标准和要求，教授管理方法，针对不同岗位个别指导。运用"脚手架原则"培养班干部解决问题的能力。根据操作难易程度，如班干部有困难，应为其搭建"脚手架"。新上任的班干部在碰到每个"第一次"之前，班主任都要悉心指导。比如第一次晨诵指导。提醒值日班干部要提前几分钟到校，入室即静、入座即学。安排领读同学站在前面拍手带读国学经典，先到校的班、队干部要以身示范，大声齐诵，其他同学自然就会跟读。诵读国学经典可以带上自创动作，值日班长要有敏锐的目光及时发现动作做得较好的同学，让他们站在前面带着大家边诵边舞，激发学生的表演欲、展示欲。"脚手架"的运用可潜移默化地内化学生，让班干部在实践中掌握独立解决问题的技能，班主任退居幕后专任导演，并对班干部的初步尝试给予积极反馈。

拆除"脚手架"。班干部有了一定的独立解决问题的能力，班主任就要及时放手。如组织某活动，先让班干部谈谈自己的安排与策划，班主任听完做指导与补充。经过一段时间的锤炼，班干部摸索出管理经验，班主任可让独当一面的班干部分享管理经验，让班干部比学赶超，步步登高。

引入评价机制。金无足赤，人无完人，每个人都像一个被咬过的苹果，知不足才会更努力，才会有更大的提升空间。所以班干部的自我反省尤为重要。班主任可定期召开班干部例会，让他们分享总结各自好的做法，反思出现的问题，提出改进意见。但仅仅自我反思是不够的，没有监督的管理制度是不完善的。

为激励班干部不断进步，班主任还可以引入评价机制。定期对班干部进行民主评议，让他们在集体中找准位置，增强责任意识，提升履职能力。民主测评内容可分为两大块：一大块为工作态度，一大块为工作能力。工作能力可以细化为领导力和执行力、创新能力、沟通表达能力等。民主测评方式可采用自我评价、老师评价和学生代表评价的三维评价方式。自我评价比例不高于20%，老师评价比例不高于30%，学生代表评价不高于50%。

民主评议一定程度上能激发班干部的工作热情，提高班干部改进工作方式的自觉性，纠正平常处理班级事务的错误行为，化解与同学之间的小矛盾，形成更有凝聚力的班集体。

"五一"前一天，学校政教处通知各班利用最后两节课后服务时间进行清洁大扫除，包括教室和对应功能室。

中午的放学铃响了，五（1）班班主任周老师正准备到教室去放学，想利用放学时间简单说说下午的劳动任务。这时，班长关同学急匆匆地跑进来，汇报道："周老师，学校通知大扫除的事我们已经知道了，现在劳动委员正在班上布置任务，我来问您，您还有没有要特别交代的？"

"哦！比我还急呢！"周老师笑道，随即和关同学一起向教室走去。这时的劳动委员王同学已经布置得差不多了，见周老师进来，王同学简单汇报了一下："老师，我们收到通知后，已经利用下课时间和六个小组长商量好了。安排一、二、三组打扫教室，四、五、六组打扫科学实验室。我把这两个教室分成九个任务块：5个窗户5人，两个门2人，前后黑板2人，讲桌1人，四面墙4人，室外走廊1人，读书角1人，拖地2人，提水4人。刚刚各组组长已经让组员报名登记，每人认领了1个任务，还剩我和生病还没痊愈的李同学负责检查评比。您看还有没有什么特别交代的？"

周老师面带笑容，默许了劳动委员王同学的精细分工，暗暗佩服王同学的组织分配能力又提升了。下午的劳动时间到了，劳动委员一声令下，大家各自拿好工具跑向自己认领的任务点，有条不紊地干起来。再来看看同一楼栋的其他班级，他们才刚刚分配好任务，准备去打水，五（1）班的同学劳动都已经接近尾声了，不到半个小时，同学们就完成了任务，洗手回班了。

班长跑去请示周老师："老师，我们的劳动任务已经全部完成，劳动委员和李同学正在检查教室和科学实验室的打扫情况。"停了一下，接着说："老师，剩余的时间要不交给我们吧，让文娱委员来负责安排，我们班庆六一的节目想再商量一下，利用这个时间排练排练，怎么样啊？"

"准啦！你们是既劳动锻炼了身体，又娱乐了身心！"

放晚学前，周老师让劳动委员对这次劳动的完成情况进行总结，放学后又私下和劳动委员聊了聊："这次劳动安排得井井有条，全是你的功劳，组织协调得好，本学期结束，看来我们班要多评选几名劳动之星哦！"

"劳动之星！"王同学心里又在盘算，下次清洁大扫除该重点注意什么了。

从上面的案例可看出，班主任要大胆放手，班干部需要展示自己的舞台，我们就及时为他们搭建。领导力可以通过后天的培养逐渐习得，班干部的决策力、执行力和倾听反馈能力都是领导力的表现。

班主任扮演好引路人、摆渡者，培养班干部参与管理的积极性和创造性，增强班干部管理班级的自信、自立能力，增强班干部工作的责任感、使命感。从小培养他们的履职能力，积累经验，"滴水成河、粒米成箩"，成年后进入社会，能量会越聚越多，领导的能力就会越来越强。

（本节作者：华中师范大学附属惠州大亚湾第二小学　周霞）

第十五章 中学班干部领导力的培养

某中学将培养学生"责任意识"作为一项重要德育内容，学校提倡每个孩子都担任班级班干部。因为班干部职位有限，学校将学生分成了 AB 组，每学期按期中前后轮流担任班干部。但在实施过程中总有学生或家长提出不愿担任班干部，怕耽误了学习，或缺乏领导力，不是当班干部的料。

面对越来越复杂的社会分工，一个人的领导力、管理能力越来越重要，帮助学生在中学阶段树立正确的班干部价值观，加强学生领导技能的培养，很有必要。

第一节 中学班干部价值观的引领

价值观是人的行为导向，有什么样的价值观就会有什么样的行为表现。中学时代是学生精神发育的关键时期，价值观主要是在这一时期形成并影响终身。班干部在班级学生群体中具有重大影响力，无形之中影响着班级价值取向和精神面貌。由此，对中学班干部的价值观引领和塑造意义重大。班主任可以通过个别谈话、集体宣导、学科育人、教师榜样引领等多种手段加强对班干部的正确价值观的引领。作为班级管理者和模范者，奉献精神、正气品格、服务精神、团队精神是班干部价值观引领的重要内容。

一、弘扬奉献精神，做合格班干部

奉献精神应该成为中学班干部价值观引领的第一条。班干部既要搞好自身学习，又要协助老师做好班级管理，事情多，压力大，在兼顾好学习和管理之中，如果没有一颗奉献之心，别说搞不好班干部工作，就是在做不做班干部的问题上都会迟疑不决，就算决心做班干部，也会充满了权衡个人得失的功利之心。

"老师，我不想当班干部了"

我在班上设置了一个"学生班主任"的岗位，学生班主任担任学生精神领袖，在班主任和科任老师不在场的情况下行使班主任权力。学生班主任叫小埙，她是公开竞选上的，有威信，敢作为，学生们拥戴她。这样的学生班主任真正成为班主任的得力助手，让我这个还身兼行政工作的班主任省了不少心，原本以为这样完美的状态可以持续下去。结果有一天，小埙跑到办公室跟我说："老师，我不想当班干部了。"我很诧异："你不是做得好好的吗？"小埙一开始不肯透露实情，经过耐心的引导，她才说出了真实的原因。原来最近几次检测，她的数学成绩一直起伏不定，这让她十分焦虑，加上她的父母一直担心：做班干部就是在付出，而付出却很难在成绩上有所回报，所以班干部不如不做。我问小埙："你当初竞选学生班主任的初衷是什么？"小埙："我就是很喜欢我们班老师和这个班级，想为班级做点事。"我表示肯定："你说得很对，你做班干部的初心就是从爱出发，乐于奉献，从奉献中成就自我。"她听了我的话，认可地点点头。我帮小埙分析了成绩波动的原因，找到问题的症结不是在做班干部上，而是在数学学习心态和方法上，比如有畏难情绪，不愿意动脑思考，不愿意询问老师。我找到数学老师和数学课代表，把小埙的情况跟他们说了，他们都认为小埙为班级奉献了很多，他们也愿意帮她。我还多次跟家长沟通，强调担任班干部对学生成长的重大意义，赢得了家长的认可和支持。后来三年，在学生班主任小埙和班干部的默默奉献下，班级情况越来越好，小埙等既锻炼了领导能力，成绩也实现了长足进步。

二、培养正气品格，做敢为班干部

管理就是与人打交道，班干部作为小小的管理者，自然会遇到个性鲜明的同学和好或不好的现象。如果班干部在面对不良现象和风气时，缺乏拍案而起、挺身制止的勇气和正气，班级的歪风邪气就会渐长，好的现象、风气也会受到压制，班级制度就会逐渐松懈以至崩坏。所以，有正气、肯担当、敢于跟不良的现象和风气作斗争，这种正气担当的精神，应当成为班干部的必备品格。

在《正气歌》中学正气

刚接手701班，我就已经做好面对"狂风暴雨"的准备，因为这个班的特点是"尾巴长、调皮多、平均分低"，有几个赫赫有名的"调皮王"。科任老师被这种情况气得摇头叹气，而班上大多数同学对此不以为意。我找班干部和同学调研后，得出的结论就是班级缺乏正气精神，班干部没有正气，一些想学习想学好的同学也没有正气，于是正气不彰，邪气就旺。

我利用晨会午集晚小结和班会课的各种时机，大张旗鼓地宣扬正气精神，鼓励班干部和同学们敢于和坏的习惯、坏的现象作斗争。经过反复的思想教育和引导，一些班干部开始敢于管事。我还策划了一期德育活动："在《正气歌》中学正气"，开展了诵读、书写、观看视频、征集读后感、召开主题班会等系列活动，通过学习著名爱国诗人文天祥的《正气歌》，用经典作品引导全体学生养成浩然正气。系列教育手段实施后，班上的风气得到明显逆转，班干部在学生班主任的带领下，开始真正敢管事能管事。班上一批爱学习想进步的同学也开始改变以前漠不关心的态度，对一些不好的行为要么能够明辨是非、自动划清界限，要么敢于当面指出问题、维护良好的班级氛围。

三、增强服务意识，做"慧"管班干部

班干部参与班级民主管理，言之者为管理，实则为服务。许多同学在初做班干部时，对班干部的主要职能缺乏科学理性认识，简单地认为自己就是来帮老师管人的，但问题是，只会一味管人的班干部，很容易使"管理者"和"被管理者"之间关系紧张，不利于团结。因此，帮助班干部转变身份认识、提高班干部的服务意识就显得十分必要。

管理的智慧在于做好服务

我每学期都会在班上做一次针对班干部的民意调查，根据民意调查的数据来确定哪些班干部继续留任，哪些班干部要做留任还是换人的思想工作。我发现了一个奇怪的现象，班上专门负责管纪律、对小组进行加分扣分，也是最容易得罪人的纪律委员小鸿同学竟然多次获"群众满意度"第一名的位置，我对此感到很惊讶也很好奇，他是怎么做到的？是和稀泥，当老好人吗？带着这样的疑问，我与小鸿同学进行了多次谈话，其实他也说不清楚自己为什么这么受学生欢迎，不过我对他特别阳光、爱笑的样子印象深刻。在后面的持续观察中，我终于发现"门道"，他虽然是纪律委员，但在管纪律过程中，他从来不会大吼大叫，更不会颐指气使，别的同学随手丢了一个纸团，他看到就捡起纸团，笑着跟同学说"你这个要扣分哦"，同学只好心服口服。两个同学发生了一些肢体摩擦，他是先拉开同学，再笑着劝解正在气头上的当事方……原来他没有把自己只当成一个"铁面无私"的管理者，而是当成了一个微笑处理问题的服务者，果然还是"有笑才有效"！小鸿不仅在管理中用服务精神化解矛盾，还是一个勤快的班级"服务员"。有同学把瓶子打翻在地，他马上拿拖把来拖地；班上粉笔没有了，他主动跑到后勤去领；体育课上，他主动和体育委一起搬运体育器材；运动会上，他主动帮正在参加比赛的同学抱衣服……由此种种可见，这是一个特别有服务精神的

班干部，谁会拒绝一个这么有魅力的班干部的管理呢？

四、促进团队合作，做榜样班干部

管理不是为了制造对抗或引起裂痕，而是为了促进团结，提高班级整体向心力。一个优秀班干部，身上往往具有鲜明的团结力。团结力，首先是能够参与团队工作，与他人建立很好的合作关系，为了一个共同的目标齐心协力；其次是能够团结他人，让他人认同自己的目标，愿意配合和支持自己的行动和指挥。

在感恩教育活动中学会团队合作

我校每年秋季都会隆重举行"思源感恩节"，全体学生在校外教育基地进行为期五天的感恩教育活动。在感恩教育中，教官特别重视培养学生的团队合作精神和能力，开展了形式多样、精彩纷呈的团体竞比活动。竞比活动成败的关键是班级团队每个同学是否有团队精神，是否服从团队管理。在用软垫搭高塔活动中，高塔一次次塌败，学生们一次次重来，虽然一开始埋怨泄气，但在外力的激发下，他们展现了团结力，发扬了永不言弃的精神；在击鼓颠球活动中，活动要求均衡整个团队的力量，力求做到节奏一致，他们接受极限挑战，创造了团队奇迹……在一次次团体活动中，在一次次磨砺中，他们重新认识了团队的重要意义，学会了团队合作的精神。结营典礼现场，他们用成果、蜕变告知父母和老师这五天的满满收获。

（本节作者：武汉市光谷第四初级中学　陈小林、武汉市华师一光谷汤逊湖学校　石伟华）

第二节　班干部领导技能的培养

一、班干部领导技能的主要内容

班干部的领导力主要包括品德、态度、知识、能力四个层面。在我们心目中，具有很强领导力的班干部能够在人群中具有号召力，能够凝聚人心，能够敢办事，办成事，往往具有某些特殊的技能。比如具备一定的组织和协调能力、沟通和交流能力、实践和操作能力、团队和合作能力等。这些领导技能的获得，需要培养。班主任应该把班干部领导技能的培养放在非常重要的位置。

　　广东实验中学南海学校名班主任张玉石在首次班主任培训会上，以"即使是'阿斗'，也能扶起来"为主题，对新当选的班干部说："你们能够成为班干部，说明同学和老师非常认可你们的工作能力，我要恭喜你们！担任班委不仅仅是老师的助手和同学的引路人也会让你们的能力得到锻炼与提高。尤其是口头表达能力、组织管理能力、交际能力、自我约束能力和合作能力等。这些能力是步入社会，参与社会竞争，成为社会精英所必不可少的！你有了这宝贵的锻炼机会，一定记得珍惜它！因为不是所有同学都有这样的机会！"这位老师着眼于班干部能力培养，关注班干部领导力的提升，在首次班干部培训会上，为班干部成长指明了方向。

　　班主任在谋划班级建设和班干部领导力培养时，应思考以下问题：你的班干部会组织开班会吗？会安排工作吗？当众演讲时有人听吗？在你不在时，班干部会主动开展工作吗？班干部能否引导班级舆论？班干部的思考能否变成班级意志？班干部依据什么准则、方式工作？是基于帮助你和大家，还是基于只帮助你？

　　如果老师指定了班干部，却无指导、无讨论、无培养，可想而知这个班级会成为什么样子。班干部的领导技能既关乎班干部自身的成长，更关乎整个班级的和谐氛围和良好风气的形成。概而论之，班干部领导力培养，应重点关注四个方面的技能：第一是思想引领。班干部要能有很强的自律能力，要求别人做到的，自己首先要做到；要有奉献精神，敢于冲锋陷阵；要处事公平公正，看到事情的利弊得失；要有大局观，如此方能比其他同学见得多，见得长远。唯其如此，班干部在班级表达意见才有市场，班干部思想和意见在班级才能产生影响力。第二是严格执行。班干部具有上传下达的作用，要能够准确理解学校和老师的意图，明确执行标准，主动对接老师和学生，能够自我检查完成状态。第三是活动组织。班干部要能够策划活动，合理分配任务，在过程中监督促进实施，活动结束后有效总结。第四是有效沟通。有效沟通应该是班干部领导力非常重要的内容，班干部要有明确的对象意识和目的意识，能够有针对性地采取适当的方式展开沟通，有开展班级工作的标准用语，遇到意见不一致时能够正确应对，求同存异，寻求和解，达成共识。

二、班干部领导技能的培训课程

　　在一个班集体中，学生承担班干部职责，不仅意味着班干部要对自己的学业和成长负责，还要承担相应的岗位职责，要在集体中凝聚人心，提供服务，发挥积极作用。领导技能的获得与学生学习其他课程一样，也需要班主任制订明确的培养的目标，实施周密的培训计划。

　　建立班干部领导技能培养体系。班主任在制订班级发展目标时，应该把班级制度建设和班干部培养放在非常重要的位置，应该围绕班干部领导力的核心技能，制订完备的技能培养体系。

广东实验中学南海学校名班主任张玉石围绕班干部领导技能，设置了12节课。其中必修6节，包含职责、沟通、律己、执行、策划、组织等主题，选修6节，包含主动、高效、规划、合作、礼仪、中庸等主题，目标明确，内容全面。课程在全学段三年内完成，必修课程由班主任利用活动课和晚托时讲授，选修课请班干部从课程挑选3~5节最欠缺和急需要提高的方面作为培训专题。具体内容如下：

序号	培 训 主 题	培 训 目 标
1	职责：在其位，谋其政；任其职，尽其责（必修课）	培养班干部的岗位责任意识
2	主动：三班是我家，老师不在我当家（选修课）	培养班干部的主人翁精神意识
3	律己：要求别人的，我做到了吗？（必修课）	严于律己，树立班干部威信
4	高效：不是工作多，而是效率低（选修课）	学会高效工作法，提高工作效率
5	规划：凡事预则立，不预则废（选修课）	提高长远规划意识
6	执行：如何又快又好地完成老师布置的任务？（必修课）	提高执行力，保质保量完成老师布置的任务
7	合作：大河有水小河满，小河无水大河干（选修课）	班干部之间互相搭台，学会分工与合作
8	沟通：威而不怒，软硬兼施（必修课）	提高与同学沟通和协调的能力
9	策划：班级活动我做主（必修）	增强策划活动的能力
10	礼仪：不学礼，无以立（选修课）	懂礼节，明事理（家长会、科班联谊等情景）
11	组织力：有效组织和开展班集体活动（必修）	学会组织和开展班级活动的方法
12	中庸：执其两端，量取中间（选修课）	掌握量化考核的执行技巧

班干部领导技能培训要有针对性。班干部领导技能的培训应该针对班级特点和

班干部当前阶段表现的不足有针对性地开展。班主任应该明确班干部领导技能的短板，有针对性地设置培训内容，从而提升班干部领导技能。如班干部思想认识不足，就引导其深刻思考；如班干部工作方法简单、不会沟通，就传授其沟通技巧；如班干部执行任务不坚决，就督促其不折不扣完成任务；如班干部缺乏号召力、活动组织不当，就培训其组织力。技能培训不求全面，但是要针对实际问题。

培养班干部的主人翁精神

华中科技大学附属中学初一年级 3 班班主任发现，班干部能够按照自己的要求完成相应任务，但是工作比较被动，不能够主动承担。于是，班主任张老师以"培养班干部主人翁精神"为目标，在班上展开了"有哪些老师不在的情况的调查"，并与班干部围绕具体情境展开了研讨：

①老师没来上课，怎么办？②老师忘记布置作业，怎么办？③第二天要不要穿校服，老师忘记通知，怎么办？④考试时间不知道，老师没告诉，怎么办？⑤班里两个同学吵起来了，怎么办？⑥上课时，有同学和老师顶撞，怎么办？⑦马上要开始体育节了，你们应该怎么做？⑧教师节、冬至、元旦等节日时可以做什么？……

班干部领导技能培训要能够落实。班干部领导技能培训要落到实处，需要注意三点：一是目标明确，这个"明确"是学生明确，学生要知道培训是解决什么问题；二是要求适切，要针对学生年龄特点、能力水平、认知能力等，提出学生能理解、能操作的具体要求；三是路径明确，我们希望学生达到什么水平，在他们现有的基础上如何达到，要有具体的路径指引。

班干部工作流程图

河南省济源市第一中学秦望老师在班干部培训时大量运用班干部工作流程图。比如，体育委员管理跑操流程：第一步，第二节下课铃响，立即提醒大家迅速下楼（如有老师拖堂，体委要向老师举手打报告，要求下课。标准用语：对不起，老师，不好意思打断您讲课了，学校要求卡点儿到操场，迟到扣分受罚，我们现在可以下课吗？）班长"断后"督促。第二步，体委快速到达操场整以点名。第三步，体委带队跑操（过程管理、规范排面整齐，掌控跑操节奏）第四步，跑操结束，整队一分钟点评，即时反馈。流程配文字说明书。班干部明确标准和操作后，班级跑操管理有序，整齐规范。

三、班干部领导技能培养流程

首次指导，确立标准。班干部选定之初，班主任应针对学生特点，从思想认识、沟通技能、工作方法等方面给予指导，让班干部一开始就明确方向，确定标准。这种指导既有班干部领导技能的共性内容，也有针对不同岗位、不同对象的个性化内容。首次指导可以通过谈心的方式，让班干部坚定信心、明确方向，也可以进行案例研讨、情境设想等方式，给予学生具体指导。

班干部"一对一"培训模板

河南省济源市第一中学秦望老师针对不同岗位，安排了不同的培训问题。比如针对班长这个岗位，问题为：①怎样看待班长这个角色？②你喜欢这个职位吗？为什么？你还喜欢哪些职位？③如果有机会重选，你会选哪个职位？④你认为班长岗位职责是什么？你怎样自己培养自己？需要老师提供哪些帮助？⑤你在工作中出现的或可能出现的问题有哪些？⑥你怎样树立自己在同学中的威信？⑦你怎样培养自己的接班人？班主任围绕这些问题，让班干部明确：班长责任重大、需要自我教育、加强学习、灵活多变、树立威信、学会沟通等。

参谋引导，提升能力。班主任应该是班干部成长过程中的顾问，当班干部在工作中出现问题时，应该适时提供帮助，参谋方法，引导思考，指明方向，提升班干部领导技能；在班干部的成长之路上，应该时时处处关心，引导他们锻炼提升。

偶尔抽查，坚持精神。班主任在聘用班干部时，要用人不疑，让班干部放心大胆开展工作，领导同学们前进。但这并不意味着班主任就要放手不管，班主任应该时时关注班干部履职情况，偶尔检查，在班干部领导力欠缺的时候，适时介入，鼓励支持，提醒促进，让班干部坚持自省自查，不断改进。

给"老好人"班长上一节"清正"课

华中科技大学附属中学初三5班班长真诚老实，大智若愚，很有担当，深得人心。但有一次班主任周老师发现：临近午睡时，班长竟然默许学生在教室看电影。周老师发现后，面对主动认错的班长，及时给予教育：第一步，定性。行为本质是包庇。第二步，分析利弊。班长行为"牺牲自己"但是损害班级利益，违背学校规定。第三步，利用"期待效应"。告诉班长做领导需要有一颗为人民服务又踏实肯干的心，希望班长严格要求自己，将来走向社会做一个正直清廉的公仆，而不是徇私舞弊、滥用权力的人。经过教育，班长认识

163

到自己的错误，并表示会正确行使权力，为风清气正的班风贡献力量。

促进交流，总结反思。班主任要正视学生之间互相学习的本能，鼓励学生见贤思齐，主动反思。同时，班主任更应该搭建平台，组织班干部进行领导技能经验交流，具体案例研讨等，让班干部思维互相碰撞，甚至形成争辩，从未让真理越辩越明，让班干部主动总结，形成和强化正确认识，从而有效提升班干部领导技能。

（本节作者：武汉市光谷第四初级中学　陈小林、武汉市华中科技大学附属中学　张安）

第三节　培养班干部应该注意的问题

对班干部的管理是班级管理的核心工作，能够推动班级优良风貌的形成，有助于优秀班集体的建设。班干部是班级管理工作的得力助手，既能在学生中起到模范作用，又能够培养自身素质，使其具备适应社会发展的能力，实现教书育人的功能。班主任通过对班干部的选拔、任用和管理，充分体现出其管理育人工作的理念和方式，当前，针对培养班干部出现的问题，有如下几点值得注意：

一、选拔标准存在局限

首先，对班干部的选拔，单纯以学习成绩为主要标准。这种以学习成绩为导向的选拔机制，没有兼顾到注重学生的管理能力、道德品质、综合素养等。

其次，对班干部的任用，以教师指派任命为主要方式。这种任命方式单一，带有班主任个人主观色彩。此外，这种方式不够民主，无法兼顾全体学生参与班级管理工作的意愿，会伤害到部分同学，打击他们的自信心。班主任在选拔、任用班干部时，要注意面向全体，力保公平、公正，给全体学生提供参与竞聘班干部的权利，可以通过班干部竞选演讲、全班投票的方式产生班干部。在此过程中，要注重集合多方的力量，发动任课教师甚至家长参与其中，保障评价的客观、全面和公正，既杜绝"一言堂"，又防止过于放宽标准，完全以学生的意愿为主。

二、管理机制不够健全

首先，在班干部岗位的设置上，长期沿用固定的班干部组成体系，在管理过程中，更多将权利集中在诸如班长、学习委员、语数外等考试科目课代表身上，而忽略了对劳动委员、心理委员、文艺委员等班干部的培养，重视程度不够，不同岗位之间的工作量和重要程度不够均衡，学生对于不同班干部岗位的认知存在差异，认为班长、学习委员等岗位比心理委员、劳动委员更重要。

其次，班主任在班干部的培养上，往往呈现出"只重视选拔，忽略管理"，即选拔出班干部之后，便将工作交于班干部，既缺乏对班干部上岗前的"岗前培训"，也缺乏在后期对班干部的动态管理。

最后，在管理上，没有突出学生的主体地位，班主任充当着培养班干部过程中的主要力量，虽然任命了班干部，但是在各项管理工作中，仍然参与过多、抓得过细，而忽略了学生的自主管理能力。在对班干部管理条例的制订和评价上，没有让学生参与其中，没有做到"以生为本"，导致教师对班干部的管理权限过于集中，学生无法通过对自身的管理进一步强化对其所担任的班级管理职位的理解，体会到担任班干部的成就感，不利于班干部的全面发展和长期发展。

三、评价、激励方式单一

首先，对于班干部的评价，评价标准局限，将文化课成绩置于首要地位，忽略了对其思想品德方面的评价，当学生担任班干部后，出现学习成绩的下滑，即认为该生不适宜担任班干部的职位，对于班干部的考核没有设置明确的标准，在德、绩、体、美、劳等方面全面评价班干部。

其次，在评价班干部时，往往集中在学期末进行，忽略了学期过程中对班干部的考核和评价。评价的实施主体往往是班主任，指定某几位同学获得优秀班干部等荣誉称号，民主程度不够；或者采用学生投票的方式来选拔优秀班干部，缺乏班干部对自我的评价，评价主体不够全面。

再次，在对班干部进行评价后，激励的方式往往以物质化手段为主，如奖励文具或以"优秀班干部""三好学生"等荣誉称号作为奖励，而忽略对其精神层面的引领和激励。同时，对于班干部犯下错误时候的惩罚条例也不明确，甚至认为班干部有"豁免权"，使学生感到不公平。

总而言之，班主任在培养班干部的过程中，要建立起科学、公正、客观的选拔标准，丰富班干部的选拔方式；建立健全班干部的管理机制和保障机制，主动放手让班干部进行自我管理，树立起他们的班级主人翁的意识，创新班干部管理机制；立足培养学生的全面发展，尊重学生的个性差异，变革自己的育人理念；同时，完善对班干部的评价体系和激励政策，确定班干部的评价制度，促进班干部管理工作的长期发展和全面发展。

（本节作者：武汉市光谷第四初级中学　陈小林、华中科技大学附属中学　李晨媛）

第十六章 中职学校学生领导力的培养

荣获 2021 "新时代好少年"光荣称号的小王，是海南省农业学校 19 烹饪大专海职班学生。他从小对餐饮行业有着浓厚兴趣，考入海南省农业学校后，进行系统的烹饪专业学习。先是学习雕刻后转入面点，虽然进入面点组时间晚，但他肯学、肯拼、肯下苦功，每天课后都要给自己增加练习任务，周末也是如此。因为勤奋，他的面点技艺进步飞速，获学校"包子王"比赛一等奖、海南省烹饪技能大赛面点项目三等奖。"弘扬工匠精神，争做行业小能手"是他的目标，他对梦想的执着与坚持影响带动了身边人。

中职学生正处在人生成长的"拔节孕穗期"，生理和心理逐渐成熟，具有自我意识觉醒、思想活跃、自我约束能力较差等心理特点，需要精心引导和栽培，他们同样具备领导力发展的潜能。将学生领导力引入中职学生综合素质培养体系，对于培养高素质技术技能人才、培养担当民族复兴大任的时代新人具有重大战略意义。

第一节 在专业课堂教学中培养学生领导力

2022 年 5 月 1 日，新修订的《中华人民共和国职业教育法》颁布实施，从国家层面和法律层面对职业教育进行了类型定位：职业教育与普通教育是两种不同类型的教育，具有同等重要的地位和作用。职业教育的根本任务是培养国家和经济社会发展需要的高层次技术技能人才，职业性是它的第一特质，这就决定了中职学生的培养更加注重专业知识与技术相结合。课堂教学是人才培养的主渠道、主阵地，中职生的专业课程占比达 70%，多在实训室、实训车间开展，教学模式主要以理实一体、任务驱动、项目实践操作为主。在专业课堂教学中培养学生领导力，要求各类课程要以符合自己特点的方式，建构有效路径，教师在教学内容、教学设计等各个环节中要有机地融入职业素养、团队建设、企业管理、合作创新等领导力知识，在小组合作学习中培养学生的沟通、协作能力，达到春风化雨、润物无声的育人效果。

一、在专业课堂教学中渗透领导力知识的学习

"育人"先"育德"，注重传道授业解惑、育人育才的有机统一是我国教育的优良传统。教育部办公厅《关于加强和改进新时代中等职业学校德育工作的意见》指出：充分发挥思想政治课的关键课程作用，在其他公共基础课、专业理论课和实习实训中渗透思想政治教育内容，形成协同育人效应，构成学校思想政治教育的一个完整体系，实现知识传授、价值塑造和能力培养的多元统一。

在专业课堂教学中渗透领导力知识的学习，要求教师要在教育中积极探索实质性介入学生个人日常生活的方式，将教学与学生当前的人生遭际和心灵困惑相结合，有意识地回应学生在专业知识学习、专业技能实训、职业生涯规划中所遇到的真实问题，培养学生的参与意识、使命意识、担当意识，提升学生优化自我领导力和团队领导力，在学生心智深处播种领袖、组织者、影响力等意识和理念。主要通过以下几点进行切入：

1. 在提升教师素养上

教师行为是影响中职学生自我领导力的关键因素，教师与学生间关系融洽，关心学生并给予适当的鼓励，对有助于中职学生更准确地认识自己和克服困难建立自信，对自我领导力发展有积极作用。同时，加强教师自身领导力思想理论学习，注重教师领导能力的锻炼与提升，分区域、分学科专业领域开展领导力思政育人典型经验交流、现场教学观摩、教师教学培训等活动，确保领导理念在课堂教学中有效渗透，能促进学生对专业知识体系的良好感知，让学生体会到领导力的魅力与学习需求，在内化知识的同时收获领导理念的精神食粮，走向"知识与精神"交汇相融的双赢甚至多赢的发展空间。

2. 在丰富课程内容上

以专业为基本单元制定课程思政建设方案，将领导力思想知识与职业教育的劳模精神、劳动精神、工匠精神、职业精神紧密结合，深挖每门课程的领导力教育元素，全面融入人才培养方案和专业课程，贯穿教师备课、上课、听课、评课各个环节。充分利用"互联网+领导力提升"线上线下学习渠道，拓宽学生领导力学习渠道，丰富领导力学习内容。

3. 在优化教学过程中

专业课堂教学中坚持学生为主体，教师为主导，不断优化教学设计，制定特定的课堂环节，有意识地培养学生领导力。如把某些教学内容划分为多个专题，让每个学生都有参与展示的机会，提升学生自信力和表现欲；开展小组合作探究学习，每个小组有组长、记分员、安全员、8S管理员等多个岗位，各成员间分工协作，线上线下完成学习任务，这样有助于学生在深度参与学习和同伴相互讨论激发的过程中，促进学生的创造力、团队合作、人际交往、决策能力的发展和提高。也给了

学生展示领导才华，发挥领导才能的机会，一举两得。

4. 在完善课程评价上

坚持发展评价、过程性评价、结果评价相结合，构架融合教师、学生、家庭、企业、社会等多元课程评价体系。注重学生体验式的提升领导力评价，要求学生在专业课堂学习和专业技能实训中积极参与，与同伴完成工作任务。开展学生自评互评，注重同伴支持和榜样作用对领导力的积极影响，促进中职学生取长补短，刺激自身领导力发展。引进企业评价，关注职业知识技能和职业规划能力的培养，让学生在做中学、做中悟。

二、在小组合作学习培养学生的沟通、协作能力

开展探索与合作交流是学习的重要方式，由于学生的家庭背景，成长经历，和思维方式的不同，开展小组间的合作学习，能够实现优势互补，培养学生的沟通、协作能力，促进知识的建构，给每一个学生创造主动参与学习过程的机会，促进学生的个性发展，潜移默化地培养学生的领导力，实现教育工作中的润物细无声。

"学（做）案四段式"的小组合作学习

当阳市职业技术教育中心践行"自主、合作、探究"课程理念，结合学校实际实施"学（做）案四段式"教学模式，即：①预习前置，②合作探究，③展示质疑，④小结拓展。

20 级护理班学生从入校起就采用了"学（做）案四段式"教学模式，按照组间同质、组内异质进行分组，组内设置有小组长、记分员、8S 管理员等不同职位，满足学生的岗位能力成长需求。课前，同学们根据教师的安排线上线下完成预习，课堂上以小组为单位合作进一步完成学（做）案，组长具体组织，充分发挥小组合作学习的优点。

刚开始，同学们面对新的课堂环境显得不够自信、紧张局促、无所适从，但在老师的引导下，同学们开始在小组学习中大胆交流探讨问题。通过小组合作交流，实现"兵教兵"，最大限度地解决本组同学在自学中遇到的问题，达到优秀生巩固、中等生掌握、学困生了解的程度。尤其在护理技能操作学习中，大家轮流操作展示，向同学们讲解注意事项和操作小技巧，加上同学间的互相评比和教师适时点拨，整个课堂氛围热烈，同学们也从一开始的口述忘词、心肺复苏不敢按压、面对人体模型紧张无措等，提升到为人人到都能自信流畅的完成操作展示。小组合作学习让同学们变得乐于学习、敢于尝试、文化知识和专业技能掌握更加牢靠，在技能高考中，学校护理专业的本科上线率多次名列湖北省前茅。

"学（做）案四段式"教学模式的课堂，体现了学生全员参与、全过程参与、全身心参与的局面。同学们在组内互学中交流碰撞，在班级群学中展示对抗，在教师点拨中释惑升华，语言表达能力、板书设计能力、沟通协作能力、合作探究能力、质疑解惑能力等方面有了明显的长进，促进学生的个性发展。

小组合作若操作不当，也易出现"包场"现象。中职生之间差异性较大，有的同学学习不够主动，在合作学习中，易出现小组优秀者包揽全场，而成绩不好、腼腆拘谨的学生成了"看客"。尤其在专业实操中，有的同学积极实践，勇于尝试，而有的同学完全游离在外。这样挫伤了整个小组的学习用心性，使参与流于形式，不能真正发挥每个学生的主体作用，导致学习成绩两极分化严重，因此应注意以下几点：

一是千方百计使所有学生"动起来"。坚持从课标要求、教材、教学条件和学生实际出发，精心设计过程，构建有利于激发学生积极情感的教学环境，让所有的学生"动"起来，创造欢悦的气氛，提供一切可能诱发兴趣的条件，使学生提高兴奋度，增强求知欲。让学生积极思考、主动探索，竞赛、提问、讨论、交流谈话、音乐动画、网上查询、问题答辩等，学生兴趣盎然地学习，主动去沟通，有和他人合作学习的欲望，汲取知识，发展智力、培养沟通协作能力。

二是合理分配小组。为保证组内成员的互补和组间的公平竞争，一般遵循"同组异质、异组同质"的原则来分配每组的成员，在组内，合理分配小组任务，根据学科和班级日常管理分配不同的小组长，设置多个岗位供成员选择，不同任务目标也由不同组员来主导，使人人都能参与小组的管理、学习，不做"旁观者"。身份的转变会让学生心态转变，为了目标的达成，学生就会主动去加强成员之间的沟通交流，这样就会自然而然地培养了学生的沟通协作能力。

三是让学生有快乐学习的体验。要创造条件让学生获得成功的喜悦，尝到学习的"甜头"，体会到学习的快乐，从而逐步养成自觉主动学习的习惯。设置问题情境，引导学生合作实验探讨，生生相互讨论交流，分析形成结论。使学生学习兴趣浓，自主空间大，广开思路，使学习成为互助探究的快乐过程。

三、在"理实一体化"过程中锻炼专业技能和领导力

在产教融合校企结合的大趋势下，"理实一体化"是很受欢迎特别是中职学生欢迎的教学方法。即理论与实践相结合。在教学中，理论和实践交替进行，理中有实，实中有理，教、学、做融为一体，突出学生动手能力和专业技能的培养，能充分调动和激发学生学习兴趣，促进学生专业技能的提高，并更好地满足市场对技术技能人才的需求，符合职业教育培养目标。在"理实一体化"过程中，学生可以通过以下几个方面来练就过硬的专业技能：

（1）积极参与实训实习活动，如进企业顶岗实习、参加技能大赛、课程设计等。将理论知识应用到实践中，加深对专业知识的理解和掌握。

（2）通过自主学习来不断扩展自己的专业知识面，掌握最新的技术和技能。通过阅读相关书籍、文献，参加学术讲座等方式来获取最新的知识和信息。

（3）积极参与团队合作，与其他学生一起完成实训实习任务。这可以培养学生的团队协作精神和沟通能力，同时也可以学习到其他同学的优点和经验。

（4）在实践中遇到问题时，积极思考和分析，寻找解决方案，培养创新思维和解决问题的能力。

在"理实一体化"过程中，练就过硬的专业技能和学生领导力的培养是相辅相成的。通过积极参与实践活动、自主学习、团队合作、解决问题能力等方面的培养，可以提高学生的综合素质和职业技能，同时也可以培养学生的领导力和团队协作能力，为未来的职业发展打下坚实的基础。

（本节作者：当阳市职业技术教育中心　邓广青、文曼）

第二节　在学生社团活动中培养学生领导力

中职教育不仅是一种技术教育，也是一种素质教育，中职学校要满足学生德、智、体、美、劳全面发展的要求，就不能忽视学生社团建设工作。与此同时，市场经济的快速发展为从业人员提供了更好的就业前景与更多的就业选择，也带来了更多的就业挑战。因此，中职学生需要掌握职业领导力，提升自身就业潜力，而培养中职生领导力仅靠课堂所学的理论知识是不够的，还需要借助实践活动。学生社团作为教育的一种载体，发挥着一定的育人作用，可以借助学生社团活动，引导学生在活动中不断完善自我。什么是社团？在学生社团活动中如何培养学生的领导力？这是本节需要讨论的问题。

一、社团活动是培养学生领导力的广阔舞台

社团，是社会团体的简称，学生社团作为社团的一种，有别于其他社团，在《中国大百科全书》上是这样阐述的："学生社团是中等学校和高等学校学生在自愿基础上结成的群众组织，这些社团可以打破年级、系科以及学校的界限。兴趣爱好相同的学生，发挥他们在某方面的特长，开展有益于学生身心健康的活动"。

中职学校的学生社团是指由各年级学生按照自己的兴趣爱好自愿选择，参与一些有益于身心发展、技能提高等的学生群体组织，是学生联系学校以及社会的桥梁和纽带，是提高中职学生综合素质的重要载体。参与社团活动在中职学生的校园生活中是必不可少的一部分。基于中职学校以及中职学生的特点，中职学校的社团活

动具有以下特征：

1. 活动自发性

中职学校中的学生社团首要的特征就是自愿，即学生是在自身的兴趣爱好基础上自发组织与选择的，而不是学校进行的强制性活动。它不需要到有关机构办理登记造册等烦琐手续，只需在校内申请备案就可以。社团内成员的加入也完全是自愿的，所举办的各种活动也是学生在学校允许范围之内自发组织、自愿参加的。这种自主选择性，是社团活动吸引学生广泛参与的根源。

2. 种类多样性

中职学生的特点决定了他们的思维比较活跃，学生性格特点的差异性导致学生的兴趣爱好各有不同，因此中职学校学生社团种类繁多，大致可分为综合社团和专业社团。综合社团广泛结合学生的兴趣爱好给学生提供全面发展的机会，如手工社、摄影社等；专业社团紧密联系学生所学专业为学生的专业发展提供有益的补充，如心理学社、ETCS 英语精英社团等。

3. 组织领导性

社团的运作必须依靠完善的内部组织机构和社团章程，执行机构成员一般包括社长、副社长、宣传干事、组织干事等，他们组成了社团的领导团队，负责社团的日常管理，与学校社团管理部门（中职学校一般为团委）保持密切的工作联系，每学期开学向学校递交学期工作计划，每项活动须向学校提交活动方案和活动小结，学期末有书面总结材料。这些任务的完成离不开团队的通力协作，也离不开社团每名负责人各负其责，在工作中不断培养自己的领导力。

　　长沙财经学校英语教研室中国故事精英社团（简称 ETCS 英语精英社团），该社团坚持以社团成员展示为特点，以"讲好中国故事、传播好中国声音"为宗旨，以培养中国灿烂文化的传播者为己任，给大家带来了一场场文化大餐。第一期活动由副社长小谭主持，主题为"中国古代四大发明"——造纸术、指南针、火药、印刷术。第二期活动由社员小彭同学主讲，主题为"中国新四大发明"——高铁、共享单车、电子支付、网上购物。在老师的指导和社长的组织下，学生分组制作 PPT 和文稿，让社团成员一起学讲中国故事。ETCS 英语精英社团活动，不仅提高了学生的英语素养，而且极大地培养了学生的领导力。

　　基于 ETCS 英语精英社团活动的特征，我们可以看到社团有利于培养集体荣誉感与团队合作精神，提升学生的专业能力，社团的每一次活动离不开组织者和主持人，因此每个社团在成立之初都会建章立制，设置社长、副社长以及社团干部。这部分表现优秀的学生在社团活动组织中会慢慢发展为团队领袖，成为社团榜样，由此可见社团活动是培养学生领导力的广阔舞台。

二、在社团活动中培养学生的领导经验与领导技能

中职学校学生社团以丰富的资源为载体开展系列活动，在中职生中广受欢迎。学生们可以根据自己的兴趣爱好来选择喜欢的课程进行学习。精彩纷呈的社团课程，挖掘了学生潜能，丰富了校园生活，为校园带来了欢声笑语的同时，也为同学们打开了兴趣大门。社团活动不仅提升了中职生的眼界，还强化了他们的信息获得、处理、提取的能力，着重锻炼了学生领导力。

> 长沙财经学校社团联合会简介：社团联合会领导班子全部由学生组成，本着"以服务社团为主、管理社团为辅"的宗旨，全面继承校园文化精神，结合我校实际，让学校所有社团活动做到"整体一盘棋"。力争将规范化，精品化的社团推向新的发展阶段。社团联合会是一个大家庭，加强团队合作意识是社联每个人的责任。每个成员都是社联重要的一分子，应以集体利益为重，树立创新意识，积极思考，勇于探索，敢于挑战传统的思维模式，去实践各种新理念，创造性地开展工作，尽最大努力独立发挥个人力量，并且敢于为自己的行为后果承担责任。

通过这份社团联合会简介，我们可以看出，社团的每个岗位都可以使学生得到锻炼，培养了学生的领导经验与领导技能，主要表现在以下几个方面：

1. 通过社团活动培养学生的合作交流能力

一个社团的运行离不开社团成员的协同合作与交流沟通。无论是在社团的组建、管理方面，还是在社团活动的计划、准备、实施及总结的过程中，都少不了成员之间的沟通与交流。而且社团还可以借助各种活动的开展为社员积极创造联系彼此的机会，社团成员有机会参加学校组织的校外观摩活动，拓宽了他们人际交往的渠道，如此一来，学生的合作交流能力就会得到培养。

2. 直面社团活动中的矛盾冲突，提升学生解决问题能力

社团在开展活动时，从策划到经费，从场地到设备，从时间节点到成员分工，这些问题的解决，需要全体成员的共同参与，因每个人的想法不一致导致社团内部的矛盾和冲突时有发生，例如，有的社团成员抱怨任务太重，有的社团成员缺少责任心没有很好地履职，出现始料不及的突发情况等，这些都会使社团成员出现摩擦、矛盾和冲突，但最终还是要心平气和解决问题，确保社团活动顺利进行。在此过程中，学生解决问题的能力逐渐得到提升。

3. 搞好社团活动总结与反思，锻炼学生自我学习能力

为确保社团健康发展，提升社团活动品质，学校一般会在期末对每个社团进行

考核和评估，考核内容包括社团的内部建设和社团的日常管理等，这就需要社团做好文件、资料、图片的收集、整理和归类，这是学生进行自我总结、自我反思、取长补短、共同进步的大好时机，在此过程中，社团成员自我学习能力便得到了很好的锻炼。

4. 在社团活动中训练学生信息处理能力

社团成立后，社团成员都有参加社团活动、发表个人意见、对社团的管理和活动提出合理化建议的权利，也有义务配合学校和指导老师完成各项工作。为了更好地享受权利并履行义务，他们常常需要与社团其他人共同完成一份能执行、可操作、有创意的活动策划方案。随着信息技术的发展，办公自动化已经成为一种趋势，因此在制定方案的过程中，学生需要学习收集、存储、解码、提取、应用等信息技术，这就在无形中强化了他们的信息处理能力。

5. 通过社团活动促进学生产生创新思维

学生社团通常是由不同专业以及不同年级的学生共同组成，这就使学生社团具有多种知识聚合在一起的现实条件，每个人利用所学专业和自身特长，以社团为媒介进行学术探讨、技能切磋等头脑风暴，进而产生新的想法和创意，训练他们的创新思维和超前意识。

（本节作者：长沙财经学校　周丽君）

第三节　在校企合作中培养学生领导力

职业教育校企合作是政府、行业组织、企业和职业院校的共同责任，是构建现代职业教育体系和服务经济社会发展的国家战略需要。校企合作是培养学生领导力的重要途径。职业学校要积极走访、深入企业，实现每个专业与3~5家企业紧密合作，共同制订专业规划、课程设置，进行双边多边技术协作，实现共建共管。同时，职业学校要注重将社会主义核心价值观、现代企业优秀文化理念与学生个人职业生涯规划相融合，贯穿人才培养全过程，不断拓展校企合作广度和深度，共商强专业、育能人之计。

一、在校企合作中培养学生创新创业能力

创新是一个民族进步的灵魂，是一个国家兴旺发达的不竭动力。职业教育作为类型教育，肩负着为国家培养具有创新创业能力的人才的重要使命。近年来，学校在校企合作中尤其注重学生创新精神和创业实践能力的培养，也涌现出一大批自主创业、技术创新的优秀人才，为宜都经济注入新的活力。

1. 自主创业，成为乡村振兴的领头羊

领导力的重要表现之一在于做决定、把方向，因此须具备高瞻远瞩的卓越见识和果断的决断能力。目前，国家大力鼓励和引导全民创业，提出要把创业精神培育和创业素质教育纳入国民教育体系，实现全社会创业教育和培训制度化，基于此，学校从校企合作入手，将学生领导力的培养和自主创业相结合，为宜都乡村振兴添砖加瓦。一是建立订单培养协同育人机制。学生入学前，校企双方共同签订订单协议，合作策划招生办法，学生自主选择是否参与，成立订单班。二是教学实施过程中，学校和企业对订单学生进行跟踪培养，共同制定及完善人才培养方案，使学生具备的知识和技能与企业的职业岗位要求"无缝"对接。

永鑫精工是全国 PCB 专用刀具圈里的著名企业，学校与其签订协议，定向进行订单培养。2022 年 5 月 25 日，学校为 2021 级 49 名机电专业学生举办"永鑫订单班"的开班仪式。学校优秀毕业生、永鑫精工董事长汪万勇介绍了公司发展现状、前景以及优秀的企业文化，鼓励同学们像他一样能在实习中锻炼自己的领导能力，自主创业，为宜都经济发展贡献自己的力量。

2. 提升技能，成为技术创新的开发者

学生在实习过程中，学校和企业特别注重培养学生的创新精神。鼓励学生结合自身所学专业技能，积极参与企业的技术创新，勤于思考，勇于实践，为企业发展提出合理化建议和改革，助力企业提质增效。

2020 级计算机一班的小陈、小张等同学在岗位实习中，同本土企业蛮聚宜电商有限责任公司紧密合作，联合开发"聚宜好物"微信小程序，用图片、文字及视频方式推介宜都村镇，上架本地特产农副产品，并通过直播带货等形式，提高平台关注度和消费率，为该平台完成销售近 2 万件，销售总额近百万元。让学生真正学到了电商经营的技巧，体会到了知识技术的力量，为他们人生的发展奠定了坚实基础。

二、在校企合作中培养学生沟通协调能力

沟通协调是一种技巧，更是一种艺术，是领导干部必须具备的重要的、基本的能力，要长期加强理论学习，提高自己的素养，更要在实际工作中学习和实践。为了在实践中更好地提升自身的沟通协调能力，学校在校企合作中深度融合、科学制定学生实习制度，为学生沟通协调能力的培养创造良好的平台。

1. 实习招聘搭平台

自 2021 年以来，学校连续两年成功举办应届毕业生岗位实习校园招聘会，邀

请东阳光等 20 多家本地企业到校招贤纳士，为每个岗位的实习学生提供至少 3 个可选择的实习岗位。在招聘会上，宜都市委人才办的人才服务专员将宜都出台的人才新政落地宣讲，帮助毕业生合理做好职业选择，增强学生们家门口就业的信心和决心。2022 年，12 家企业招聘人员与 405 名学生积极互动，双向选择，避免捆绑式摊派，实现选岗选人自由，校企供需双赢。学生和企业面对面交流沟通，既实现各取所需，又为培养学生的沟通协调能力提供了平台，让学生在实践中提升自我。

2. 团队合作练能力

学生实习以团队为单位，每个企业每个部门分别成立一个小组，每组设定小组目标和小组规则，各成员进行职责分工，相互合作，相互沟通，力争达到小组目标，获得最优小组。2021 年，助力宜都全鑫公司成功通过宜昌市首批产教融合型培育企业认定。同时，对《职业学校学生实习管理规定》《学生实习管理办法》《实习学生管理细则》等各项学生实习相关规章制度提出建设性意见，进一步强化对学生实习期间的安全监管，做到实习学生不脱离学校，带队教师全程监管，确保学生安全有序、学有所得。

3. 调研座谈促思考

实习前，学校各专业负责人和学生代表组成调研小组，在校领导的带领下，深入市内规模企业寻策问计，共同商讨制定专业人才培养方案和学生意向企业；实习中，企业、学校、实习学生定期举行三方座谈，精准了解学生岗位实习情况和意见，协调企业查缺补漏，共同解决实际问题；实习后，每位学生进行实习总结并对优秀实习生进行奖励并将其事迹在学校广泛宣传。

在多次企业调研中，湖北三宁化工股份有限公司高级技师陈拥军建议我们，"未来要着重培养复合型新型化工人才，为宜都市化工产业发展储备人才"。学校于 2020 年恢复已停办 10 多年的化工专业，并根据市场需求，侧重于仪器仪表操作、设施设备维修维护方面。在实习座谈中，2020 级化工专业学生小杨道出了自己的心里话，"现在宜都化工企业发展较好，我想毕业后找一份离家近的工作，再加上现在化工企业环保工作做得好，环境非常好，所以我想努力在实习中学到更多。"正是有很多像他这样想法的学生才让我们的化工专业如此火爆。校企合作的深度融合，效果明显，培养了一批技术过硬的优秀化工人，在学校、企业专家的帮助下，我校小陈、小刘、小李三位同学荣获 2022 年全国职业院校技能大赛中职组化工生产技术赛项团体三等奖。

（本节作者：湖北省宜都市职业教育中心　谢霜、杨书宇）

第十七章　班级小组长领导力的培养

　　某重点高中的微信公众号刊发了一篇《班级领军人物风采》。其中不仅有各班的班长、团支部书记，而且有小组长、科代表。这些同学的照片、职务、成长感言，焕发出蓬勃的青春气息。这表明，在这所高中，小组长也被认为是"领军人物"。"海水不可斗量"，现在担任"小组长"职务的学生，前途无量。从班级管理实际看，小组长在班级管理过程中起着不可或缺的作用。小组长得力，小组就好。小组好了，班级也就好了。

　　班级是学校的细胞。班级好，学校就好。对一个班级而言，小组长得力，小组就能管好；各个小组管好了，班级就能管好。班级小组长虽然是学生中的"芝麻官"，但是从整个学校的小组长群体来看，就是一股非常重要的力量。激发每个班级中的小组长的领导力潜能，促进他们带领自己的组员一起进步、快乐成长。如何培养小组长的领导力？从哪些方面来提升小组长的领导力？这是本章要研究的问题。

第一节　用发展的眼光看"小组长"

一、"小组长经验分享会"的启示

　　中小学每个班级都有小组长。关于小组长领导力的培养，可能有人会以为是"小题大做"。就拿小学低年级的学生来说，年纪那么小，谈领导力的培养是否为时过早？某小学的"小组长经验分享会"，或许能给我们一些启示。

"特色达人——我的团队我做主"小组长经验分享会
湖北省当阳市河溶镇官垱小学　邓夏静

　　我们学校是一所偏远农村的"麻雀"学校。四年级只有一个班。班上大多数孩子是云贵川地区移民过来的，大多是留守儿童。有些孩子身上还是有闪光点的，于是，一批学习成绩不突出但其他方面却各有所长的"特长达人"

系列小组长诞生了。

小杰是班上男生中调皮好动的灵魂人物，他的一分钟跳绳特别厉害，一分钟能跳 150 多个，所以被一大批同样好动的孩子"膜拜"。在"跳绳达人"小组成立后，他组织组员利用课余时间练习快速跳绳，还在小组内开展小型比赛，来检验组员们的学习成果，谁要是能赢过他，就能获得小组值日当天管理全班午休纪律的权利。要知道这样的"权利"可向来都是班长、副班长等班干部才有的呢，现在，调皮孩子也有机会了，班风明显好转。

小文是个乒乓球迷。"乒乓旋风"小组成立后，规则之一就是必须要先完成作业才能去练球，而且小组内一人作业没完成，其他人都不能去。所以，每节课后的十分钟休息时间都能看到小文伏案疾书，不仅如此，整个"乒乓旋风"小组的组员也在他"严苛"的监督下，不敢再拖交作业。

小欢在介绍促成小组"团结合作"的小妙招时抛出一个问题：如果小组内总是有人喜欢因为小事而争吵，怎么办？小组长们各有见地，有的说"要学会忍让"，有的说"要心平气和地去沟通，解决矛盾"，还有的说"要多记住同学的好，做一个懂得感恩的人""小组就是一个班级的小家，家人之间要互相关爱、互相理解，这样才能感受到'家'的温暖"……

上述案例给我们几两点启示：一是案例中的小学生很重视怎样当好小组长；小组长能感受到担任小组长的责任与自豪；二是这些小学生能分享小组管理的经验，激发领导力的潜质。

很多关于领导力的专著都表明了这样的观点：领导力不是少数天才人物的特权。普通人也可以通过培养、锻炼产生领导力。事实上，即便是小学一年级的孩子，对"领导"现象也不陌生。既然班级由小组组成，作为组员就要服组长的"管"。小组长的管理能力，就是一种小范围的领导力。从发展的观点来看，现在的小学生，长大后一定会有人进入一定范围、一定层次的管理。从小学起就培养他们的管理能力，为他们将来的领导力打好基础，是很有意义的事情。

天空中高飞的雁群以 V 字形编队飞行，其中的领导权时有更替，不同的雁轮流掌握领航权。不论同伴们飞往何处，每只雁都能负责行动中的某一部分，依情势所需变换角色。当任务转换时，雁群们即调整任务结构以适应新情况，就像是它们以 V 字形飞行，但是以波浪形方式着陆。每只雁都会担任"领导"之职。

如果将小组长的培养与"立德树人"的根本任务、与学生核心素养培养联系起来，不难看出，培养小组长的领导力，是立德树人的一个重要抓手，也是培养学生核心素养的一个重要渠道，是在学生心目中"播下领导力的种子"。培养小组长领导力是可以而且应当予以研究的课题。

二、提高学生对小组长工作的认识

提高学生对小组长工作的认识，是培养小组长领导力的前提。内因是事物变化的依据，外因是事物变化的条件，外因通过内因而起作用。只有小组长自己对工作的意义有比较充分的认识，才能产生提升领导力的内在动力，积极主动地去承担责任、开展工作。为此需要做好以下几点：

营造小组长受尊重的氛围。如果是起始年级，班级新组建时，学生之间不熟悉，可以先由班主任任命小组长。一段时间后，学生相互之间有了初步了解，就可以通过推荐、自荐、竞选等方式来产生小组长人选。通过公布竞选条件、组织竞选让小组长获得受尊重的体验，也让学生懂得，小组长是老师、同学推荐的，是通过民主选举产生的，是受到重视、受到尊重。能从几十名同学中脱颖而出，说明得到了老师和同学们的信任，由此感到光荣与责任。

进行岗位培训。对于小学低年级来说，在班级刚建立时小组长是"小白"。班主任老师得一手一脚地"牵着走"。班级成立后，学校要及时组织小组长进行培训。培训以小组长会议、小组长经验分享会、小组长去兄弟班观摩等形式进行，让学生感受到自己对班级的责任，积极参与到小组长竞选活动中来，愉快地担负起小组长的工作。对于初高中的学生，新担任小组长后，也应采取多种方式进行培训。培训的形式应当富有"仪式感"，培训的内容应该更侧重于思想方法、工作方法的引导。

让学生明确小组长的地位与作用，为自己担任组长而自豪。小组长是小组的带头人，是组织小伙伴们一起成长的"核心"。小组是班级的细胞，每个小组的情况都关系到班级的整体水平。小组好，班级才会好。组长的领导力，实际上就是对小组成员的组织力、影响力。能否组织和带动组员步调一致地参与班级活动，小组长起着非常重要的作用。

帮助小组长明确工作的意义。懂得这项工作的性质是为同学"服务"，是光荣、快乐的事情，也是一个锻炼能力的机会。"万丈高楼平地起"，现在学会在班上担任小组长，长大以后走向社会，就可以在很多管理岗位上发挥才干。

小组长是未来社会领导者和管理者的预备队。现代社会需要会沟通合作的人、需要有责任感的人、需要善于组织和管理的人。很多企业在招聘条件上都明确注明"学生干部优先"。这是因为企业更青睐那些既掌握文化知识，更拥有好品质、高能力的人才。有学生干部的工作经历，在与人共处、沟通、奉献精神、服务他人、影响他人等方面，会有更丰富的经验。所以，组长们要利用现在担任小组长的"实习"、锻炼的机会，促进自己成长。

对于当选上小组长的同学，学校、班级以喜报、班级图片新闻等形式告知家长，进一步增强小组长受尊重的体验。增强对小组长工作的责任感、使命感，激发搞好工作的内动力。

通过岗位培训，帮助小组长克服畏难情绪，树立工作信心。增强小组长的责任意识，增强搞好小组工作的自觉性、积极性、主动性，这是小组长从"小白"到优秀的内部动力，是最根本的成长动力。

（本节作者：当阳市玉阳中学　金新宇）

第二节　提高小组长组内常规管理的能力

一、小组内常规管理的主要内容

班级小组长的主要工作职责：一是组内常规管理，二是小组的课堂学习管理，三是进行评价。

小组长产生以后，要尽快指导小组长开好第一次小组会议。会议的内容包括：制定组名、组训、小组公约、小组目标、小组分工等。通过这一过程，初步统一小组成员的思想，帮助小组长树立小组"核心"的形象定位，培养小组长的责任与担当意识。在这一过程中，小组长的领导力就开始得到初步的锤炼。

一般来说，小组长管理组内常规主要起领导和监管职责。组内常规管理包括：①安排和督促学科组长及时地收齐作业，检查作业质量，交给科代表或相关人员。帮助班主任收发相关资料等。②落实班级安排的打扫卫生工作，例如清洁卫生值日、擦黑板等；保证本组用具齐备、完好。给组员进行合理分工，做到"事事有人做、人人有事做"。③做好常规检查，如仪容仪表、早读情况、午休纪律等，形成组员遵守校纪校规的行为习惯。④在班级和学校各类比赛中，组织、发动组员积极参与、力争取得好成绩。

指导寝室长抓好叠被子
枣阳市环城侯井小学　荣明强

"五二班的寝室被子太乱！"检查寝室的学生说。听到了这句话，我惊奇地问："以前是四二班的时候做得很好啊。"通过了解，原来的寝室长因随父母外出打工转学，班里刚刚新选了小张同学当寝室长，又赶上新学期……

我找到了小张同学，带他一起去寝室里。被子叠成什么的都有：圆的、扁的、胡乱摆放的……有两个懒学生连被子都没叠，小张气得不得了。我问小张："你觉得存在哪些问题？"小张说："反正糟糕！"我动手示范："你看，被子是这样叠的，先把被子打开，根据被子的宽度，叠三折，再根据被子的长度分四段，预留折叠的宽度，叠的时候还要用手压一压，这样就把被子叠好了，被子叠好后统一口朝外，枕头放在另一边居中的位置。如果都这样放，寝室就好看多了。你自己试一试。"

小张就按照我的方法行动起来，第一个不怎么熟练，但看起来还不错。第二个、第三个……我表扬道："太棒了！你看一个比一个叠得好，而且放的位置也一致。"小张忙得满头大汗，困惑地说："要是每次都是我一个人叠，哪有那么多时间啊？""你可以像我一样，给寝室里同学做示范，一次不行两次，两次不行三次……"一周后，我来寝室检查，还有两个"懒鬼"不愿意叠。我说："你可以先亲自叠给他们看。过几天，他俩就不好意思了。"

以身作则是优秀领导者普遍具有的品格。培养学生学会以身作则，一点一滴让学生的领导力形成与成长。指导小学生抓好叠被子，看起来是"挑不上筷子"的"鸡毛蒜皮"，但是这件小事中蕴含的对学生"四个学会""健康生活"等能力与素养的教育价值，是无法估量的。枣阳是航天英雄聂海胜的家乡，这些孩子们中，说不定也会有少年聂海胜。值得期待！

二、激活督促小组长搞好工作的外部动力机制

建立小组竞争机制。竞争可以形成外部动力。坚持每周开展"流动红旗小组"评比，通过"周评比"，让做得好的小组长在全班发言、交流经验，形成各小组争先恐后的氛围。这是激发小组长进取心的外部力量。不要以为这样耽误了学习时间。这种评比虽然花了一点时间，但这是一种"价值观"的学习，是一种如何做人的学习。磨刀不误砍柴工，虽然"耽误"了一点时间，但是会使学生学会如何做人、如何做事的基本道理，会使班级学习生活更加有序，班风学风更加清扬，激发学生更好地学习学科知识。

及时检查评价小组长的工作。评价是一种推动力。班主任要通过班会、晨会、个别谈话等形式，及时评价小组长的工作。在评价的时候要用发展的观点、一分为二的观点看问题。当小组长有了成绩和进步，要及时予以肯定、表扬，使其体验到被正面激励的成就感。同时引导小组长在每周的总结上，对小组表现好的组员进行大胆表扬，"为你点赞"，学会用欣赏的眼光来对待组员，善于分享、共享组员的成绩与进步，小组就形成内部的和谐。小组长的工作不可能不出现疏忽、失误。对于这些失误、不足，既要及时指出，又要注意方法。要坚持包容原则、正面教育为主的原则。要告诉小组长，工作中出现错误是正常现象，要学会从错误中取得经验教训，避免重蹈覆辙。期末评选优秀学习小组组长，颁发荣誉证书、全校通报表扬，在期末由学校组织优秀小组长参加户外社会实践活动。

指导小组长逐步学会科学的工作方法。例如，一分为二分析小组情况、一分为

二地进行小组总结、实事求是地表扬组员、"对事不对人"地进行批评、用发展的眼光看待存在不足的组员、真诚地与同学沟通、以身作则等。

班主任要有规划和耐心。成长不是一蹴而就的，对于班级内小组长的培养更是重在平时的点滴积累，从"牵着走"，到"跟着走"，再到"看着走"，一步一步成就一个小组长的成长，这个过程也就会成就一群孩子的成长，当组长的领导力有了提升，一个优秀的小组就会应运而生，班级的管理就会变得更加有序，更加有效，班级就会朝着我们期待的方向稳步向前。

三、小组长抓好组内常规管理的"五色梅"

美国领导力大师库泽斯与波斯纳合著的《领导力——如何在组织中成就卓越》一书中介绍，他们通过对几千例个人最佳领导经历的研究，发现不管时代和环境如何不同，能够领导他人开创出一条新路的人，都具有相似的经历。虽然每位领导者的经历各有特点，但都存在着共同的"五种习惯行为"，即以身作则、共启愿景、挑战现状、使众人行、激励人心。这五种习惯行为不是少数人的天赋，任何人在面对领导力挑战的时候，都可以展现出这五种行为。① 这一研究成果对于培养学生小组长的领导力不无启迪意义。我们可以将这五种行为比喻为小组长管理行为的"五色梅"（有消肿解毒、祛风止痒的功效）。

管理组内常规，组长要以身作则。"打铁先要本身硬"。要告知小组长，职务可以任命，尊重却要靠行动赢得。"干部干部，先干一步"，组长是"排头兵"、领头雁，自己在各方面都严格要求，走在前，过得硬，下"无声命令"，实际上就是为组员树立榜样，组员自然就知道应该怎么做。

管理组内常规，要学会共启愿景。即带领组员争当先进，培养集体主义精神。要让组员都懂得，小组是成长共同体、学习共同体、荣誉共同体。小组就像足球场上的一支球队，全体队员都按照各自的角色行动，搞好协调与配合，争取多"进球"就是胜利，就是大家的荣誉与快乐！

我们班的"开学第一课"！

宜都市陆逊中小学　周晓蓉

又到开学季，接手六年级，怎样烧好第一把火？迅速立好规矩，用制度约束规范言行，才能让孩子们快速适应新班主任和散漫一个假期后的学校生活。

"同学们，我们一起来欣赏大家的一项作业。"我打开《开学第一课》相

① ［美］詹姆斯·M.库泽斯、巴里·Z.波斯纳：《领导力——如何在组织中成就卓越（第6版）》，电子工业出版社2018年版，第8页。

册，让学生一一欣赏，然后指名谈感受："那张照片，只有一个人头像。""哈哈，那张照片像杂货铺。""还有一些同学没有上传，有的传错了地方。"小学生就喜欢揭别人短，经我提醒，他们开始关注优点。

"既然同学们都能发现照片中暗藏的美和问题，那么我们该如何避免照片中的尴尬？照片该如何拍、如何发，如何关注班级群消息，如何落实非学科类作业？分组讨论，然后我们就形成班规。"后来达成了共识：照片横着拍，同时出现人物和观看画面内容，周围无杂物。以小组为单位，由组长提醒组员关注群消息并回复，组长统计回复情况上报老师，非学科类作业和学科作业同等对待，对不完成的按班规处罚。我也投了赞成票，然后和孩子们讨论本次《开学第一课》的观后感。这次自由发言，后发言的同学不能重复前面同学发言的内容，要有不同。

"最让我印象深刻的是 76 岁高龄且有肝硬化的汤一介老先生参与编纂《儒藏》的故事。十几亿字的工程，他带病坚持十余载，发布会 74 天后他离开人世……他的奉献精神、与病魔的抗争精神让我泪流满面。"

"赵亚夫在田中研究几十年，把论文写在田野上。带领'亚夫团队'从选种到量产，从手动到智能，实现了田野数字化管理。我不禁想起了袁隆平爷爷，他们解决了 14 亿中国人的吃饭问题。他们是最值得我们尊敬的人。"

"《中国历代绘画大系》副主编金晓明带领我们'画中游'，感受中华民族的博大精深与中国国画的画技精湛。很震撼！"

孩子们还谈到了国产大飞机 C919、中国空间站正式建成……他们的感悟证明他们认真观看了央视《开学第一课》；他们的精彩发言，有爱国、责任、坚持、钻研、继承和发扬等认识；自发的掌声说明他们受到了感染和认可。我要为他们精彩发言点赞。我趁热打铁："我们如何上好自己的开学第一课？"有的说订立新学期打算，有的说讲安全，有的说搞好纪律教育……我不禁一乐，孩子们的思路和我同频了，顺理成章，我出示了一棵"目标树"，让孩子们设计完成自己的"目标树"，继而布置分组收集其他班规细则。

我们班的"开学第一课"！在讨论中达成共识立规矩，在个人精彩发言中提高认识，在行动中定目标。学生的表达、沟通、倾听能力得以提升，在民主和谐的氛围中目标意识更强，规矩意识渐浓。抓好开学常规，借助《开学第一课》帮助学生形成正确认识，订立规矩，让少数同学带动全班同学，达成共识。认知水平高的一部分同学就如同一支支火把，用他们的微光照亮和温暖周围，由个体辐射全班，达到集体共成长！这也是对学生领导力的培养。

管理组内常规，要学会挑战现状。作为未成年人，中小学生在成长的过程中不可能不出现各种问题，会犯一些错误。从某种意义上说，人是在错误和反思中成长的，而很重要的一点就是加强督促检查，每日三省吾身，及时发现小组工作的短板、及时补短板，补漏洞，力求做到纠正问题"不过夜"。

管理组内常规，要学会"使众人行"。要根据不同年龄段学生的认知能力，深入浅出地渗透"群众观点"的教育，引导小组长懂得"独木不成林，蓬柴火焰高"的道理，树立"一切依靠组员""一个都不能少"的观念。班级的一日常规，老师布置的学习任务，班级布置的许多活动，都需要通过小组来完成。这就离不开每个组员的共同努力。否则，即使小组长浑身是铁，也打不了几根钉子。因此，小组的同学应当像兄弟姐妹一样步调一致，团结互助，共同行动。小组长与组员要处理好与组员的关系，热心帮助组员，关心组员的进步。小组长要学会组织全体组员共同参与小组事务、共同担责，形成小组的凝聚力，培养组员强烈的集体荣誉感。

独木不成林，蓬柴火焰高
荆州市四机学校　肖忠荣

学校布置了以"六一"为主题的黑板报任务。作为三年级的小学生，陈佳小组长和同组的其他成员都是第一次面对。陈佳利用大课间开了个短会，讨论怎样分工协作的问题。她安排细心的向妍把黑板擦干净，并准备粉笔，负责搬移桌椅；自己找文字资料；再安排余悦负责找图片资料；由刘杞、刘梓同学在纸上排版，到时大家参照图纸画到黑板上。

下午的课后时间，陈佳彤和四名组员一起热火朝天地干起来。忽然，刘芷同学发现自己画好的图不知被谁不小心擦掉了一部分。原来微尘粉笔虽然容易书写，但是也容易脱落。刘梓同学说，有一种水性粉笔，写出的字很清楚，颜色鲜艳。他们借来几支。余悦同学拿起粉笔就画起来，不料这些粉笔却不太听使唤，一写一滑，写字画画老走样，湿毛巾一擦才发现，线条看起来很细，擦起来却要反反复复才能完全擦干净，还要等完全干了才能重新书写绘画。

眼看放学时间就到了，陈佳彤小组的每个成员都不愿离开，他们紧皱着眉头，一手拿着微尘粉笔，一手拿着水性粉笔，在黑板上画来画去，不知如何是好。我送完其他学生回到教室，发现他们高兴得手舞足蹈，我连忙走过去，想问问到底想出了什么办法，他们相视一笑，调皮地对我说："老师，我们想出办法来了，但是今天不能告诉您，我们要回家啦。"

次日，大课间，陈佳彤带领小组成员在黑板前忙碌起来。不一会儿，边框和画的主体部分就完工了。午休时，陈佳彤小组的成员只留下两个同学，余悦同学用水性粉笔使劲地涂在彩色粉笔画过的地方，所到之处留下特别清晰、特别艳丽的线条和画面，原来他们想出了办法！"欢庆六一"四个不规则摆放的大字，四周有缠绕的藤蔓，点缀着的糖果、小蛋糕、白鸽、气球等小装饰品，它们很自然地把黑板划分成了几个区域，小诗、名言、寄语等摆放得错落有致。

　　下午，同学们都聚拢来纷纷发表自己的看法：把糖果画更大一点，再把标题写在糖果里会更有意思；中间的大标题"欢庆六一"和右边的"祝小朋友们节日快乐"小标题意思上重复了；画得太多，花哨了一点，建议去掉一些装饰……陈佳彤微笑着说："老师，我们利用今天的课后服务时间来修改修改。"

　　这两天，陈佳彤小组长以身作则，做事力求完美，虚心听取他人的意见；组内各成员充分利用各自的特长，合理分工，团结互助；大家在遇到问题后不急不躁，努力想办法。他们坚守纠正问题"不过夜"的准则，变压力为动力，及时改进方法，并用事实证明：方法总是有的，除非知难而退。他们交出了令人满意的"答卷"。

　　管理组内常规，要学会"激励人心"。马斯洛的心理学理论认为，每个人都有尊重的需要，都希望得到称赞和肯定。这种需要得到满足，人就快乐。林肯说，"人人都喜欢赞美的话"。要引导小组长学会使用无形的精神"加油枪"——赞美组员，让组员觉得自己是小组内优秀的成员，自己的努力与付出会得到大家的认可，会为小组争得荣誉。组长可以和组员们商定自己小组的一些特殊的奖惩条例，小组的每一个成员都要相互承担，相互成就，让小组工作能够更好地开展。

　　　　　　　　　　　　（本节作者：宜都市陆逊中小学　周祖国）

第三节　培养小组长对"小组合作学习"的领导力

一、小组合作学习管理的主要内容

　　"小组合作学习"从 20 世纪 70 年代开始就在世界范围内推进。日本东京大学教授佐藤学将"小组合作学习"称为"创建学习共同体"的学习、"静悄悄地革命"。佐藤学认为，传统的大一统的"同步教学"课堂教学模式，是大工业背景下效率主义的产物，这种模式以教师为中心，教师讲、学生听，已经不适用于当今社会培养创造性人才的要求，取而代之的是"小组合作学习"，或者叫"小组协作学习"、综合实践学习等。现在有人称"动车组学习"，因为每个成员都参与到学习，"每个车厢都有前进动力"。

　　小组合作学习是在班级授课制背景下的一种教学方式。教师通过指导小组成员展开合作学习，发挥群体的积极功能，提高个体的学习动力和能力，达到完成特定教学任务的目的。课堂小组合作学习，能真正体现学生在学习中的主体地位，让学生成为新知识的建构者、分享者、创造者，实现高效学习。

学习小组长是组员的带头人，排头兵。是学习小组的灵魂人物。在"小组合作学习"的模式下，提高小组长对合作学习的管理能力，对于充分发挥小组合作学习的作用，提升教育质量，具有重要意义。

按照小组合作学习的要求，每个学习小组为4~6人，一般不超过6人。否则，在讨论式的学习过程中，就会形成"看客"。

组建学习小组应坚持均衡原则和"同组异质，异组同质"原则。班主任根据学生的学习能力（综合考试成绩、日常学习态度、行为表现、发展潜力等多方面因素，以学习成绩为主），将全班学生分成均等的A、B、C三层，各组应有大体同等数量的A层生、B层生和C层生。各组中男女同学的人数也尽量均衡。组内以异质为主，使组员之间具有一定的互补性。保持组与组之间的同质，以便促进组内合作与组间竞争。①均衡配置有利于每个小组都能进行充分讨论，利于学生之间的互相帮助和深入交流，并据此获得积极的学习情感体验；同时也有利于各小组展开公平竞赛。②"双向选择"原则。让组长和组员相互选择，缩短学习小组内学生之间的磨合期。③"尊重意愿"原则。在分组时应充分考虑学生的意愿，不把彼此暂时排斥的学生编在同一小组，以免影响小组学习及开展其他活动；C层生宜编入对他们持中间态度或欢迎态度的小组，以使他们获得良好的情感体验。

二、按照"小组合作学习"的流程进行管理

每个小组由行政小组长进行常规管理。在课堂教学中，由学科组长负责进行小组合作学习的管理。

在上课前，小组长要提醒组员及时就位、拿出课本、摆放好学习用品、清理好桌面、思考复习内容与预习内容、等待上课。

课堂上，学科组长要担负起小老师的角色。督促"学习对子""兵教兵"各司其职。关注组员状态、落实对组员的过关检测和帮扶措施。

在"独学"时间，要提醒组员保持安静，独立思考，独立完成"导学案"，有疑问、质疑的地方用红笔圈点勾画。独学时间解决的问题一般是导学案中的基础类题目，要求人人过关的题目，进展较慢的同学可以要求老师给予一定指导，尽可能不掉队，同学之间暂时不讨论交流。

在"结对"学习时间，"学习对子"之间进行讨论，力求解决"独学"过程中存在的问题。

在"小组交流"阶段，进行师徒、对子帮扶，对学习内容疑难进行解决、互动、生成、提升，实现"兵教兵、兵强兵、兵练兵"。督促每一个组员认真参与，鼓励组员围绕主题发表不同意见，约束组员围绕教学目标开展活动。组织同学对所学的内容进行输出。不能满足于"对答案"，应当进一步进行深入讨论交流，使学习真实地进行。

如果小组长对当天部分环节不满意，可以找时间留下小组进行简单"复盘"，分析没有弄清楚的问题。

课后，小组长可以利用一日反思，对小组的情况进行"每日小结"，对组员进行评价。每个组员当天的表现情况，要在小组的微信群里进行公布，实事求是地进行表扬、批评。

除了常规评比、课堂评比外，组长还可以组织专项评比，如导学案完成质量、小组发言情况等，促进组员积极参与学习活动。评价要客观公正。在这些具体的活动过程中，小组长以及组员的注意范围就从"自我"扩展到"小组"，小组长的影响力、沟通协调能力、社会责任感等，就会逐步锻炼与提升，小组的每个成员，也能够得到集体力量的约束与推动。

班主任老师和科任老师，在每一课堂上对各组的表现进行评价。这种评价是"捆绑式"的，即每个组员的行为，最终都由小组"结算"。例如某个组员的回答问题好，小组就得到"加分"；反之，某个组员存在问题，例如独立思考不到位、发言不积极，全小组就没有得到"分"，小组评价分就落后于其他小组。"捆绑式评价"使小组的每个成员相互之间形成"荣辱与共"的关系，激发组员对小组的集体荣誉感、集体责任感，促进组员之间形成互相监督、互相提醒的关系，小组成为一个"学习共同体"。

班主任或者班长要定期召开会议。会上，每个组长都要发言，总结自己小组取得的成绩、存在的问题，提出下周如何整改的措施，在优秀小组组长做经验介绍的时候，其他小组要虚心学习，找出差距，分析原因，提出整改措施，做到见贤思齐，共同进步。

小组长在小组合作学习管理中具有举足轻重的作用。在小组合作学习管理中，小组长是小组活动的灵魂，既是小组活动的领导者，又是组织者，同时还是教师的小助手。只有明确了小组长的职责，充分发挥小组长的作用，小组合作学习管理才能真正产生实效。一位优秀的组长可以带动整个小组的学习，可以提升小组组员的学习能力，在课堂上展开有效的学习，也可以增强组员之间的协作能力。

"一监二查六帮六" 共同进步
宜昌英杰学校　于媛媛

宜昌英杰学校初中部坚信班在学部推行学生自治管理的背景下，尝试出适合本班学情的小组合作学习的模式："一监二查六帮六"互助监督。由数学教师根据小升初成绩、学生小学的经历、个人意愿选出两位数学科代表，接着由他们结合课堂内外的表现选出六位小组长，再抽签选出各组组员。

七年级上学期，每组组员的确定是根据他们的分班考试成绩进行大致平均分组，组长通过抽签选出组员，考虑到学生进入初中之后，他们的成绩会出现或多或少的波动，在实施的过程中根据每一次上、下学期期中、期末考试成绩进行调整，到了八年级上学期结束，分组情况基本稳定，这时的各组组员平均情况基本稳定。

刚刚开始实施的时候，不存在"一监"这个职务，最初主要由两位数学科代表牵头，检查六位组长的订正笔记，督促过关，对于少数他们不懂的题目进行提示；六位组长根据组员的实际基础、掌握情况，分层提出不同要求，教师也要认真扮演学生一角，认真听学生讲解，必要时补充说明。对于大家出现的共性问题、难题、过程规范问题，老师在最后进行统一讲解，并要求大家做好笔记、做好订正。

李同学，小升初时对数学既没有兴趣，也没有良好的基础，加上小学的经历，他对任何学科学习是排斥的。为了在不影响其他学生学习的前提下，调动他的学习积极性，李老师想到至少先要求他能够参与到集体学习中来。结合他一段时间的日常表现，通过原来的老师和同学了解他的性格特点，决定给他一个特殊的职务——班监。在数学的学习过程中，他需要监督科代表和组长的学习，随时抽查他们的笔记。由于他的脾气怪异，我给了他另一个权力：允许他在自习课上，自己想学习的时候，他可以寻求他信任的同学的帮助。通过观察发现，他每隔一段时间就会换一位"老师"，直至升入九年级，他愿意请教的学生朋友稳定在一位科代表和一位组长身上。

对于这位科代表和这位小组长，教师充分鼓励，及时解答疑难，告知为人处世尽可能"赠人玫瑰手有余香"，同时告诉他们一些沟通技巧。最终，李同学中考的数学成绩89分，如愿上了高中。

这种做法经历了一段磨合期，需要学生配合，鼓励学生适应。它的优势就是发挥了小组合作，组内合作与竞争，调动了作业讲评课上学生的主动性，在相互讲解的过程中，培养了学生的逻辑思维和语言表达能力，培养了学生学习的自信心，给40分钟提质增效，让每一个层次的学生都有进步和发展。

（本节作者：宜昌英杰学校初中部　李辉）

第十八章　班级科代表领导力的培养

　　某小学六年级学生微信群出现一条消息：作为一个数学科代表，怎样为同学服务呢？自己不敢在这么多人面前大声说话，有时候帮老师布置作业，只能写在黑板上，但是没几个人看，我该怎么办啊？急！！！

　　回帖：你要勇敢地走上讲台，大声说，各位同学好！这是今天的数学作业！请大家千万别忘了！谢谢配合！整理好收齐的作业，没有交作业要登记好名字……如果有的同学没有写作业，来找你包庇他，不管你和他关系多么好，都是坚决不可取的要不很容易出现这种情况，你端着两三本作业来到办公室，心虚地说："老师，还差几本……"尴不尴尬？不仅那些没交作业的同学会受到批评，你的形象也会在老师的心中打折扣。告诉你一个"小妙招"：可以买那种小的便利贴，平时拿一支黑笔或红笔，一起放在校服口袋里，便于记录是谁没交作业，把它和作业一起交给老师，便于老师了解作业情况。

　　科代表，也称"课代表"，指教学班中负责跟科任教师沟通教学情况的学生代表。他们是班级该学科学习的领跑者和组织者。中小学的每个班都有科代表。正如美国领导力大师约翰·C. 马克斯维尔所说，衡量领导力的真正尺度是影响力。[1]因此，科代表的领导力，实际上就是科代表的影响力，具体表现为执行科代表具体工作任务的能力。科代表得力，班级学科成绩就容易提升。

　　如何提升科代表的领导力？科代表如何扮演好"小助手"和"桥梁"的角色？科任教师与科代表的师生关系有什么特殊性？科任教师如何培养科代表的领导力？是本章要研究的问题。

第一节　提升对科代表工作的认识

一、正确认识科代表的工作是培养科代表领导力的前提

　　人的行为是受一定的思想意识支配的。对科代表工作的正确认识，是调动其工

---

　　[1]　[美] 约翰·C. 马克斯维尔：《领导力21法则》，文汇出版社2017年版，第22页。

作积极性主动性、提升领导力的前提。科代表虽然谈不上是什么"官",但是从"岗位""职务"的高度看,对于培养学生的社会责任感、交往沟通能力、学科学习兴趣与学习能力,都有重要意义。

> 某校的"家长开放日"。六(7)班男生小肖的爷爷来学校进行"家校互动"。肖爷爷是一位退休干部,他找到班主任杨老师,询问能否让孙子担任班干部。杨老师说,她了解到小肖对"兵器"感兴趣,正准备找机会与他谈话,鼓励他竞选数学科代表。肖爷爷说,当班干部有利于孩子成长。

一般情况下,绝大部分家长是鼓励和支持孩子担任科代表的,他们懂得担任科代表职务对孩子健康成长的重要意义。绝大多数同学也希望自己担任科代表,以此为荣。不愿意担任科代表工作的学生是少数。其原因,或是认为自己不是这一学科成绩的"尖子";或是认为担任科代表工作会分散自己的时间和精力,影响学习;或是认为担任科代表会得罪不按时交作业的同学等。在这样的情况下,端正对科代表工作的认识就显得非常重要。

二、采取多种形式提升对科代表工作的认识

从学生核心素养"社会责任"的角度来看,班级就是一个"小社会",每个人都在其中生活,应当履行一定的社会责任。担任科代表就是在班级中履行自己"社会责任"的方式之一。应当根据学生的认知水平的实际,采取多种形式,深入浅出地让学生懂得班级学习生活正常进行需要有科代表工作的道理,形成对科代表工作的正确认识。

搞好动员、组织科代表的竞选。科代表对于本班教学工作起着不可忽视的作用。提倡选择学科成绩相对优异、有责任心、乐于助人、学科兴趣比较浓厚的学生竞选科代表。一位有经验的科任教师在接手新班时,与原班的科任教师进行交流,了解学生的情况,圈定10名学生进行竞选演讲。营造尊重科代表的氛围,增加科代表工作的吸引力。

一位小学生竞选数学科代表的演讲

尊敬的老师,亲爱的同学们:

上午好!俗话说"一年之计在于春",新学期伊始,我们班要开展"竞选"班委的活动,我决定竞选数学科代表。我竞选这个职务有三点优势:一,自从进入小学开始,我就迷上了数学。我觉得数学是那么的神奇、那么的奥妙,那么的有趣。再加上老师的栽培和爸爸的辅导,我学会了许多课本上没有

的知识，我希望和大家一起来学好数学。二，我在去年的校级数学竞赛中取得了二等奖，数学成绩不错，平时我在数学课上认真听讲，积极发言，大家有目共睹。今后我将会更加努力地学习，争取更好的成绩，为班级争光。三，我从上小学开始，就一直学习数学奥林匹克。所以，我认为我是最适合的人选。

如果我当上了数学科代表，我会和大家一起钻研数学知识，探索数学王国的奥妙，使我们班的数学成绩有一个新的提高，争取在年级名列前茅！如果选不上，我也不会气馁，我将继续努力学习，克服自身的不足，使自己成为一个对祖国、对人民、对社会有用的人才。人们常说"态度决定一切。"在今后的日子里，你们会看到一个崭新的我。请投上你们神圣的一票吧！——选择我，不会错的。谢谢大家！

海南省农垦直属第一小学六（7）班：小诺

明确科代表的职责。让科代表及小组长明确自己的职责，包括收发作业、协助老师批改作业、统计成绩、帮助同学解答数学问题等。

加强对科代表的培训。召开科代表会议，交流对科代表工作的认识，使科代表明白，科代表工作的性质，就是为同学搞好学习服务。

帮助科代表认识工作的意义：

（1）近水楼台先得月。担任科代表增加了与学科老师"一对一"接触的机会，会更多地受到老师教诲、指导，提高自己的学科兴趣与学习能力；

（2）锻炼能力，提升素养。担任科代表有利于提升探究学习能力，提高自己与老师、与同学的沟通能力，增强社会责任感。

（3）展示风采，塑造形象。一是展示自己对某学科的兴趣、学习能力，塑造个人乐于奉献的集体主义精神形象；二是促进良好班风、学风的建设，提升全班同学的学习积极性和学科成绩，塑造良好的班风学风形象。

梳理一份《科代表工作职责清单》，让科代表熟悉自己的工作职责及主要工作方法，协助科任老师做好学科教学，包括：

（1）当好"小助手"，协助老师布置作业，检查督促完成作业；

（2）按时收取作业送到老师的办公室，及时取回老师批阅的作业本发放给同学；

（3）做好科任老师与同学的沟通联系、征集同学对学科教学的意见与要求；

（4）向科任老师提出改进教学的建议；

（5）及时解答同学遇到的疑难问题，帮助学习后进的同学查漏补缺，改进学习方法；

（6）积极探索提高学科成绩的方法；

（7）走在前面，努力使自己成为该学科的"小老师"，分享学习经验；

（8）组织同学进行探究性学习，开阔视野，提升同学对本学科的兴趣；

（9）超前做好单元小结，协助老师做好单元检测的成绩分析。

给予科代表适当的权力：让科代表有一定的权力，比如在课堂上优先发言，协助老师管理课堂纪律等，在评选省、市、区优秀班干部上有加分优待政策，这样不仅促进科代表工作的积极性，更重要的是增强了科代表的自信心和责任感。

帮助科代表思考和解决工作中有可能遇到的问题。例如，遇到有同学不及时完成作业怎么办？课堂上有同学与科任老师发生冲突了怎么办？科任老师没有及时布置作业怎么办？全班的学科成绩落后于平行班怎么办？怎么帮助学习困难的同学？等等。帮助科代表及时总结交流科代表工作的经验，提升对科代表工作的自觉性，提高工作效率与工作质量。在解决这些问题的过程中，科代表的综合能力会得到更好的锻炼。

定期对科代表进行评价和反馈：定期对科代表的工作进行评价和反馈，指出他们的优点和不足，帮助他们改进工作。同时，也要听取科代表的意见和建议，不断完善自己的工作。鼓励科代表参加数学竞赛和活动：鼓励科代表参加各种数学竞赛和活动，提高他们的数学水平和能力。这样可以增强科代表的自信心和成就感，同时也可以为他们提供更多的锻炼机会。

争当"错题侦察兵"
海南省农垦直属第一小学　林转

"错题讲解"是一项针对性强、富有童趣、夯实基础、启迪思维的学习活动。但是有学生认为错题讲解耗时、费力、丢脸，使这件"一本万利"的事情进展迟缓，这时候，科代表的作用就凸显出来了。

错题讲解前，我与科代表了解得知学生不敢大胆开口讲解错题的原因是没人愿意做第一个"吃螃蟹的人"，怕讲不好丢脸。这时，我鼓励科代表，你愿不愿意尝试一下，老师先给你指导一下，示范引领的事非你莫属，绝了科代表退缩的后路。

随后，我要求这节课由科代表与小组长组织同学们开展争当"错题侦察兵"活动。科代表与8位小组长策划了本次错题侦察兵活动记的活动流程，他们得到了锻炼，自信心增强了，领导力也得到提升。

争当"错题侦察兵"活动流程如下：

一、错题收集：各小组长提前收集并筛选适合学生的数学易错题，易错题具有挑战性和趣味性。准备5—10道难题。

分组：由科组长与小组长将学生分成若干小组，每组6人。确保每个小组内学生的数学水平差异不大，以便更好地合作。

二、讲解易错题：活动时，科代表向各小组分配一道易错题。小组成员需一起讨论、分析容易出现错误的原因、划定解答"雷区"，并尝试找出解题方法，鼓励学生们用多种方法解题，培养创新思维。

三、小组展示：经过讨论后，科代表组织每个小组选派一名代表上台讲解他们的解题思路和方法。讲解过程中，其他小组的同学可以提问或补充意见。科代表根据学生的表现给予评价和建议，确保学生正确理解解题方法。

四、评选最佳小组：科代表组织 8 位小组长根据小组的解题思路、解题方法、讲解水平等多方面因素，评选出"最佳小组"。最佳小组可以获得奖励，如额外的休息时间、数学游戏时间等。

五、活动总结：教师在活动结束时进行总结，回顾本周学习的解题方法，鼓励学生们在日常生活中运用数学知识解决问题。同时，教师也要收集学生的反馈意见，以便改进活动设计。

（本节作者：海南省农垦直属第一小学　林转）

第二节　当好"小助手"与"桥梁"

科代表是科任老师的"小助手"，是连接科任教师与同学的桥梁，要处理好与老师、与同学的关系。"在游泳中学游泳"，在实际工作中不断提高自己的工作能力，扮演好"小助手"与"桥梁"的角色。

一、当好科任老师的"小助手"

作为小助手，目标就是协助老师搞好这一门学科的教育教学。如何扮演好"小助手"的角色呢？

牢固树立服务意识，即"公仆意识"。科代表工作的性质是什么？是为老师和同学的学科教学提供服务。什么是服务？服务是"跑腿"，是劳动，是体力与脑力的支出、时间和精力的付出，是乐于奉献的情怀。

唱好"五勤戏"。古人云"人勤春来早"。说的是农人辛勤劳作，春天的景色就会提前到来。我们如果唱好"五勤戏"，锻炼自己的"五勤"品质，眼勤、脑勤、腿勤、手勤、口勤，班级的学科教学，也会"春来早"。

我的语文科代表
武汉市东西湖区吴家山第一小学　张丹玲

小文是个可爱的小女生，从三年级开始就是我的科代表。

在我的指导下，她慢慢熟悉了语文科代表的常规事务。每天收集好各组作业本送到办公室时，总会向我口头汇报作业收集情况，偶尔也会有记不全、颠倒顺序补充的状况发生。看着她歪头回想的可爱模样，我摸摸她的小辫儿问道：有没有更好的反馈方式呢？在我的启发下，她学会了用记事本记下每天作业收集的情况，如：第一组小升听写没有完成，小洋作业晚交……这样既方便了她更方便了我，根据记录我就能更有针对性地对小本本上的学生进行指导与教育了。

五年级上学期，为了激励与提升学生写作兴趣。我创办了作文班刊《笔尖下的足迹》，发动学生踊跃创作、投稿。这一下小文又成了我的好帮手了。看到我将更多的精力投入学生稿件的批改中，她主动对我说："张老师，早上晨读，您不用再操心了，由我来组织。"看着小家伙一板一眼地安排领读、组织组长巡视指导，我微笑着对她竖起了大拇指，她也回我一个甜甜的笑容。

不但如此，午自习的时间她也会根据我的教学进度提前与我沟通："张老师，今天的午自习，我们就写第7课的课堂练习怎么样？""第七课的生字写了没？""写过啦，课前我已经布置下去啦，作业本也发了，只剩个别同学还没写完，可以在午自习的时间继续进行，今天放学前我会安排大家回去做一个第七课的字词听写，您还有什么要布置的吗？"真是个主动有能干的孩子，我庆幸没有选错人。

小文性格温和，大家在课后有问题，她从不会不耐烦，大家都喜欢和她做朋友，在同学们心中她就像一个大姐姐，大家都愿意和她说心里话。所以，很多时候我也会和这个机灵鬼聊班上同学的事情，她都会一五一十告诉我；有时她发现谁情绪低迷也会及时向我汇报，这样，我也能根据这些"情报"更好地走进班级孩子的心中。

二、当好连接老师与学生的"桥梁"

桥梁，意味着承担压力、承担责任、连接两端、畅通道路、促进交流。

一方面，要做好与科任教师的沟通工作。首先，要尊重科任老师。尊重是人际沟通最好的"名片"，尊重老师是学生的行为准则。科任教师是受过学科专业训练的教育工作者，担负着该学科教学和立德树人的任务，是人类文明的传播者，因此学生要尊重科任老师。而尊敬老师要有态度。例如，上交或者取回作业本的时候讲礼貌，进入办公室要喊"报告"，见到老师时要说"老师好！"离开办公室的时候要说"老师再见！"等。作为科代表，还要学会关心科任老师，做科任老师的"朋友"，拉近与老师的心理距离，例如询问老师需要自己做好哪些配合教学的工作，关心老师的疾苦，做到"心中有老师"，学会为老师"分忧解难"，立志做一个品格高尚的人。其次，主动征求同学对教学的意见与建议，及时收集、协助解答同学在学习中遇到的疑难问题，组织对疑难问题的交流讨论，积极为搞好学科教学提出自己的意见与建议，为老师搞好教学提高教学质量出主意想办法，奉献自己的智慧与热情，增强自己的社会责任感，锻炼综合能力。

另一方面，要做好与同学的沟通工作。首先，主动收集同学们在学习中遇到的疑难问题，收集解答疑难问题的参考资料、有效方法，分享给同学参考。及时组织同学讨论交流，攻关克难。及时检查作业完成情况，督促同学不要抄袭。在上交作业时做到公平公正，坚持原则，实事求是，不当抄袭作业同学的"挡箭牌"。注意态度与方法，控制好自己的情绪，从帮助同学进步的立场出发，做好沟通工作。在这个过程中，锻炼自己控制情绪的能力，沟通交往的能力，增强自己的责任感，赢得同学的配合与支持。

（本节作者：武汉市东西湖区吴家山第一小学　李海霞）

第三节　科任教师对科代表领导力的培养

科任教师与科代表之间，是一种特殊的师生关系。或者说，二者关系具有一定的特殊性。培养科代表的领导力，不仅对于提高学科成绩，提升教学质量具有重要意义，而且对于实现立德树人的根本任务具有重要意义。科任教师应当认真研究如何培养科代表领导力的问题。科代表的领导力，其实就是科代表为完成协助科任教师的教学任务履行职责对同学的影响力。

一、科任教师与科代表师生关系的特殊性

成都华西中学设立"科代表日"，举办"科代表节"，无疑是一种具有重要意义的教育创新。从每个班科代表的合影、科代表的发言中，不难分享到这些科代表学生的自豪感、责任感、上进心、担当精神、学科兴趣等，同时也能感受到这些科代表对科任教师的感激。实际上，经验丰富的教师都很重视搞好与科代表学生的关系。相对于其他同学，科代表与科任老师之间是一种特殊意义的师生关系，其特殊性表现在不可或缺、交往频率相对较高、牵涉面广等方面。

一是不可或缺。中小学的每个班都有"科代表"这种岗位的存在。有多少门功课就有多少位科代表。担任科代表一职的，有竞选产生的，也有教师任命的。有的班主任让班委会干部"兼职"，例如学习委员兼数学科代表、体育委员兼体育科代表。有的班主任将这一岗位视为培养学生主人翁精神、增强学生社会责任感、增强班级凝聚力、调动更多同学的积极性主动性创造性的良好"资源"、平台，而加以充分利用。显然，后者更具有立德树人的战略眼光。

一个萝卜一个坑，每门学科都有工作任务需要人手完成。例如，每门功课课后都会布置一定数量的书面作业，作业内容的告知、督促同学及时做作业、按时、足额收齐全班的作业本、按时送到办公室以便老师及时批改和反映同学遇到的学科问题等，这些"杂事"都需要负责任的科代表学生来完成。这样才能保证各门学科教学的有序进行，也才能促进学科教学质量的提升。如果哪天有科代表同学因病事假离开，科任教师一定要做出相应安排，否则就有可能影响正常教学。

二是交往频率相对较高。人际交往的密切程度与交往频率呈正相关。人们更容易走近那些逐渐熟悉的人，而与之接触的次数越多、频率越高，相互之间的熟悉度就越高，好感度、密切程度也就越高，这就是"交往频率效应"。在中小学，语数外等学科的科代表几乎每天都要同科任老师打交道，其他学科的科代表每周也会至少接触几次，因此，科任教师与科代表之间的交往密切程度会超出其他同学。如果科任教师引导得法，科代表对老师的亲近程度还会增加。

三是牵涉面较广。科任教师与科代表的关系是否和谐，不仅关系当事人双方，且关系科任教师与全班同学的关系、班级的学科成绩，还关系科任教师本人的教育质量与绩效。经验表明，科代表的工作态度、工作能力，对本学科平时成绩、教育教学质量有重要的影响。如果科代表积极主动、认真负责，执行力强，真正起到一位"小老师"的作用，那么该学科的教学成绩就会稳步提升。教育教学目标就能落实与实现。而科代表的态度、能力，在很大程度上又取决于科任教师对科代表关系的正确主导。如果科任教师的态度亲切、真诚关心、热情指导、及时鼓励、科学培养，亲和力强，知人善任，那么不仅有利于提高科代表的成绩与领导力，而且有利于提高自己的学科成绩。反之，则会产生诸多不利影响。

那么，科任教师怎样才能培养出自己科代表的领导力呢？

二、科任教师要当好科代表学生的良师益友

科任教师与科代表之间是对立统一的关系。其中科任教师是矛盾的主要方面，对师生关系的存在与发展起主导作用。基于双方关系的特殊性、重要性，科任教师要做好科代表的人生导师、力求做到思想上引导、方法上指导、心理上疏导、学业上辅导，成为科代表的良师益友。

思想上引导。科任教师要根据科代表的年龄、学段的不同，采取他们可以理解和接纳的方式，对其进行思想方面的引导。包括：认识科代表工作的意义、明确科代表工作的性质、责任、方法，提高其对科代表工作的认识，努力扮演好科代表的角色（桥梁、纽带、代言人、学科小老师等）。例如，明确科代表的性质和地位：科代表是科任老师的小助手，是老师的左臂右膀，是连接老师与同学的桥梁和纽带，是同学学习的榜样和领头羊，是科任老师的代言人；通过讲故事等方式，引导科代表树立"吃亏是福""吃得苦中苦、将为成功人"以及"打铁非得本身硬"

等意识；通过召开科代表经验交流会、评选优秀科代表等活动，激励科代表的荣誉感、成就感，增加其对工作意义的快乐体验，培根服务意识，奉献意识，不计得失，乐于为同学服务。引导学生树立远大志向，科学兴趣。

方法上指导。主要包括学习方法、工作方法的指导。科学方法是过河的"桥"，打鱼的"网"，是提高效率的"神器"。曹冲称象、商鞅变法、司马光砸缸、瓦特发明蒸汽机，其思维方法的创新都推动了人类社会的进步。好方法可以事半功倍。在学法指导方面，可以重点是培养科代表的学科兴趣、学科思维方法，必要时可以开点"小灶"，介绍一些趣题巧解、一题多解的方法等"锦囊妙计"。

在工作方法的指导方面。一方面要让科代表明确自己的"任务清单"，对自己的工作任务心中有数。另一方面要了解与同学打交道的方法，如创设一些常见的工作情景与科代表进行演练，像是在布置作业时有同学不听怎么办？某小组成绩"滑坡"怎么办？某同学不按时完成作业怎么办？某同学不愿意进行知识点"过关"怎么办？某同学抄袭他人作业怎么办？某同学在课堂上顶撞老师怎么办？

培养一个优秀的科代表，做一个省心的老师
黄石市实验中学　石一峰

科代表相当于班级的学科带头人，是非常重要的班干部。科代表选得好，该学科的成绩便不会差到哪里去，自己工作也能轻松不少。为了培养一名优秀的科代表，我对他们进行了专门的职前培训，通过创设一些常见的工作情景与科代表进行演练，让他们明确科代表的"任务清单"：

1. 熟悉任课教师的办公地点、课程表和工作安排。了解教师的课本、教案、练习册、成绩册、U盘、文具所放的位置，一定要让科代表知道老师放物品的摆放位置及习惯，方便帮老师拿取东西。

2. 要求科代表每天至少在办公室见面一次，交流班级学科学习情况，注意培养科代表有主动来找老师的意识，而不是总要到班级里面去找科代表。

3. 知道如何登记一些名单及作业情况，知道班级小组长是谁，在花名册上做记号。

4. 每天收完作业及时整理，在大课间送到老师办公室，并写清楚没有交作业的学生名单，作业讲究时效性，收发作业一定及时方便老师批改和教师订错。

5. 负责课前准备工作，数学课前保证黑板干净没有痕迹，讲台物品整齐，教室干净。在教室巡视，检查学生的情况，按要求组织学生读背相关概念，让同学们提前进入上课状态。

6. 及时把作业清楚地抄写在黑板的指定位置，并对同学们解释清楚，对

于布置作业时有同学不听的给予提醒，老师的一些作业要求能说清楚，讲明白。

7. 要求科代表以身作则，自我提升对学科学习的重视程度，严格要求自己来服众，防止狐假虎威。

8. 学科教师不在时，要承担学科代表的职责，做好组织工作，有情况及时通知科任或班主任老师，如果突然出现一些特殊情况能及时通知其他老师。

活动效果：通过这样的"职前培训"和预设场景的演练，我们班的各科代表逐渐开始正确认识自己的工作，明确了自己的责任，得到了同学和老师的认同，树立了班干部的威信，同时发现了自己的领导潜能。现在这些科代表都愿意为班级服务，主动与班级同学合作并承担责任，逐渐建立了自信心和领导能力。班级的管理工作在这样的氛围中步入正轨，培养出来一个个神仙科代表，成为一个省心的班主任。

通过明白任务清单、情景演练、激发兴趣、培养自信等多方面的帮助，科代表能够更好地明白责任、认识自己，并发现自己的优势和潜力。这样的训练不仅有助于学生的个人成长和领导能力的培养，还为他们的未来发展提供了一个坚实的基础。

心理上疏导。科代表也是普通学生，是成长中的孩子，特别是小学生、初中生，有时情绪不稳定，控制情绪的能力还不够，有时为了完成工作任务，会与同学产生一些摩擦；有的科代表责任心强，甚至将班级的学科成绩与自己的工作过多地联系起来，甚至认为班级成绩不理想自己作为科代表也应承担责任，造成过重的心理负担。同时，学生在自己的日常生活中，也会发生一些烦心事，遇到一些困难、困惑。这时候，经验丰富的科任教师就会留心科代表情绪的变化，及时地询问、了解科代表的情况，安排有关同学协助科代表做好日常工作，必要时要伸出援手，成为呵护科代表的一把伞、一缕阳光，切实使科代表感受得到科任教师对自己的关注、关心、关切、关怀。科代表也会从这些事件中感受到如何处世为人，学会做人。而学会做人，科代表的领导力自然因此得到一定程度的提升。

科代表也会有懈怠或者力不从心的时候，尤其是遇到繁重的学习压力时，也会有烦躁、怀疑自己能力的时候。作为班主任和科任老师，我们有责任也有必要给他们做好心理疏导，让科代表恢复信心，成为老师和同学间的桥梁。

小戴同学是我班的数学科代表，一位文科成绩出众、数学成绩不太好的数学科代表。小戴同学在工作中，认真负责，积极成为老师的助手，同学们的益友，得到了我的肯定及同学们的好评。但数学一直是她的薄弱学科，而她在行使自己的职权时，有些没完成任务的孩子总是以数学成绩来嘲讽她，搞得她经常泪汪汪地找到我想要辞掉这一职务；考得不好时，也会怀疑自己的能力，觉得自己数学都学不好怎能带领大家提高本班的数学学科成绩，想要放弃！作为班主任，这个时候就需要通过一些方法来对其进行心理上的疏导，帮助她建立信心。

当她情绪不高时，我总是引导她说出来，帮助她分析：如工作不能被同学理解时，我会以告诉她做班级工作的时候，肯定会遇到一些同学的非议和不理解，如果我们不能正确对待，则会影响自己的情绪，干扰我们的生活和学习。其实我们对某件事情产生了某种情绪，不是由于事件本身带来了困扰，而是我们对事件持有什么样的态度。如果有的同学当众给你提了许多意见，你认为他是故意让你下不了台，会产生愤怒情绪；但是如果你把这些意见当作同学对自己的真诚帮助和关心，心情就会平静下来。这样的谈心和沟通使戴钰同学能与我具体倾诉，获得心理上的平衡，引导她将不开心的事情置之脑后，从不和谐的气氛中解脱出来，积极地投入学习和生活。我会及时当着全班同学的面肯定她，给予她一定的成就感，让她获得自尊心的满足。这样的策略能帮助科代表在班内树立威信，更有利于他们帮助你管理班级。当科代表有错误时，最好私下批评指正，与他们谈心交流，给他们足够的"面子"他们就会更有动力做好这个科代表。

（本节作者：黄石市实验中学　石一峰）

分论 3：
从活动空间看学生领导力的培养

"分论 3"包括第十九至二十一章，这一部分，是在前面讲述各种学生领导力要素的培养的基础上，从学生活动的空间来看学生领导力的培养。学生领导力的培养必须在一定的实践活动中进行，学生领导力的培养也离不开相应的空间。因此，这一部分从在社团活动中培养学生领导力，在公益活动、研学、劳动教育等社会实践中培养学生领导力，在国际交往中培养学生领导力等侧面来研究学生领导力的培养，突出学生领导力培养的实践性、创新性要求。

第十九章　社团活动与学生领导力的培养

南昌二中高新校区足球社团自成立以来，参加了很多赛事，成绩令人瞩目。三年级女生小赵经常在足球场边看足球队员们训练，教练吴老师让她在操场上跑上一圈，发现她爆发力好、速度快。

穿上了6号球衣，在一群冲来撞去的小男生里面，小赵很害怕，生怕带着风的足球会砸到脑袋，训练时经常抱着头弯着腰，躲着飞来的足球。吴老师把她带到一旁，拿出一只足球说："来，我们俩来练球。"就这样，吴老师和小赵你一脚我一脚来来回回踢着这只足球。由开始的缓慢渐渐加快，至眨眼就到了脚下。在此期间，吴老师不断地大声喊着："左边！""右边！""快跑！""抬脚射门！"一段时间训练下来，面对足球，小赵不再害怕了，球技日渐长进。吴老师让小赵当了小足球教练，而她也在后来的校级、市级赛事中，成了绿茵场上最耀眼的6号球员。

几年来，学校足球队社团培养出了一个又一个小足球教练。他们是足球教练的好助手，也是小足球队员们的示范者。学生在足球社团活动中，最初表现出来的是听从老师的安排，老师怎么说，学生就怎么做。针对这种情况，在训练中，足球教练在教授完足球理念之后，有意识地退出指导教练的主场，而让学生在绿茵场上自由奔跑，自主决策。不仅发挥了学生的主动性，也提升了学生果敢运动的执行力。（南昌二中高新校区　吴嘉龙）

学生社团由兴趣爱好相近的同学组成。社团活动内容丰富，形式多样，例如球类、武术、书法美术、音乐舞蹈、诗词、书法、烹饪、编程、国旗护卫队等。社团在保证学生完成学习任务和不影响学校正常教学秩序的前提下开展活动。学生社团活动不仅对于丰富精神生活、增强实践能力、促进全面发展、推进素质教育具有重要意义，而且对于培养学生领导力也具有重要作用。因为孩子们可以在社团活动中体验如何正确做出决策、如何正确执行；如何团结协作，如何创出特色。

第一节　在社团活动中体验决策与执行

一、学会自主决策，告别优柔寡断

人们在生活中会遇到各种问题，解决问题就需要正确决策。特别是在遇到事关全局的重大问题时，及时、果断、正确地做出决策就能抓住机遇，走向成功。反之，如果缺乏主见，优柔寡断，迟疑不决，则可能错失良机，影响发展。

可以结合学生实际，引导学生在社团活动中，学习有关决策的知识和技能。例如在制定社团活动的方案时发扬民主，大家出主意想办法，做到民主决策；从实际出发，实事求是，按规律办事，听取专家意见，集思广益，做到科学决策；体验少数服从多数的原则；体验调查研究、分析比较、权衡利弊、做出选择等决策程序。当情况发生变化，及时对决策做出某种调整和完善。

对于小学生，我们可以通过讲故事的方式，深入浅出地引导他们懂得正确决策的重要性，懂得正确做出决策的条件。例如看看伟人、企业家的故事，遇事多动脑筋想一想；决策不等于盲目蛮干，要善于听取家长、老师的意见和建议，等等。

对于中学生，可以引导他们查阅革命先辈的故事、学会比较多种选择方案，运用辩证唯物主义、历史唯物主义观点和科学思维方法进行正确的价值判断和价值选择，对活动的可行性、必要性做出民主分析，提高决策的科学性可行性。

在农耕社团的活动中健康快乐成长
南昌二中高新校区　赖海燕

农耕社团的孩子们在学校农耕园种植了许多蔬果。孩子们除了每周三下午最后一节农耕社团课在那里相聚外，每天傍晚都去那里报到。这个暑假，他们利用暑托放学的空隙去打理菜园：拔草、打水、浇水、采摘……大家分工协作，学习农艺，时不时发出阵阵笑声。

学生们脸晒得通红，汗水流淌，但都兴高采烈。最初，学生们完全是门外汉。赖老师跟学生们说，你们可以去看看书，去问问亲朋，去自己种植，然后看看有没有收获。经过几个学期的训练，孩子们对于农耕园里的蔬菜水果的生长习性基本弄清，遇到问题，基本上能自主解决。

小吴和其他两个女生每天按时到耕种区域完成松土、播种、浇水、施肥等环节，园间挥舞的锄头、额头落下的汗珠、身上浸透的衣衫、变花的小脸、弄脏的小手……都掩盖不住在劳动中体会到的快乐。春天他们种下韭菜、大蒜、胡萝卜；秋天到了，他们采摘劳动成果后又开始新一轮农作物的种植。小吴说："虽然辛苦，但是看到收获的果实，真开心。我懂得了谁知盘中餐，粒粒皆辛苦。要爱惜粮食。"他们分工明确，有的负责沤肥，有的负责浇水，有的负责拔草松土。如果有人完成了自己的任务，就会看看有没有人需要帮忙的，然后主动提供帮助。

农耕社团的孩子们让学校荒置的楼顶变成了绿园。放手让学生发挥主动性，学会自主决策，既培养了热爱劳动的优秀品质，又培养了自主决策的能力。农耕社团荣获南昌市十大精品社团称号。

二、学会坚决执行，告别磨叽

做出决策后应当及时实施，付诸行动。一步行动胜过一打纲领。人们为实现目标而采取行动的能力就是执行力、行动力。人们在实现目标的过程中不可能一帆风顺，总会遇到各种各样的困难、障碍，甚至遭遇不同程度的挫折。在克服困难、战胜挫折的过程中，人们的执行力就会得到锻炼和提升。对学生而言，实践经验、实践观点、实践能力就会得到培养与提高。

我们处在一个快节奏的社会，如果办事拖拖拉拉、磨磨唧唧，无疑会在激烈的竞争中处于劣势。因此，培养学生的执行力、行动力比以往任何时候更为重要。学生社团活动的有序开展需要有严格的纪律作保障。社团活动又是一种无形的约束机制。社团活动的整体性、节奏感，会倒逼平时有拖拖拉拉、磨磨唧唧习惯的同学得以纠正，逐渐养成雷厉风行、高效做事的良好作风与能力。这种作风对学生学习成绩、综合素养的提升具有非常重要的价值。

对于小学生，我们可以通过讲故事的方式，深入浅出地告诉他们，想到什么就立刻去做、去行动；行动的时候培养自己的专注，不轻易分心，学会抵御诱惑，这对于健康成长非常重要。对于中学生，我们可以引导他们从人的能动性、实践观点等哲学思想的高度来理解执行力的重要性。例如改造世界是人的主观能动性最重要的表现；实践是人们改造客观世界的活动，实践是认识的基础，实践是检验决策正确与否的唯一标准，也是实现决策的根本途径，等等。

在培养舞蹈技能的同时锻炼执行力

南昌二中高新校区 徐碧澄

无论男孩女孩，都有一颗爱美的心。舞蹈社团的孩子们，在舞蹈房中苦练基本功，既使个性得到发展，又锻炼了执行力，防止和克服拖拖拉拉的习惯。

悦悦是舞蹈社团的干事，她不仅舞蹈功底深，而且做事雷厉风行，执行力强，当大家遇到困难不知所措时，她总能灵机一动，解决大家燃眉之急。舞蹈社团的徐老师很多时候都放手让罗悦自己处理事情。

婷婷起初有些拖拉。一次舞蹈展示，团员们早早化好了妆，婷婷却还没有到。大家都急得直跳脚。临展演时间只剩下不到五分钟，黄依婷才匆匆赶到。徐老师赶紧给黄依婷换衣上装。音乐响起，黄依婷被推上了舞台，在表演的中途忘了动作……

徐老师决定让悦悦帮助婷婷改掉拖拉的坏习惯。悦悦给婷婷制作时间安排表，叮嘱她要按时间表及时做好每天要做的事情。并根据婷婷乐感好这个优势，在平时的排练时，让婷婷当小老师，指导大家排练。婷婷说："哎，我舞蹈功底不强，怕教不好大家啊！"悦悦拍拍她的肩膀："在我眼里你是最棒的。只要坚持不懈地努力，在社团的磨砺下你会成就更好的自己！"其他团员听了纷纷鼓掌。婷婷在大家的鼓励下，改掉了做事拖拉的坏习惯，舞姿变得越来越优美，想法越来越有创意，逐渐变得雷厉风行、做事手脚麻利。

有一次，舞蹈社团要参加市里的舞蹈之星比赛。为了赢得好名次，小团员们每天早早起来练功，舞蹈房里天天都有她们排练的身影。有的成员因为排练过度，脚都磨破了皮，膝盖也有损伤，但她们都未停下排练的步伐。她们说："没事，很快就会好了，这点小伤怕什么。"比赛那天，成员小丽腿受伤严重参加不了比赛。婷婷自告奋勇地说："她们排练我一直都在旁边，我熟悉舞步，我来顶替小丽吧。"徐老师眼睛一亮，拍拍婷婷的肩膀："相信你！"舞台上，婷婷和舞伴默契配合，翩翩起舞如行云流水，一举夺得第一名。婷婷成为舞蹈社团的"小明星"。

（本节作者：南昌二中高新校区　陈蕙卿）

第二节　在社团活动中培养团队精神和创新精神

学生社团本着为同学服务的宗旨，组织广大同学开展健康积极的社团活动。通过开展丰富多彩的社团活动，加强包括人际交往能力、组织活动能力、创新能力、抗挫折能力等综合能力的培养，为学生领导力的提升搭建平台，促进学生的全面发展。

一、在社团活动中体验团结就是力量

团结、和谐的社团氛围更有利于学生社团的发展，对社团成员综合素质的提升和能力的培养具有推动作用。我们可以通过建立健全规章制度，形成社团凝聚力，从制度层面在社团中营造团结向上的社团氛围。

学生会由校团委直属领导，下设社团部。社团部负责学生社团的建立、活动时间、活动场地、日常考勤等管理工作。学生社团采取自主化管理模式，由社团社长统筹安排社团中相应事务，在开展社团活动中遇到的问题、困难、创新性想法和建设性的意见建议均可通过社团部反映到学生会和校团委，最终处理结果通过社团社长会等形式进行反馈，形成工作闭环。

社团成立之初，要求社团发起人必须制定社团章程，明确社团的宗旨，遵守法律法规，符合校规校纪，社团章程内容包括：社团名称、宗旨、组织机构、入社手续、社员权利和义务、领导者的产生和任期、招新制度、经费的来源和管理使用、办公或联系方式等。各社团结合自身实际，由社团所有成员共同讨论确定社团章程，保证各社团成员的平等地位，构建团结、和谐的社团氛围。

学生社团通过各社团成员的以老带新，促进经验交流，形成团结进取、积极向上的社团氛围。各社团除专门的指导老师进行指导外，各社团的高二年级社员以"1+N"的形式，做好传帮带的工作。学生社团在进行纳新时，可以由该社团骨干成员组成面试团，对社团的新成员进行笔试和面试，经综合评定后方可进入社团。进入社团的新社员，可由各社团的骨干成员对其进行指导，骨干成员在对新成员进行指导的过程中，也逐渐帮助社团新成员融入社团中，形成团结和谐良好的社团氛围。同时，骨干成员通过角色的转换，真正地体验到了什么是学有所成、学有所用。

同时，通过精心组织社团活动，为学生搭建展示平台，在活动中培养学生团结协作意识。活动是培养学生团队意识和团结精神的重要载体。学生全身心投入具体活动，有利于其提升自身的综合素质，积累相关经验，增强团队凝聚力。涉及社团复杂项目的活动中，仅靠个人的力量是无法完成的。

团结协作　载誉而归

珠海市第二中学模联社团的小黄等11名同学参加2019年广东省中学生模拟联合国大会赛事（以下简称"模联"）。本次模联委员会为联合国工业发展组织（UNIDO），与会代表们主要围绕"可持续生产和消费"和"鼓励妇女创业"两个议题展开讨论，以高中生的视角，解读国际社会共同面临的核心问题。

备战赛事，同学们从暑假开始，规划备赛日程排期，明确学习任务，虚心向老师求教。在学校电脑室、活动室都可以看到同学们认真查找议题资料、准备发言稿、激昂演讲的身影。在比赛期间，同学们克服电脑等电子设备不足等困难，分工协作，修改稿件直至深夜。在为期两天的比赛中，同学们在会场上表现出非凡的自信和坚持。他们在演讲时客观地阐述国家立场，表达见解；在提出动议时，积极争取发言机会，融入讨论；在正式辩论时有理有据，娓娓道来；在自由磋商时合作共享，寻求共赢。同学们缜密的思维、深刻的见解、流畅的表达受到专家评委的好评。取得了一等奖1人、二等奖1人、三等奖3人的优异成绩，为学校赢得了荣誉。

在短短两天的赛事中，模联社团的同学们根据设置的议题在限定的时间和条件下内充分查阅资料，分工协作，最终形成发言稿件和提案。值得一提的是，在赛事当晚的准备中，同学们针对议题充分发表了自己的个性化意见，有时甚至展开了激烈的争论，但最终在集思广益的过程中形成了统一观点。同学们在本次比赛中收获的不仅仅是一个个奖项，更是培养了自己的团结协作精神，锻炼了思辨能力、语言表达能力。

二、在社团活动中激发好奇心、培养创造力

杜威提出"做中学"的教育思想，主张学生"沉浸式学习"，亲身体验学习的兴趣。相对于学科类课程，参加社团活动的学生主要是基于自身的兴趣。社团活动有利于学生在实践中丰富直接经验，培养广泛兴趣，激发好奇心，激发创新精神和创造力。

学生社团种类多样，通常包括创新类、音乐类、体育类、舞蹈类、社科类、影视传媒类、公益实践类等类型，均由兴趣相投的学生自发组织申请成立。学生社团由学生自主开展各项活动，贴近高中学生的实际生活。有的学生因为对某个社团产生好奇心，抱着尝试的心理参与社团活动，经过不断地自身调整与适应，形成兴趣，可以更有效地认识自我，挖掘自身潜力，提升人文素养和审美能力，促进全面发展。

珠海二中"广播站"社团的青春之声

珠海二中依托校"广播站"社团，成立学生广播电视台，每天的12：15分和17：30分，在校园内直播广播站的节目。同学们不断创新节目形式，在建党一百周年之际，创设"中国共产党简史"栏目，使教育"活"起来、"火"起来、确保党史学习落到实处，"广播站"社团受到广大师生好评。每逢重大节日或大型活动，"广播站"社团的同学还会进行现场采访和活动主持等工作。

播音主持工作对大多数同学来说既陌生又熟悉。成为一名真正的主播，对学生有着极大的吸引力。为了让更多的同学参与其中，为扩大"广播站"社团的影响力，"广播站"同学们还策划进行主持人大赛，比赛设置"模拟主

持"和"新闻评述"两个环节，考验参赛选手的信息整合能力、语言组织能力、临场发挥能力以及现场主持的控场能力及状态。"模拟主持"环节中，选手们分别以"中秋晚会""校庆晚会""元宵晚会""春节晚会""感动中国颁奖典礼"等主题进行比赛，同学们均表现出良好的状态，获得观众的热烈掌声。"新闻评述"环节中，同学们紧紧围绕"可持续发展""抗疫故事""大数据时代"为主题进行评述。许多同学第一次接触主持播音工作已展示出惊人的潜能。有些同学更是因为参与广播站的社团活动，大学选择播音主持相关专业继续深造。

珠海二中的少年科学院

珠海二中成立了少年科学院，引入 STEM 教育相关课程，形成由创新实验室、工程实验室、躬行创客空间、天文观察站、机器人实验室、人工智能实验室、航空模型实验室等多个研究机构组成的科创基地。依托学生社团，启动创新素养培育实验项目，目前已经形成电子社、航模社、机器人社、天文爱好者协会等多个科创类社团，广泛培养学生的思维和创新能力，唤起学生学科学、求真知的内在动力。学校每年定期举办科技节，开展科创类比赛，如"水从天降"比赛、立体模型搭建比赛、LED 创意设计制作比赛、天文望远镜组装及观测比赛、航模飞行计时赛；设置作品展示区域，各社团及学生个人可向全校师生展示近期成果，如科技创新作品、机器人操控、研学旅行报告；开设专家讲座，如天文科普讲座、太空探索讲座、陨石科普文化讲座；设置创新素养培育实验项目课程，如微生物的实验室培养、化学荧光反应、量子力学的核心概念——波粒二象性等。

（本节作者：珠海市第二中学　杜曾）

第三节　在社团活动中体验服务与付出

社团活动给了学生一片属于自己的天空，让他们能够展开飞翔的翅膀，充分挖掘自己的兴趣爱好，张扬自己的个性特点。更重要的是，能够让学生在参与社团、学校、社会等不同层面的活动中，体验服务与付出的价值，收获成长的美好，从而不断提升领导力。

一、在社团活动中体验服务与付出

服务与付出意识是领导力的重要组成部分，服务与付出意识和领导力一体两面，服务和付出意识强的人，影响力就大，领导力也就越强，反之，服务与付出意识差的人，影响力、领导力就会被削弱，好的领导力都是服务出来的。《高绩效人士的七个习惯》的作者史蒂芬·柯维也说过，"影响别人最好的办法就是给别人以影响"，服务他人是一种具有巨大支配力的隐性影响力。

在校园生活中，学生社团活动是培养学生服务与付出意识的重要途径。我们可以通过设计特定的社团活动，引导学生在活动策划时，关注每个社团成员的职责分工，关注社团成员在活动中应承担的个体责任，从而让学生懂得对自己负责，对他人负责，对团队乃至对社会、国家负责。在社团活动组织过程中，我们可以通过实践的体验，激发学生内心深处"授人玫瑰、手有余香"的情感共鸣。为学生传递服务与付出的精神内核，让学生感受到奉献的精髓。

一般来说，学生在社团活动中体验到的服务与付出有三个维度，即通过个体付出实现自我服务、服务团队和服务社会。自我服务是通过自我教育、自我管理来促使学生学会自律、自立、自强，培养学生学会认知、学会生存、学会做事、学会发展的能力。不同学段的学校可以鼓励学生在社团活动中，以不同层次的要求来实现来自我管理，引导学生自主规划社团活动，独立解决社团活动中遇到的各种困难。服务团队要求学生在社团活动中，关注整体利益，学会用个体的服务与付出，满足团队发展的需求。服务社会是更高层次的体验，要求学生组织、参与的社团活动，要与学校、社会的发展，与社会公益密切结合。武汉市第四十九中学在学生代表中开展"校长面对面"活动，通过学生提案"问政"，调动学生参与学校民主管理。该校地理社团研究青山地区的工业污染状况，服务地区发展转型，把社团活动与环境保护、社区服务等志愿者服务、社会公益服务结合起来，这样的活动就能让学生很好地体验服务学校、服务社会的意义和价值。

让学生在"创业"中体验服务与付出
武汉市第四十九中学　李葳

一群中学生开办公司，有自己的实验室、种植基地和生产车间，研发、生产多款产品，董事长、财务总监、销售总监等一应俱全。这是武汉市第四十九中学的学生成立的新枫学生生物公司。中国教育报、湖北日报均报道过学生在模拟公司运营的过程中体验创新创业的案例。

新枫学生公司，以学校生物实验室为研发中心，在循环经济生物园进行规模化生产，利用室外生物园地进行农耕实践。从项目策划、产品研发，到生产过程管理及产品销售等，都是学生团队自行研究、讨论后决定。公司从起步的艰难，大家互相支持，克服各种困难，到后来顺利研发各种新产品，以满足顾客的需求，公司成员都感慨万分。

公司第二届董事长刘玉同学深有体会地说："虽然这只是一个由 20 多个

成员组成的模拟公司，但运转起来并不轻松！首先作为公司的领导者要做好自我管理，要有随时为其他成员做好服务的意识，才能有效调动大家的工作积极性。遇到困难时，需要公司每位成员付出努力，甚至做出个人牺牲才能解决。我很感谢我的团队，正是每一位成员在团队里真诚的服务和辛勤的付出，才会有公司的顺利发展。"

不到两年时间，新枫学生公司开发的产品从生物园地的绿色有机蔬菜、自酿干红葡萄酒，到手工精油香皂、变色润唇膏等近 10 个护肤品系列，以及叶脉书签、昆虫琥珀等生物小工艺品，产品琳琅满目，赢得了师生的广泛喜爱。公司发展稳定后，管理团队积极响应团委号召，每年参加团区委"志愿服务"活动，组织公益售卖。第一个学期，公司盈利 1500 元。如何处理公司利润，管理团队集体研究后，决定做公益，定期将利润捐赠给那些家庭比较贫困的学生。获得武汉市现代少年"创新大使"称号的黄雅慧同学说，"人人都有责任服务社会，也只有在服务社会中才能更好地实现自己的人生价值。"

二、在社团活动中感受成长的美好与价值

社团活动给学校带来了生机与活力。生动活泼，富有情趣的社团活动，既可以开阔视野，让学生在活动中历练心智、陶冶情操，又能让学生在活动中学会做人做事，全面提升综合素质，也在活动中感受成长的美好与价值。

2018 年 1 月 31 日，时任英国首相的特蕾莎·梅访问武汉，第一站到武汉大学出席湖北英国教育文化交流展，并与学生互动交流。武汉市第四十九中学作为唯一的中学生代表团，承担了重要的展示任务。该校汉绣社的雨祺同学向特蕾莎·梅女士介绍了她和汉绣社同学一起制作的汉绣手包，首相非常惊叹，爱不释手！活动结束后，雨祺同学分享她的感受："我平时在汉绣社的活动以及这次的国际展示不仅帮助我发展了兴趣爱好，加深了我对荆楚文化的理解，同时更深刻地感受到作为一个四十九中人、一个武汉人、一个中国人肩上所承担的传承中华文化的责任。在活动过程中，我也认识了许多优秀的人，找到了自己未来努力的方向，我明白自己还需更加努力，我渴望成为像他们一样的人。"社团活动让大批与向雨祺一样的学生，体验到了成长的美好，更明确了前行的方向。

那么，社团活动能让学生收获哪些成长的美好呢？

首先，社团活动能增强学生的团队意识与自我管理能力。社团活动是一项团队活动，每一个团队的成员都要积极地发挥自己的特长，为团队服务，社团的成功与每一位成员都息息相关。其次，社团活动能够激发学生的创造性。学生的思维活跃，想象力丰富，在活动中更容易碰撞出创新的火花。再次，社团活动能够提升学生人际交往能力。学生在社团活动中，与不同的人交往，甚至有时候还要走出校

门，与社会上不同的群体沟通，从而不断增强人际交往能力。最后，社团活动能够促使学生的人生态度变得更加积极。通过在社团中的学习、体验，可以使学生的人生观、价值观不断地升华，将个人理想、追求与时代的发展同频共振。

在科技创新社团活动中感受成长的美好与价值
武汉市第四十九中学　刘明刚

在武汉市第四十九中学科技创新社团中，学生跨学科融合知识，科学分工协作，充分发挥每个人的优势与特长，在科技创新活动中收获自己的成长，创造属于自己的奇迹与辉煌。

对科技创新社团的小彭同学来讲，有两件事是他成长道路上的重要时刻。一次是参与外宾来访接待工作。科技创新社团的全体成员，在一个月的时间里，经过分类论证、方案设计、制作模型、作品优化等过程，设计制作出既体现中国武汉人居风格，又体现当今前沿科技——人工智能水平的智慧家居模型。小彭同学介绍："在准备过程中，每个同学都积极查阅资料、咨询专家，为制作高质量作品献计献策，同时，大家分工合作，亲自动手，把设计变成了智慧家居模型的实际作品。"不管是对小彭同学，还是对其他成员来讲，这次接待活动都使他们的理论水平、协作意识和动手能力得到了大幅度的提高。

第二次是小彭同学代表学校科技创新社团参加全球大疆 Robomaster 高中生机器人主题冬令营。参赛前，小彭刚接触了产品研发流程，学会了在面对问题时，如何思考，协调资源，做出最佳的决策。他还在老师的指导下掌握了3D 建模设计，并完成了自己的无人车设计方案。根据建模，小彭用 3D 打印设备打印出了全部无人车零件，以该作品成功入围 Robomaster 机器人主题冬令营。2019 年，小彭在香港举行的 RoboMaster 全国机器人大赛中获得亚军，被美国弗吉尼亚理工大学录取，并获得全额奖学金。

该社团的小江同学继小彭之后也成功入围南科大与大疆的创新夏令营，小金同学参加全国青少年科技创新大赛获得湖北省一等奖，小江和小郑同学组成的 WG2 赛队参加湖北省中小学电脑制作 WER 工程挑战赛获得湖北省第二名……基于学校在人工智能基础教育方面取得的活动成果，市四十九中也被中国科协授予"全国青少年人工智能活动特色单位"。

在广播社的活动中感受成长的美好与价值
武汉市第四十九中学　黄佳玮

武汉市第四十九中学广播社，是学校宣传工作的窗口，也是锻炼学生能力的平台。小谢是广播社的社长。从社团干事到社长，她在成长中一步步走来。

还是在广播社招新活动时，其他同学在面试完成后便离开了现场，而小谢在完成面试后，一直没有离开。直到面试结束后，才和最后一批成员收拾好桌椅板凳，做好清洁才离开。问她为什么最后才离开，她笑着回答："一方面收拾好活动室卫生是我们应该做的，另一方面我也想多看看别人的表现以及学长学姐们的评价，这也有利于我提高。"

高二时，小谢被推举为社长。新的平台给了她更多的动力。作为社长，她敏锐地抓住教育部关于加强对中小学生"五项管理"的相关要求，组织广播社成员结合学习生活实际，围绕"五项管理"中"手机管理"这一话题开展访谈。从素材采集、整理到校对、播报。广播社在社长的带领下各成员分工协作，以"未成年人防沉迷健康系统"为切入点，开展校园访谈节目——《访谈零距离》，被湖北广电报道后，产生广泛影响。

广播社快速发展，社员们进步显著。在经典诵读大赛市优秀作品征集评选中，社团成员积极参与，从文稿选择、动作编排，再到视频录制剪辑，谢雨汶都精心指导。最终，该作品获得武汉市一等奖。在她的带动下，越来越多的学生在广播社和学生会平台中增长技能，服务师生，实现自己的价值。

（本节作者：武汉市第四十九中学 李荣）

第二十章　社会实践与学生领导力的培养

　　在学生带来绿植之前和学生一起讨论，在教室里选择一块既能享受阳光又可以通风透气的宝地作为植物角。班长小萍建议在教室的西北角，有学生提出异议，想设置在走廊上。针对这两个提议让学生们各抒己见。小萍给出了选址理由：教室西北角既有阳光，也有窗户透气。而走廊上一旦刮风下雨都会飘雨，再养绿植的话走路不便。同学们采纳了。每个小组各出一份美化植物角的方案，以投票的方式选出植物角。

　　为了能更全面、更细致、更积极地照顾好植物角的绿植，老师和学生一起制定植物角分工表，并选出一名"植物百科小顾问"、两名"假期护绿使者"，其余学生则每天按学号轮流两位当"周中护绿使者"。

　　每天根据"植物简介"卡中不同植物的特性进行浇水、施肥除草、捉虫等管理工作，并认真及时地做好相关记录。每逢周五都要在离校前为每株植物额外再多浇一次水，确保能顺利度过双休日或调休假期。每逢长假期到来之前，"假期护绿使者"需要协助同学完成自愿认领植物的任务。定期观察植物的生长情况制定植物角四季常青计划为"护绿使者"打星评价，每周得星最多将获得"护绿天使"称号。

　　小小的植物角，给班级管理注入了活力，也给师生带来了大大的美好。一株株的绿植牵动着班级里的每一位学生，也凝聚着全班护绿使者的点滴辛劳付出，体现着学生们的慧心、爱心和责任心。通过"点面结合"的方法，学生就能在自主管理中见证自己和一株株植物共同成长，收获那份付出劳动后的甜蜜喜悦了。（荆州开发区实验中学　皮亚东）

　　社会实践是强化实践育人功能、加强综合实践活动课程的载体，也是培养学生领导力的重要途径。学校公益活动、社区志愿者活动、研学、劳动教育等，都是实践育人的重要环节，也是培养学生领导力的舞台。如何在这些实践活动中培养学生的领导力，是值得实践与研究的课题。

第一节　在学校公益活动中培养学生领导力

《国家中长期教育改革和发展规划纲要》强调，要"满足不同潜质学生发展的需要，探索发现和培养创新人才的途径"。探索培养学生领导力的途径，是创新人才培养的重要组成部分。领导力作为拔尖创新人才的重要素质，应当从小学阶段即开始培养。要培养的学生领导力，关键是要使他们具有社会责任感，具备自我领导力、团队领导力、责任担当意识以及创新精神实践能力。学校公益活动是培养学生领导力的重要载体。

一、学校公益活动的内容与形式

（一）什么是学校公益活动

以志愿服务精神为引领，以学生为主体，团结联络爱心人士和服务对象，提供各类公益服务项目的公共关系实务活动，就是学校公益活动。

学校公益活动的内容可以包括但不限于以下几个方面，如：校园义卖及募捐活动、垃圾分类及废物利用等美化校园活动、社区关爱空巢老人活动、与乡村留守儿童携手爱心活动、福利院义务劳动和文艺表演活动、"两创随手拍"文明劝导活动、博物馆和文化遗址保护和展览等文化旅游服务活动、结合某些特定节日进行的主题宣传活动（如：禁毒、反欺凌、全民阅读、动物保护、光盘行动等）……总之，学校公益活动应该适合学生的年龄特征与能力水平，既要利用学生已有的生活劳动经验，又要有一定的挑战性，将公益劳动与志愿服务和学生的情感体验、生态教育等专题教育充分结合起来。

（二）学校公益活动对于培养学生领导力的作用

首先，学生接受社会实践的锻炼和洗礼，感受到志愿服务行动所带来的自豪感和成就感，从而增强社会责任感。其次，每一个志愿者活动项目的负责人，在每一次的活动过程中，需要管理、协调、评价，学会组织动员各方资源和力量，创造性地推动问题解决。

做公益，不仅仅是学生贡献出自己的钱、时间和精力，还要有锲而不舍的精神和吃苦耐劳的品质，才能完美执行志愿者活动。正是这些品质与能力，可培养学生领导力。

（三）学校公益活动的组织方式

1. 有序组织，规范操作

切实做好学生志愿者的组织管理工作，进一步规范"招募—注册登记—服务培训—志愿服务—服务记载—优秀表彰"的工作流程。

2. 分门别类，定期培训

优化配置"小分队"资源，制定完善的志愿者培训体系，定期对各志愿者小分队成员进行专业培训，提升志愿者的服务意识、服务技能，让同学们热爱志愿服务，在志愿者工作中增知识、长才干。

3. 培植典型，示范引导

榜样的力量是无穷的，通过树立典型，进一步拉近志愿者工作与广大师生的距离。以评优促发展，对优秀事迹进行报道和宣扬。

4. 结合热点，拓宽领域

可以在社区组织环保志愿者、助老助残志愿者、交通志愿者进行环境卫生整治、社区文明建设、孤寡老人陪伴等公益行动。也可以组织宣传志愿者等参与譬如荆州龙舟赛、马拉松赛、社区消夏文化节、荆街美食节、学雷锋纪念日、春节书画进万家等众多大型社会活动。

二、在学校公益活动中培养学生的服务意识和责任意识

（一）校内组织

学校公益活动要扎根在学生的日常生活之中，例如：在就餐排队中"我为食堂做设计"；在寝室建设中——"寝室分工服务岗"；在班级建设中——"小小助教训练营"；在学校建设中——"节电节水协商会"等。

小小助教训练营

荆州市东方红中学七年级刚进班，学生学习习惯较差，抄作业成风。班主任肖郁郁注意到每天都会主动留下来帮助打扫卫生的逸轩，这是一个热心班级事务的男孩。放学之后，肖老师试着从逸轩这里打听一些班级的情况。刚开始，逸轩对老师是知无不言，言无不尽，可他渐渐变得躲着老师。有些同学笑话逸轩是"内奸"！给他带来了巨大压力。

肖老师将班级48人分成8个小组，通过自我推荐和组员推选相结合的方式确定了8名班级小助教。小帮手向班主任汇报班级事务，在班主任的帮助下完成了从"汇报者"到"建设者"的角色转变。

对小助教进行每周一次的培训，如怎样公平对待每一位组员。坚持一个理念：温和但不放纵，严格但不苛刻。逸轩小组在进行作业上交速度与质量竞赛时，连续几次都成为倒数第一，他开始对组员进行训斥。肖老师建议他在组内给自己再找一个助教，两人齐心协力，合计出了每天放学后检查组员的作业记载本、第二天早上让组员统一上交作业袋的优化方案。

"小小助教训练营"让孩子们不断成长，从最开始的莽撞茫然、转变为后期的专注认真、积极主动。逸轩在周记中说："做助教的过程让我开始明白，每个人身上都有着不同的责任。要想做一个让同学信服的组长，就要学着了解别人，尊重别人；要想带领小组共同进步，就要发现每个组员身上的闪光点，并且帮助大家把自己的长处用在最需要的地方；要想成为老师得力的助手，还要学着了解自己，勇敢面对自己的缺点，积极尝试，才知道原来自己可以变得更好。"

（二）校外组织

走出学校，学校公益活动内容可按照爱心、礼仪、城管、交通、助老助残、文体、环保、禁毒、讲解、献血、组织、宣传等分成十多个子项目，并可成立相应的志愿服务小分队，服务基地可覆盖社区、特殊学校、敬老院、博物馆、青少年宫、纪念馆、公共图书馆、科技馆、植物园等，提供爱心帮扶、教学助理、礼仪引导、秩序维护、环境整治、赛会服务、疫情防控宣讲等特色志愿服务，合作单位涉及乡镇、街道、城管、交通、企业等。

荆州马拉松啦啦队活动

2023 年 3 月 26 日，荆州国际马拉松比赛开赛，荆州市东方红中学组织学生参加啦啦队，为参赛队员们加油助威。为了使学生能够参与并且亲身感受马拉松坚持不懈、挑战极限的精神，学校高度重视，成立领导小组，全面组织，分工指导，政教处组织七年级全体学生共 713 人具体实施落实，保证活动有序、有效开展。

宣传阶段。学生会宣传部制作海报和条幅，鼓励大家积极参与此次啦啦队活动。制作展板，展示此次活动的目的与意义，并使大家充分了解啦啦队活动的注意事项。办公室负责出通知，内容包含本次荆马举行的时间与地点、各班分配的路段以及带队领导、班主任、科任老师名单，贴于公示栏。

准备阶段。召开动员大会，对活动的全过程做好具体安排。把学生会全体委员按部门分组，由部长负责小组的安排。组织部、文艺部、宣传部、劳动部、纪检部都落实责任和工作内容。

执行阶段。比赛当日，早上 7 点，七年级同学们准时到校，在操场集合。出发前，年级主任强调文明观赛，热情助威。随后各班到达各自点位。大家拉开宣传横幅："迎荆马、讲文明、树新风""荆歌铁马、奔向未来""知荆州、爱荆州、兴荆州"……在每道横幅下，各班合影留念。

"这是我第一次参加马拉松的啦啦队，非常激动！""明年的马拉松，我一定报名参加！""加油，坚持住！"很多同学都是第一次参加此类活动，见证参赛选手的拼搏精神。选手们奋力拼搏的身姿也感染着每名同学。长达近 4 个小时的坚守，跑道两侧无处可坐，但同学们一直有序排队、热情高涨。本次啦啦队活动取得了圆满成功，得到了合作方的好评。

总结阶段。各班进行了活动总结与评价。大家更感受到：此次啦啦队活动的成功举办，展现了我校学生良好的精神风貌和积极参与公益事业的热情，更展现了家乡美好的城市形象，提高了大家的社会责任感和团队协作能力。

（本节作者：荆州市东方红中学　谭蜀娥）

第二节　在社区志愿者活动中培养学生领导力

社区志愿者活动，例如健康知识宣传、科普进万家、服务孤寡老人、交通劝导等，能让学生在真实的社会实践中挖掘自身潜能，学会协调沟通，培养领导力。

一、指导学生学会选择活动主题

学校在组织学生开展社区志愿者活动时要指导学生选择合适的主题。教师要引导学生考虑以下两个方面：一是可行性。活动主题既要考虑客观条件，如开展活动的时间、需要准备的工具等，又要注意符合学生的实际。比如在春天开展植树造林活动，在夏天开展防溺水安全宣传，在冬天开展预防一氧化碳中毒宣传，在合适的时间节点开展相应的活动就比较适宜。又如在服务孤寡老人活动中，让低年级学生帮助老人剪头发、清洗床上用品显然不合适，而让他们去擦擦桌子、扫扫地，唱唱歌、跳跳舞，给老人送去关怀和欢乐，效果会更好。二是实践性。如预防诈骗的宣传活动。学生想要做好宣传就得先去收集一些身边的人被诈骗的真实案例，在宣传的时候还得讲清楚骗子的骗术及识别与防范对策。

二、培养学生的团队合作意识

社区志愿者是一个团队。合理分配小组是活动前提，教师要指导学生根据每个人的实际情况综合考虑。根据学生动手能力及思维能力的不同，可以将"喜欢做"

与"不喜欢做"的学生组合，以"做"带动"不做"。根据学生性格差异，可以将性格外向、热情、开朗、善于表达的学生与性格内向、胆小、不善于语言的结合，以"敢说"带动"不敢说"。这样既做到了合理分组，又能发挥优势互补，通过一段时间的小组合作，使学生之间能相互带动、相互帮助、共同进步。

学生在小组或团队中为了完成共同的任务，应该有明确责任的分工。教师可以引导学生给小组成员编号分工，例如：组长、宣传员、资料员、记录员、联络员、调查员。还可以尝试定期轮换，使每一位成员都能有不同岗位的经历，都能享受成功的喜悦。

团队合作激发无限精彩

三月是"学雷锋"行动月，公安县斗湖堤小学号召全体师生学习和弘扬雷锋精神，开展志愿服务活动。同学们兴奋不已，立马组队。

中队辅导员许老师发现有5名同学孤零零的，没有加入任何队伍。倩倩那一小组都是成绩好的班干部，皓阳那一组的都是平时玩得比较好的活泼好动的孩子，而性格内向、不善言谈的小成他们成了被遗忘的对象。

针对这种现象，许老师告诉大家，科学合理地分组，可以发挥小组成员每个人的力量，让每个人发挥最大的作用，小组的实力才会强。她向大家说明分组的原则：同组异质，异组同质。组内成员要有层次性，根据成绩、能力、性格、性格进行搭配，称为同组异质。而异组同质指不同的小组之间整体水平要差不多，便于小组之间的评比竞争。同时，小组内要根据性格特长分工，选出小组长、资料员、记录员、宣传员、联络员等。在老师的指导下，同学们重新组队，全班5个活动小组，确保"一个都不能少"。

小组长给大家分配任务后，小组成员有的找资料，有的进行统计，有的进行信息的提取编辑，没多久，一份份方案就成形了。每一份方案的主题都不一样，内容详细，活动的时间、地点、参加的人员、需要的工具、注意事项都写得清清楚楚。孩子们说："我们的老师可不止一个，还有手机和家长呢！"

通过几次志愿活动的开展，孩子们已经能熟练地制定方案，开展活动了。正如孩子们在周记中写的那样：走出家庭、走出教室，从学生到志愿者，不一样的学习环境，不一样的实践体验，不仅增强了自信心，培养了探索精神，丰富的活动经历还让我们发现了自己的潜力。

三、搞好"两收一放"

"两收"指的是前期活动准备和后期活动小结需要老师的指导与协助。前期准备阶段，主题的选择和小组成员的分工都要在教师的指导下进行。对于小学生而言，需要教师把关，教师尤其要注意根据实际情况指导学生选择适合自己且可操作性强的活动。在活动方案的制订上，教师应指导学生通过网络搜集相关资料，小组合作讨论，家长和老师进行指导，制订、完善方案。随着学生年龄的增长、经验的积累、能力的提升，教师可以逐步放手让学生自己确立活动方案、主题和计划，包括活动的时间、地点、人员、方法、内容、注意事项等。活动结束后，教师要指导和协助学生进行活动小结，总结活动中好的做法、经验，找出活动中存在的问题，提出改进方案。策划——参与——小结，这一完整的活动过程是学生独立的机会，更是历练的平台。孩子通过明确目标、策划方案、参与实施、总结提高，提升实践能力，为领导力的培养打下了良好的基础。

"一放"是指在活动过程中教师要当同伴，不要当指挥官，放手让学生自主开展活动，这是小组成员各显神通的时候。教师指导的目的是尽可能让学生通过自主开展活动获得成功，尽量保证学生经历完整的活动过程，而不是个别、零散的片段。教师要敢于放手，要允许学生犯错误、走弯路。犯错误也是成长的机会。教师要及时了解学生开展活动的情况，有针对性地进行指导。引导学生在遇到困难时想办法，指导他们根据实际情况及时修订方案，帮助他们保持积极性，在活动中培养责任感、提高组织能力和管理水平。对于活动中遇到困难的小组，教师要进行个别辅导。同时还应指导学生注意活动中的安全问题，防止意外事故发生。

在参加志愿者活动中锻炼成长

公安县斗湖堤小学　任立言

每周五下午是各部门联合开展"美好环境 共同缔造"活动的时间，本周轮到倩倩这个组进社区。接到任务后，组长倩倩带领自己的组员询问社区工作人员、征求老师的意见、小组内交流讨论，终于制定了本次活动的方案。方案里有每个成员的具体分工，分配的任务充分考虑了组员的特长和个人意愿。在老师的提醒，方案里还特别标注了一些注意事项，如：活动需要提前与社区工作人员联系，每一个小组必须有一名成年人陪同（老师、家长或社区工作人员），确保安全；提前查天气预报，活动当天是晴天，组员要做好防晒，准备充足的饮用水；活动当天要穿舒适合脚的运动鞋；小组成员要按要求准备好所需要的工具，等等。

下午四点，倩倩带着小组成员准时来到社区，同行的还有许老师。到达指定区域后，孩子们便按照方案上面的分工，各自忙活起来。君君和三名组员拿着扫帚清扫着地面的垃圾；小飞和社区工作人员一起，提醒居民们将车辆有序停放在指定的区域；小琪和一名组员拿着社区印发的《垃圾分类倡议书》进行发放和讲解……小林是学校的小拍客之一，只见他跑前跑后，或蹲或站，从不同角度抓拍着组员认真劳动的镜头，用心记录着队友们活动的每一个瞬间，他尽职尽责地扮演着宣传员和记录员的角色。

　　太阳西斜，这次活动也接近尾声，看着干净的地面、整洁的环境，孩子们挂着汗珠的脸庞上露出了满意的笑容。

　　不同的志愿服务活动有不同的内容和主体，在老师的指导下，学生把学到的知识、掌握的技能通过参与志愿服务活动具体化，以交际演讲、绘图书写、文艺节目等外显的方式展示出来，不仅获得了关于自我、团体、社会的真实体验，拓展了自我边界，在团体活动中寻到了归属感、收获了真学识，核心素养得到了发展，还提升了自身领导力。

（本节作者：公安县斗湖堤小学　任立言）

第三节　在研学实践中培养学生领导力

　　研学实践是综合实践活动的重要组成部分，主要包括综合实践活动、研究性学习、旅游体验等。研学实践的开展弥补了课堂教学所不能提供的教育，是进一步落实德智体美劳"五育"并举、全面发展的重要途径。让学生在真实的社会情境中学习、运用领导技能，促进学生领导力的培养。

一、研学实践对培养学生领导力的重要意义

　　学会健康生活。"温室里的幼苗长不成参天大树"。很多学生是家里的"公主"或"王子"，从平时的衣食住行，到上学、读书，乃至人生规划，父母基本上为他们计划好了，这也造成很多孩子成了温室里的花朵，经不起风吹雨打。一旦遇到困难或挫折就会不知所措。因此，让学生走进社会参与研学活动，不仅能让学生在活动中体会快乐，形成积极乐观的生活态度，提高对自己的积极评价和认知，而且也能让学生在活动体验和参与的过程中获得成就感、价值感，增强自信。研学活动能使学生学会自我管理，健康生活。

　　学会责任担当。学生可以通过参与研学实践和团队活动，从而认识社会。责任与担当是学生核心素养之一，是学生领导力的重要体现。责任担当意识和能力提升贯穿于整个研学实践活动中，让学生从小事做起，从自己做起，才能担当起对家庭、社会和国家的责任。

　　学会实践创新。研学活动不仅是促进书本知识与生活经验深度融合的一种有效方式，更是将实践创新从校内延伸至校外的重要途径。比如在学科类研学活动的开展中，学生可以很好地将书本知识进行灵活应用，进一步在其中进行主动探究、积

极建构。在活动前学生要做好各方面的准备，多视角、多侧面、多维度进行思考，将获取的信息进行反复筛选，学会设计撰写活动计划并确定主题，进一步开展研究。诸如此类的研学实践能培养学生的创造力，使学生形成在各方面所展现出的实践能力、创新意识，同时也培养了学生的自我领导力和团队领导力。

在军事研学活动中体验不一样的青春

武汉市马房山中学　谷浩节

军事研学正当时，爱国强身铸军魂。军事研学是研学活动的一种特殊形式。今年学校的研学之旅在武汉市红星教育基地展开，在这七天中，学生远离家长、远离喧嚣，全身心地投入军事训练。

统一的着装，整齐的队伍，挺拔的军姿，坚毅的目光，彰显军人风采。8月的烈日下，晒脱了皮，没退缩，喉咙沙哑了，继续……

学生在军事研学活动中悄然发生改变。小伟，一个灵活的小胖子，在家是父母的宝贝，从来没有自己洗过衣服和袜子。这次的军事研学改变了他，从完全依赖父母到学会自己照顾自己、自己收拾内务、整理房间，每一样都做得有模有样。现在的他已经学会了自我领导，能够对自身进行管理。小胡和小帅，平时在学校里很少主动帮助老师和同学，但是在这次活动中，他们主动承担起了连队用水的任务，抬水、换水这些累活都是他们完成，而且一直坚持，从未放弃。就餐的时候他们也承担起小组长的任务，为同学们添饭、补足食物，主动为同学提供相应的帮助。班长小杰同学在这次活动中更加优秀，帮教官进行早操训练，让学生按时进行体温检测，特别是在自己规范完成各种动作和任务之后，协助教官规范其他学生的动作，能够合理管理、领导团队。

军事研学活动，让学生"懂得吃苦，学会吃苦，坚持吃苦"，让学生"自我管理、自我领导、自我独立"，让学生"学会承担、学会奉献、学会爱国"，更重要的是让学生明白"奋斗者，正当时"。

二、在培养研学实践中培养学生的责任意识与服务意识

我们要"心存责任，勇于担当，乐于服务"的学生，但是在日常的教育过程中，却常常发现有些学生面对错误，推卸责任；面对困难，选择逃避；面对完成清洁卫生，敷衍了事；面对举手之劳的事情，不屑一顾；面对冲突，随心所欲，不管不顾。这些在教育教学过程中所遇到的行为，都是学生责任心不强，不能勇于担当，没有服务意识的具体表现。

敢于负责，懂得担当，收获成长。注重培养学生的社会责任意识，让他们成为

有理想、有信念、有担当的人，其实就是要锻炼学生发展核心素养中的"责任担当"精神，进一步培养敢于作为的人。在学校教育教学工作中培养学生"角色"意识，需要学生在社会实践中锻炼"责任意识、担当精神"，形成责任行为。因此，利用研学实践开展相应的活动，以团队形式让学生明确处理与成员的关系，发挥在团队中的作用，深刻体会责任意识重要性，从而进一步提升学生的领导力。

心存感恩，服务人民，奉献社会。注意培养学生的服务意识，让他们成为有爱心、有热心、有责任心的人。在家庭中，孝亲敬长，感恩父母；在学校中，尊重老师、团结同学；在社会上，敬业奉献，以诚信宽和之心，行互帮互助之事，在公益和志愿服务上能够发光发热。因此，积极开展红色教育基地实践，让学生了解近代以来波澜壮阔、可歌可泣的历史；开展劳动教育基地活动，让学生了解"谁知盘中餐、粒粒皆辛苦"的劳作艰辛；开展志愿服务活动，让学生勇于承担社会责任，学会奉献他人；开展军事研学活动，让学生增强对军旅生活以及国防知识的了解，激发自己当下肩上应肩负的责任和爱党爱国的家国情怀。

（本节作者：武汉市马房山中学 谷浩节）

第四节 在劳动教育中培养学生的领导力

中共中央、国务院《关于全面加强新时代大中小学劳动教育的意见》，教育部颁布的《义务教育课程方案》《义务教育劳动课程标准》（2022 年版），为对学生开展劳动教育提供了基本依据。新课标指出，在义务教育阶段要培养学生形成基本的劳动意识，树立正确的劳动观念。同时要发展学生初步的"筹划思维"。这种"筹划思维"，就和领导力相关。在劳动教育中潜移默化地培养学生的领导力，大有可为，大有作为。

一、在校内劳动教育实践基地培养学生领导力

荆州开发区实验中学在校内开垦出一块名为"垄上花开"的劳动教育实践基地。每个班都划了一块"责任田"。每块菜地前都竖起责任班级的牌子。班主任组织孩子们来设计、规划和管理这块"责任田"，以孩子们的劳动为主体，加强过程管理，收获并分享劳动果实。很多班级将"责任田"又进行了网络化管理，具体分配小块地给每个小组长，班主任对各小组进行培训，然后由小组长牵头协调学生参与播种、管理的过程。在劳动过程中邀请劳动课的老师进行指导，最后进行评比。在这项活动中，各班主任应充分发挥孩子们的主体作用，让孩子们体验劳动的过程。在收获的季节，各班还进行了厨艺比拼，让孩子们把自己劳动的果实带回家动手制作，把过程用手机记录下来并带到学校进行展示。有些班级在各劳动小组的

合作下还将劳动的过程制作成美篇进行推广，增强了孩子们的获得感和自豪感。该校劳动基地的成功开展，让劳动教育走向"田间地头"，既培养了学生的劳动意识、动手能力和实践精神，又增强了学生动脑和动手相结合的能力，让孩子们在劳动中明白了"学习如禾如苗，懒惰如蒿如草"，树立正确的劳动观和价值观。

在劳动实践基地的体验过程中，在班主任老师的组织下，部分孩子的领导力得到了充分施展，首先是对本班的"责任田"进行网格化的管理中会分成若干个小组，通过学生竞选来确定小组长，竞选主题就是你对这块地的规划和对各种劳动工具、农作物和成长特性的理解。其次是确定了小组长后，劳动课的教师会进行专题讲座，传授相关劳动技能。学生会按老师的建议带领小组成员对自己的地进行精耕细作，在此过程中进一步培养了学生的协调、合作和管理能力。在管理的过程中小组成员之间难免会有小矛盾和摩擦，小组长要做好调解和处理，这也培养了学生的为人处世能力。

劳动基地我做主

荆州开发区实验中学　刘颖

学校为落实劳动教育专门规划了"垄上花开"劳动基地，对于没种过地的六4班师生而言这可是个大挑战。通过劳动主题班会，使学生明白"生活靠劳动创造，人生也靠劳动创造"的道理。

劳动委员小朱挑选了 15 名伙伴去翻地。比人高的杂草、比钢铁硬的土地，一节劳动课还未完成 1/3，更有个别同学在一边躲懒去了。劳动委员急在心里，他想起了班级小组合作，回到班级后，将劳动任务分块，有拔草的、有锄地的、有浇水的等，让同学们自己选择劳动内容，包干到人。一节课之后邀请老师评比检查。

对于学生来说，种地是非常新鲜的一件事，小朱指定组员，根据翻田、锄地、碎土等让组员各司其职，不仅小组内评比，还在小组间比较，通过观察发现做得好的小岗位就及时反馈刘老师表扬敲章，并在这个过程中，让全班同学知道老师为什么给他敲章，他好在哪儿，我要怎么做才能得到奖章。当学生积满 10 个奖章就能到老师这里换一些小的奖品。这个举措对于孩子非常有效，激发起了他们的好胜心，岗位工作热情高涨。

值日班长和劳动组长一起督促检查劳动基地，岗位工作不及时就给予督促，不认真的扣一分，并且及时记录好班级日志，每天及时向班主任汇报情况。这种形式为每一个人提供了参与班级自我管理的机会和条件，锻炼了每位同学的能力，使更多的学生在班级岗位管理活动中发现他人优点，改进自身不足，进一步培养了学生的岗位责任心。

小岗位大责任，同学们在承担小小岗位的劳动中，培养了一种责任意识，提升了领导力，真正成为班级的小主人。

二、在落实常规劳动教育过程中培养学生领导力

在学校常规教育过程中，落实"立德树人"根本任务和"五育并举"要求，践行以劳树德、以劳增智、以劳强体、以劳育美理念，提高学生劳动素质和社会责任感，促进学生全面发展。

荆州开发区实验中学为促进学生劳动习惯和卫生习惯的养成专门制定了一套评价体系，把教室文化布置、特色打造和卫生状况纳入学校文明班级评选的评价依据，让班主任引导孩子们积极参与，提升责任感和主人翁意识。学校建议对教室的布置要有四角，即图书角、植物角、作品角和卫生角，各班还发挥孩子们的智慧适当增加了生物角等，这些区域的设置都需要有专人负责管理和安排，发挥出育人功效。图书角书香迷人，孩子们轮换捐赠读物类别丰富；植物角生机勃勃，植物的生长也见证了孩子们的成长；作品角各项作品琳琅满目，定期更换，孩子们各展所长，争取参展；卫生角劳动工具井然有序……管理人员采取轮换制，每一个孩子都能参与，在这一过程中孩子们的领导力也得到了培养。

在家务劳动方面，荆州开发区实验中学分层次地培养孩子们的自理、自主能力。在一至三年级，班主任要求孩子们在家里要做力所能及的家务事，自己的房间自己打理，自己的物品自己收拾，培养学生"自己的事情自己做"的意识，形成初步的生活自理能力。在中高年级班主任要训练学生认识常用家用器具，掌握使用方法，能制作简单的饮食，初步学会简单的家务劳动技能等；在初中阶段就侧重训练学生规范、安全地操作与使用家庭常用器具的能力，掌握基本的家庭饮食烹饪方法，能独立给家里做饭，进一步培养增强生活自理能力和家务劳动能力。

荆州开发区实验中学开设了劳动体验和劳动技能兴趣社团。茶艺社团在孩子们的组织下开展茶艺展示活动；陶艺社团锻炼孩子们的创新能力和动手能力。学校还筹备自助厨房、汉绣、风筝制作、视频制作和地方特色工艺等社团，在活动过程和后期成果展示中锻炼孩子们自我管理能力和领导力的提升。

（本节作者：荆州开发区实验中学　朱龙彪）

第二十一章　国际多元文化背景下 学生领导力的培养

"个人领导力和全球化意识"与"批判性思维和创造性思维",是枫叶世界学校课程学生核心能力培养的主要方面。通过高阶思维能力的训练,个人领导力的加强,为日后学生海外学习交流提供能力保障,为讲好中国故事,传扬中华文化打下坚实的基础。枫叶世界学校课程承载着枫叶教育为国家办教育、育人才的使命;承载着高中国际化教育走向海外,传播中国文化的使命。

第一节　培养学生的人类情怀

世界的和平与发展少不了当代青年的努力与奋斗。在跨文化交流中,领导力的重要性不言而喻。兼收并蓄、继往开来的中国传统文化也传达着有关领导力的智慧。学生们需要从课堂出发,扎根中华文化,放眼世界,培养领导力,践行"人类命运共同体"意识。

一、打好中华文化的底蕴

在我们的传统文化中,儒家倡导"为政以德",道家讲求"无为而治",墨家宣扬"尚贤使能",各家学说都花费大量笔墨为当朝从政者献计献策,说明领导者对于国家和社会的发展有着重要影响。对于我们每一个普通人来说,拥有突出的领导力,是保证个体在自己所在领域团结团队成员、成就一番事业的核心要素。

家国情怀与责任意识

武汉枫叶国际学校　中文课程中心语文组

武汉枫叶国际高中一直秉承对高中生进行理想教育的理念,做有理想、有情怀、有领导力的精英人才。以《沁园春·长沙》为例,我们在课程设置中,设计的重难点,一是要了解毛泽东的豪情壮志,二是培养学生的历史责任感。在整体感知诗歌后,设计独立思考的环节　,讨论问题如下:"自古逢秋悲寂

224

寥"秋词中常常充满感伤的情调。毛泽东词中也有"寒秋"二字，为什么却毫无伤感情绪？很多学生都能回答：彼时的毛泽东正值少年时期，意气风发，怀揣远大的理想和抱负。这样学生便能感受到由诗人的气度、胸襟、性格、身份决定的诗歌风格。毛泽东的一代伟人形象便呼之欲出。为了强化学生感受，我们继续发问"请谈谈生活在和平年代的青年学生应该从哪些方面培养自己的领袖气质"。基于文本内容，结合当下生活的思考会让学生强化家国情怀和责任意识。家国情怀是一种更高的理想与责任，而立足当下作为一名普通的高中生，我们能够企及的就是做好自己。就像学生在课上所总结的：学会倾听，尊重他人；诚实守信，言出必行；行事果决，立场坚定；顾全大局，心胸宽阔；眼光长远，态度鲜明，敢于承担责任等。

在源远流长的中国文化中从不缺乏诠释领导力的故事，如明代吴承恩撰写的神魔小说《西游记》——唐僧师徒一行四人，性格迥异又矛盾不断，取经之路可谓困难重重。如何在团队磨合中彰显领导力精神，值得学生们共同思考。

团队合作，和而不同
武汉枫叶国际学校　中文课程中心语文组

以《西游记》中唐僧师徒四人为例，在课堂上，我们设计了"舍我其谁"的探讨环节。第一轮，每个小组围绕"性格各异的人物是不是在团队中同等重要，谁是团队中最不重要的人？"进行讨论，派代表发言，明确舍弃的两名角色，并阐明相关理由。第二轮，按照抽签进入角色扮演环节，根据第一轮票选出的最不重要角色，依次为自己扮演的角色申辩，阐述角色对于团队的不可替代性。通过两轮的讨论发言，让学生感受到虽然每个角色加入队伍各有缘由，但他们都有着"西天取经"的共同目标；虽然每个角色"斩妖除魔"的专业能力有高低，但他们能优势互补，形成团队合作；虽然每个角色性格各有不同，但他们最终能够彼此信任，彼此包容。以此总结出一个优秀团队应具备的特点：明确的目标、清晰的分工、相互间信任、良好的沟通、合适的领导。

两个思考题殊途同归，都在引导学生对团队的构成做出理解与规划，对团队关系进行辨析，对成员的搭配与磨合进行预演。"和而不同"，尊重不同声音，成就非凡团队，在尊重、弥合的过程中，树立团队意识，培养领导力。

二、厚植人类命运共同体情怀

推动建设人类命运共同体，源自中华文明历经沧桑始终不变的"天下"情怀。

从"以和为贵""协和万邦"的和平思想，到"己所不欲，勿施于人""四海之内皆兄弟"的处世之道，再到"计利当计天下利""穷则独善其身，达则兼济天下"的价值判断……同外界其他行为体命运与共的和谐理念，可以说是中华文化的重要基因，薪火相传，绵延不绝。新时期，中国人民致力于实现中华民族伟大复兴的中国梦，追求的不仅是中国人民的福祉，也是各国人民共同的福祉，关于命运共同体的传统理念得到进一步发扬光大。

全球治理理论的核心观点是：由于全球化导致国际行为主体多元化，全球性问题的解决成为一个由政府、政府间组织、非政府组织、跨国公司等共同参与和互动的过程，这一过程的重要途径是强化国际规范和国际机制，以形成一个具有机制约束力和道德规范力的、能够解决全球问题的"全球机制"。

尽管全球治理仍存争议，尤其是如何处理全球治理与主权独立的关系等。但是"二战"结束以来的 70 多年的世界发展历程中以联合国等国际组织为代表的全球治理机制发挥了重要作用，未来的世界，我们需要更好发挥全球治理机制的作用和影响。"人类命运共同体"是我们给出的"中国答案"，中国人民以及中国青少年将始终肩负"民族复兴"大任，积极践行"人类命运共同体"，为促进世界发展更好地贡献中国智慧和中国力量。

（本节作者：武汉枫叶国际学校　张其林）

第二节　培养多语言沟通及交流能力

一、多语言交流氛围营造

外语交流氛围的营造对于培养面向世界的高素质人才具有重要意义。那么在校园中，我们该如何营造更好的外语学习交流氛围呢？校园里往往配置了最优质、最专业的教育资源，但仍然有部分学生感觉学习外语很困难，缺乏动力；又或者虽然掌握了一定的英语能力，但在交流时却存在诸多障碍，空有一身技能而无法施展。

一名学生外语交流学习经历

对于外语交流的学习，我曾在美国某大学下设的英语学习中心（English As A Second Language Center）访问求学一年，期间有很多细节至今记忆犹新。

作为一名英语非母语的外国学生，从我入学的第一天便被告知，只要踏入教学楼，无论是教师还是学生，必须使用英语作为唯一的语言交流工具。在整座教学楼里，小到门把手、课桌和板凳，大到自动售贩机，均用英文标识，从细枝末节处帮助外国学生拓展词汇量，避免生活交流中的不便。在课堂上，由于语言环境的转换，教师为了避免学生遗漏关键信息，保证学生与教师之间对重要知识点的交流不受阻碍，始终保持着非常慢的语速，以帮助学生完成课堂任务、跟上教学进度，并能当场适时交流互动。在选用教材方面，该中心的教材并不拘泥于传统意义上的课本教材，而是把当时热门社会话题的访问访谈节目放到教学中，让学生更好地融入当地的社会文化环境。同时在学生的考核中，加入了根据访谈资料的信息提炼出自我观点的讨论环节，通过演讲和观点输出营造出良好的外语交流氛围。在最后的学习阶段，教师还使用当时美国热度很高的一个悬案作为研究对象。这样一个新奇且脱离课本的话题，成功激发起大家用外语交流的欲望，从而营造出了良好的外语交流氛围。

在学习中，另一处细节使我印象深刻。在一个来自日本的修学团体中有一个不成文的规矩——只允许使用英文交流。当我问及他们原因时，他们回答："这一辈子可能只有这么一段非常短暂的时光在美国生活学习，所以倍加珍惜，必须强迫自己学习掌握到最正统的英语。唯一的办法就是在自己的小团体里营造出良好的外语交流氛围。"

对于如何营造外语交流氛围，我认为不仅需要外界环境的干预营造，比如事无巨细的外语标注、教师教学的干预，而且更应从自我内心意识的驱动着力，也就是对于外语交流氛围的强烈渴望。

二、多语言沟通技巧

枫叶教育创始人任书良博士说过：教育的最高目标是改变更多的人，使人们彼此理解，相互包容，使不同文化背景的人走到一起，终结冲突。这个世界充满了冲突，是因为人们不能相互理解和包容，枫叶 20 年培养出走向世界的万名毕业生，正是这个目标的和平使者。

枫叶教育所提及的中外交流能力，不仅需要简单的口头交流能力，更需要有深度和有内涵的文笔表达能力。这不只是进行大学申请最重要的个人能力证明材料之一，更是未来海外求学最重要的学习和生存能力之一。在枫叶高中全英文的教育过程中，学生虽然以英文进行各项学术科目的学习，但为了适应和符合未来大学学习要求和申请要求，枫叶高中学生更需在英文学术能力考试投入更多精力和时间。除课堂的学习之外，英文能力还需要学生课外的长期实操积累和专项能力学习。

2014 届的妮妮同学，在高二即取得雅思总分 8 分，口语和阅读单项分别

227

8.5，听力和写作分别为 7 分的优异成绩，并且凭借如此高分斩获大学录取。

妮妮就读于武汉枫叶国际学校，有着良好的语言氛围，她自己也有两次出国的经验，深知口语交流的重要性，在学习过程中很注意培养口语交流能力。但如何在考试中使自己的能力得到充分的发挥。一是心态要好，面对考官不能胆怯，想说什么就说什么，保证交流的连续性和话题的相关性与准确度；二是要明白交流的实质，口语的目的在于交流，而不是显示思想的深刻与知识的广博，要放下包袱才能顺畅地交流。

妮妮喜欢听 BBC、看英剧，喜欢看英文原版书，也会在网上下载原书有声版。这奠定了她丰富的词汇基础、良好的语感和英语背景知识的积累。因而，听力对她来说更多的是要熟悉雅思考试的听力特点和出题规律。热爱阅读英文原作的妮妮有着较大英语词汇量和深厚的语法知识基础。熟悉雅思考试特点及出题模式进行有针对性的练习是提高分数的关键。第一次做雅思的阅读真题让她感到很挫败，四十多道题她错了十几个。但慢慢通过练习，熟悉了雅思考试的模式之后，慢慢地，她的阅读水平有了质的飞跃。

针对学生挑战较大的英文写作，枫叶英文写作跳出国内应试的复述性写作，而是拓展到更具思考深度的议论以及文学写作。

雅思作文的实质是用适当的语言去表达对于某些观点的看法，首先要表达思想，让自己的论据始终围绕论点，作文要有逻辑性和整体性。良好的语言基础加上适当的方法，使她在写作中取得了很好的成绩。

枫叶教育中的英文学习与普通高中英文学习存在较大差异。普通高中英文学习更偏向于西方 "Linguistic" 语言学方面学习，重点在于英语语法和句型的学习及掌握等。枫叶教育的英文文学学习，重点在于不同英文表达分析，例如诗歌欣赏、文章分析、梗概解读以及批判性写作等。在语言能力体现方面，除了文书书写和不同形式的阅读外，还有课题演讲，海报展示以及辩论比赛等口头形式。在枫叶课堂英文学习，让学生从听、说、读、写四个方面提升学习的能力，并且从实际运用中，让学生的英语学习从 "单纯学习英语" 到 "如何使用英语" 以及了解语言的美丽，更有学生从学习语言中发现个人专业的作用。

回首自己如何进入语言学这一段奇妙的旅程，在对语音和语言了解的过程当中甚至实践了一段时间音乐剧的译配，语法以及语音方面的知识带给了我许多不同的去了解这个世界的有趣方式。而语言学研究也是一件对我来说值得投入热情的事情，接触这门认知科学的过程中也在无形当中能够逐步实现自我提升，这是对我来说选择这门专业最值得的地方，我想兴趣才是最好的引导，坚定更是收获最终结果的良剂。不断的思维磨炼会有效提供表达能力和思辨能力，求学过程中我相信会读到很棒的文章，遇见很棒的学者，最终也能够遇见那个很棒的自己。（2020 届武汉枫叶毕业生　潘玥）

在枫叶环境下的英语学习，并非是一蹴而就的，也不是一味做题就能得到提升，而是需要从学习过程中的把握以及日常的点滴积累，以及个人目标的方向牵引。从学生的成长故事中更能去体会学生所付出的精力和勇气。

我并不同意有人说，在枫叶不用高考，这是个避风港。每个人都有不同的压力，我记得自己曾经连续几个月熬夜到凌晨一两点刷雅思，连在食堂排队的时候也在背单词，也曾自己一个人去操场练过口语。我记得我在小组作业时因没沟通好而面临的崩溃感。我记得当作业和考试一起来袭，我因忙碌而感到的压力。学习一定是一个相互交流、相互学习的过程。这一点，在我来到枫叶后才幡然醒悟。在这几年的学习生活中，我经历了无数次中文的、英文的演讲，我发现自己站在人群前侃侃而谈的时候，变得越来越自信了。也因为在枫叶的课堂上，我们可以畅所欲言，老师也会耐心地为我们讲解并且鼓励我们多发表自己的意见。在不知不觉中，我爱上了这种与他人分享的感觉和一起合作探讨想办法解决问题的感觉。（2022 届毕业生　高梓萌）

单个学生的学习成就不仅助力个人申请的状态，还会影响身边同学们的学习积极性，更可以由单人学习模式向集体协作学习拓展，让学生的个人能力在团队协作中得到实践，让学生在学习中获得大学录取所需要的沟通能力、协调能力以及领导力。枫叶个性化课程设置不仅引导学生从被动学习到主动学习的转变，在学习上给学生充分的选择和尊重，让学生有时间、空间对个人专业兴趣方向进行钻研、规划。

2014 届毕业生胡同学对于自己在澳洲海滩游泳险些溺水事件的反思："我在澳大利亚的海滩游泳时溺水了，挣扎之际有个当地人游过来问我：'How are you?'我脱口而出：'I'm fine, thank you'然后那个人就游走了。直到第二个人游过来问我怎么样的时候，我才想到并说出"help"这个词。"在某些教育里，学生形成了惯性思维或单一思维，这样学习的过程只是让学生机械地运行，而并未激发个体思考和批判性思维。在枫叶高中课堂环节中，设计安排多元化的教育方式，让学生参与其中并且主动使用交流能力，"知行合一"。

也正因为对于溺水事件的反思以及对于应对紧急事故情况的教育思考，胡同学与妮妮同学创作 Life beyond China 这本紧急情况应对手册，胡同学特别考量避免"单一思维"的产生，所以在手册设计上更多采用引导模式，从而让阅读者能自主思考和留出自我评估的空间。并且胡同学和妮妮同学更将 1000 册售卖所获得的资金捐给了武昌智培学校（武汉地区特殊教育学校）。

枫叶教育的学习不仅限于课堂教学，让学生能在校内积极融入各项校区活动中，并且广泛搭建校外社会实践平台和研究性学习机会，让学生在学校教育的沃土滋养下生根发芽，从而延展到社会以及更远、更深层的地方去展现他们的能力。

（本节作者：武汉枫叶国际学校　石晓静）

第三节　促进文化交流

一、尊重世界文化的多样性

做好跨文化交流首先需要认同本民族文化，培养文化自信。其次，在文化交流中，要尊重差异，理解个性，共同促进世界文化的繁荣。

枫叶国际学校秉承着中西优化结合的教育理念，从增强学生文化自信，发展与培育好本民族文化的目标出发，在中方课程上重点讲授中国古典诗词名著，如《史记》《西游记》《红楼梦》，鼓励学生双语写作。在活动设计上，把中国传统节日元素贯穿到校园活动中，让外教们融入中华文化习俗里，也让学生更加喜爱中国传统文化，从而得到更好的传承。在以学生兴趣特长为中心的社团中，有不少彰显中国元素的社团。通过社团活动引导学生从认识欣赏本民族文化，到熟悉传承本民族精神。

枫叶学校的课程是培养学生双语双思维且具有全球胜任力的课程体系。面向中国籍学生，教授中文学术课程，包括中国语文、社会科学和人文修养课，夯实中国学生母语根基，增强对祖国的认同感，传承优秀中华文化。面向外籍学生，我们提供汉语语言和文化课程，通过分级教学的方式，帮助外籍学生高效掌握汉语并了解中国文化。另外，面向全体学生，即便是英文授课的语言和学术课程，从理念到内容均融入了中国元素。通过课程的形式实现融汇中西，兼容并蓄，达到教育文化的交流融合进步，尊重差异与时俱进。

推动中国太极文化走向世界

武汉枫叶国际学校　刘广穗

在武汉枫叶国际学校教育博览会开幕式上，由枫叶学子带来的惟妙惟肖的二十四式简化太极拳表演，博得台下来自加拿大、澳大利亚、美国、英国等国家的80多所国外大学招生官雷鸣般的掌声。

太极拳是东方文化的一种符号象征，是中国文化的一部分，也是促进东方文化与西方文化交流的重要桥梁和纽带。枫叶国际学校的学生大多会远赴海外求学深造，也是传播中国文化和讲述中国故事的使者，所以枫叶把太极文化引入了校园文化中，给每位枫叶学子传授太极拳术。在枫叶，太极是一门课程，老师会通过课堂的形式将动作分解，并以小组为单位进行练习，也会在间操时间集体打太极拳，老师也会不定期进行太极考核。高三的时候，每个学生都要通过太极考核，同时也是竞选进入周恩来班的必考项目。枫叶还专门设有太极名人堂、太极社团等，在学校举办的大型活动上，太极拳都会作为枫叶文化的一个特色及优势进行展示。高中毕业之后，枫叶学子会将习得的太极拳传播到海外多个国家，让海外更多人了解中国太极文化，将中国太极文化推向世界。

对于国际学校的学生来说，学生在理解外文课程的同时更不能忽视对中国传统文化知识的学习。中文课程通过模块化的内容设计，注重学生对本土文化内涵的理解，这样的课堂为学生更好地了解中国传统文化提供了平台。

在安兰兰老师的《留学与健康——中医养生》一课里，通过小组合作学习和个人独立思考探究，进行了大量相关的案例分析和活动设计，使学生学习到中医文化，了解到如何用中医的方法处理留学中遇到的各种健康小问题，在一定程度上使学生增强了文化自信，也使更多的外国人了解了中医文化。

在官春蕾老师的《荆楚饮食文化》一课里，官老师从饮食角度培养学生观察生活的能力，理解荆楚地区饮食文化的内涵，通过合作探究、创造性地体验，如让学生拍一张家庭餐桌上的美食照片、进行味道调查和汇报成果等方式简析荆楚地方美食，关注自己的家庭和家乡，感受文化的无处不在，从而激发学生对我国传统文化的兴趣，在学生走出国门后，可以把这些文化带出去，提升自己生活的幸福感，同时也使中国的饮食文化得到更好的传播。

继承传统、吐故纳新、中西结合、面向世界，是中文课堂的特色之一，在这样的课堂里，学生是中华文化的学习践行者，更是继承传播者。

通过合作交流式德育主题活动，让学生在实践中掌握跨文化交流的实际经验。

在交流中融合，在融合中共进

武汉枫叶国际学校　刘妍

在 2016 年度英文配音大赛上，我们欣喜地看到一个由外教配中文的配音暖场节目。当届高二学生前期组织策划、期间学生教授外教中文发音、模仿中文电影中的人物形象，后期学生自主剪辑合成的配音作品，成为本届英文配音大赛的经典之作。至此，校园里掀起了一股教外教说中文的风潮，师生之间积极互动，不仅仅停留在语言学习上，更拓展为专项的文化主题系列活动，如：邀请外教认知中国节日过中国节：端午节包粽子、中秋节赏月做月饼、元旦包饺子等；在活动开展中，越来越多的学生主动参与，在交流沟通中不仅仅构建了和谐的师生关系，更为学生在今后留学之旅中的国际交流能力奠定了基础。

2017 年，1101 班 38 名学生自发组织、策划了带外教游武汉的周末活动。班委团队做了大量前期的准备工作：规划路线（最终讨论确定了最能凸显武汉特色的户部巷-轮渡到武汉关-江滩-江汉路的路线方案）、邀请外教、联系车辆、收支预算、分组安排导游讲解等，外教们组队报名、以家庭模式深度参与，最后竟邀请到 30 多名外教及家人共同参与。同学们在活动中充分地发挥了主人翁意识，神采飞扬地向外教们介绍楚文化及历史发展、餐饮特色、打卡地标建筑等。在后续的活动总结汇总中，同学们写道："前期我做了大量相关文化知识收集便于能与外教充分展示和分享，这次活动让我更为我的家乡我的祖国感到骄傲！"

武汉枫叶国际学校创办 15 年来，培养了 13 届 4000 多名毕业生走向世界各地。经过枫叶三年中西优化结合教育的熏陶，学生们不仅了解了西方文化，形成了西方批判性思维和创新性思维，更兼具浓厚的中华文化背景，在国外求学、生活、工作中，积极承担起传播中华文化的使命。

（本节作者：武汉枫叶国际学校　刘妍）

附录1：学校如何支持学生领导力发展？

［加］特蕾莎·卡尔格伦（Terresa Carlgren）
原武汉枫叶国际学校外方校长

成为一个领导者需要什么？有些人是天生的领导者，生而自信，个性使然，并愿意进入管理角色。有些人具有其他人认可的领导者品质，被推着走上管理角色。另一些人是安静的领导者，他们可能需要鼓励或建立信心，才能真正有效地发挥领导才能。领导能力的发展大多发生在孩子的初中和高中时期。因此，毋庸置疑学校成为孩子生活中支持他们发展成为领导者的主要场所。

除了在学校学习的学术知识和技能外，学生往往还面临着进入一所一流大学、拥有一份好的工作和建立一个美好家庭的压力。青年人还有额外的压力去实施、改良、创新和成功。从本质上讲，他们面临的压力是成为可持续发展和改善未来的中坚力量。因此，学校不仅仅是一个教授领导技能的地点，还需要更好地让学生为自己的未来做好准备。

目前，领导力项目和机会分布不均衡，并非所有青少年都有机会发展领导力。霍福尔（2016）提出："虽然人们普遍支持将促进青年领导力发展和提供更多的领导力机会作为对城市临挑的一部分，但在边缘化社区长大的城市青年在获得青年发展和领导力发展机会方面经历了很多排斥和障碍。"他概述了针对边缘化青年的领导力项目，包括按年龄和能力划分的领导力机会和技能框架。同样，一些课程已经确定将领导力课程作为一部分来教授。因此，学校需要认识到建立一个有效和支持性的系统，学生可以发展领导技能，并将所学更好地应用到学习和生活中。如果所有学校都被强制要求为学生提供领导力发展的机会，包括贫困地区的学校，那么整个社会都可以得到改善。"致力于营造更多青年发展机会的社区，不仅仅是为青年提供一种服务。青年领导力发展是改善和振兴地区发展的战略。"（霍福尔，2016）

可以说，要成为一个高效的领导者，学生需要学习沟通、创造性和批判性思维以及解决问题的能力。学生需要有话语权，通过分析现有教育经验，与教师和其他学校相关单位或组织共同解决问题。学生需要机会运用和检验他们的领导力，需要参与领导任务，采取行动来解决问题。在目前的学校系统中，随着年龄增长责任和问题的复杂性越来越大，根据年龄或成熟度设置脚手架是可行的。领导力的发展是需要时间和经验的积累。如果学校能够培养学生成为领导者，并为他们提供安全和支持的环境参与领导，这些学生可能会具备更好能力和信心，进一步发挥领导才能。如果学校能够推动学生的个人领导能力向前发展，无论是否以领导力为导向，他们都会朝着自己独特的最终目标取得进步。

一、如何发展领导技能？

根据 Lucus（2021）的说法，"就今天发展基础素养和理想类型的教学法/教学措施而言……教育界已经变得严重两极化"。《反思教育中的评估：CSE 领先教育》系列的文章中主张基于能力教育的优势，并声称"知识和能力不是两极对立的，只是我们可以学习的不同分类方式。两者都是技能"。那么，什么是技能？我们如何把技能培养纳入课程体系？Lucus 从不同的课程中总结出反复出现的一些技能，如创造力、批判性思维、沟通和协作，同时根据性格发展对领导力进行了进一步的分类。Carlgren（2013）认为，必要的技能并不总是作为优先事项被教授，这取决于教育系统的结构和标准化测试对知识获取的强调。Carlgren 进一步强调沟通、解决问题和批判性思维等技能是在大学和工作环境中具有竞争力的必要条件。

一个人的存在方式就是相互关联；由此个人影响力和反省认知能力就显得特别必要。因此，领导者需要的有效技能与上述技能没有太大区别；这些都可以建立起领导能力和信心。在新西兰和澳大利亚的 79 所女子学校中，对 209 名教职员工进行的一项关于领导力的研究和调查发现，结果显示沟通、服务他人，同理心，时间管理和组织能力是最主要的领导力技能（Archard，2012）。

最后，学校需要确定哪些技能和个人品质最能支持领导力的发展，然后通过直接和间接的教学方法优先发展这些技能和个人品质。要成为一个成功的领导者，必须能够思考和分析问题（以及如何解决问题），与团队有效沟通和合作，通过鼓励和共情来支持他人，高效和有组织地制订行动计划，强大且有毅力。诸如"与团队有效沟通和工作""激励人心"和"鼓励和共情"等，都属于高层次的能力，学生需要有信心与他们的同伴、老师或其他相关者说出自己的想法，做出改变。这些技能不能只是从教科书上教，它们需要实践学习。

二、话语权和自主权

自主权使年轻人能够利用教育来掌控他们的生活。当年轻人将知识视为力量的源泉时，他们会学习，并明白学校在塑造他们的未来方面的意义。（Kundu，2014）学生的话语权是一个概念和一套方法，它将学生与合格的教育工作者定位为教育实践的批评者和创造者。当学校的利益相关者将学生的诉求与学生教育实践和分析联系起来时，学生的话语权和自主权就紧密地联系在一起。（Cook-Sather，2020）

学生培养领导能力需要一个场所。学生需要被信任，需要被重视，这样他们就能被赋予自主权，在学习和发展中发挥积极作用。学生们需要被倾听，以便他们能够自如地发出自己的声音。他们需要一个地方可以让他们犯错、得到反馈并加以改进，或者在偏离方向时"重做"。这个环境需要安全，让孩子们能够畅所欲言，分享想法，并获得信心。建立学生和成人在一起工作的时候感到舒服的环境，与教师、管理人员和相关人员有同样的话语权。要做到这一点，所构建的系统不仅仅需要包含教师或学校领导的想法和表现，它同时必须是与学生共同构建的系统，并纳入他们的想法和愿景。如何才能做到这一点？

发展强大的学生会或学生社团可能是一个开始。学生领导力和服务型社团也可以是一个开始的地方。为了使这些领导力举措获得成功，教师/导师需要扮演不同于"领导者"的角色，如导师、向导或领袖。教师或导师需要真实地听取学生的声音、担忧和想法，帮助他们对自己想要做或者想要改变的事采取行动。导师需要通过为学生的想法搭建脚手架来引导这个过程，让他们能够进入下一个步骤，鼓励学生尽可能地根据自己的优点参与工作。导师必须建立特殊的、支持性的关系，允许学生发表意见，让他们经历富有成效的斗争，并花时间直接教授组织、时间管理、授权和团队合作。导师还需要有很高的情商，感知和管理大家的情绪，解决冲突，并在特殊情况时启动对话。导师必须与学生一起创造一个空间，鼓励冒险和"跳出框框"，让学生将他们的想法从纸上谈兵推进到生活中进行实践。

培养学生的领导力和自主权的第二种方法是，加入外部领导团体和组织，他们设计的项目和结构可以补充现有的学校系统。Link Crew这家在美国运营的公司就是一个例子，高年级学生在进入高中时会去指导低年级学生。年长的导师与一个小组合作，整年中，通过完成不同的团队建设或思考活动来提升团队。如果被指导者出现问题，教师可以联系导师，导师可以支持、帮助或鼓励他们取得成功。教师还可以提供积极的信息，让导师作为激励信息传递给小组成员。需要区分导师、教师促进者和学校其他支持人员的不同角色。对于链接小组的成人导师和学生导师都要求参加培训。

另一个外部干预领导力的选择可以是Rapport公司的青少年领导力突破。这是一个为期一天的密集培训班，学生们在这里受到挑战，并被赋予权力，使他们在生活中拥有发言权并做出积极改变。这个课程可能会非常情绪化，学校必须有相应的系统来支持学生，让他们了解他们所面临的挑战，以及如何利用他们的学习来为他们的生活带来积极变化。

最后，个别班级可以创造一种领导力培养的氛围，支持学生话语权和自主权。教师可以和学生一起共同构建课堂规则。教师可以委托不同的学生在课堂上扮演不同的角色。如打扫房间，分发或归还物品，在网上平台发布信息和家庭作业，向教师提供关于课程教学的反馈，或由教师和学生共同开发的基于项目的学习机会。

在所有发展过程中，导师或教师充当了使这一切发生的关键角色。关于特殊和支持性的关系，允许学生被倾听，并让他们经历富有成效的斗争，默多克、英格利希、辛茨和泰森（2020）声称建立这样的教育关系和让学生参与生产斗争和反思性教学实践相互作用。教育关系可以通过以下方式建立：以关爱的方式向学习者提出有效的挑战，给他们空间来理解在学习中斗争意味着什么，以及富有成效的斗争对他们来说有什么积极的性质和结果。通过这种方式，教师可以让每个学习者区分什么是有效的、什么是无效的、什么是破坏性的。

最后，如果学生要有话语权和自主权，需要整个学校共同支持和营造。不能只让领导力成为一门或一类课程，学生只在教室的范围内学习和体验。它不能是一个上下阶层分明的学生团体，只有学校里"最好的"或"最受欢迎的"学生可以获得机会。学校的使命和愿景需要将领导力的概念贯穿始终，并允许学校将领导力贯穿始终。学校领导团队需要投资于支持教师和学生的领导力培训和发展中。

三、实践的机会

那么，学生可以做什么？可能性是无穷无尽的，不应该被一个导师或作者的想法所限制。在时间、空间和资源上保证充分，让学生实践他们认为重要的事情。教师和学校管理人员需要后退一步，让学生来领导、指挥和指导这个过程。或许是在体育教练或团队、抑或是表演艺术作品、学校文化建设、校园美化项目、食堂生活或学生辅导等领域。

如果学生掌握了知识和技能，有了话语权和自主权，在一个安全的空间里承担风险，并得到了导师的授权，他们的下一步就是把他们的梦想、想法或计划变成现实。同样，学生能做的越多，就能学到越多。这些机会为团队的每个成员提供了"在职培训"。从经验中学习将不同于从书本上学习，它会更深入、更丰富。当允许学生尝试、犯错、失败、再尝试时，他们可以发展出驾驭自己世界的方法，随后发展出自己的、个人的领导风格。这是一个过程。随着时间的推移，当学生们掌握了领导者的知识和技能，获得了话语权和自主权，并有机会将他们的想法付诸行动，他们想法的复杂性和范围自然会增加。这就使得持续的增长，需要更多的机会让学生进一步发展。赋予权力培养了未来的领导者。

总之，对于学校来说，发展学生的领导力，学校必须明确领导力课程是必不可少的，建立体系来支持课程建设，并优先考虑时间、空间、资源和培训等诸多方面。学校领导独自做出决定，因为用等级制的方法来要求或命令人们做出承诺，会给大家带来不真实的体验。学校领导团队必须允许教师、家长、社区成员和学生坐在一起，共同构建领导力发展的理念。确定领导者需要发展哪些技能，制定计划让学生发展话语权和自主权，并为学生安排时间和空间，使他们的想法成为现实，这需要每个人都有良好的领导力和团队合作能力。开放的心态、坚韧不拔的精神、决心、解决问题的能力、耐心、承担风险的能力和灵活性。简言之，培养学生领导技能将提高学校、学校系统和社区中每个人的领导力。

（中文翻译　彭蕾）

附录 2：学生领导力培养优秀案例选编
（小学部分）

1. 云上仰卧起坐

清华大学附属小学　王娜娜

2022 年上半年，同学们正在居家学习。四年级 5 班的班主任王娜娜老师为了积极鼓励同学们进行居家生活的锻炼，进行了开动脑筋开展了线上锻炼挑战赛。

在每天一次的腾讯会议的在线课堂结束以后，王娜娜老师都会坚持组织学生们在线上进行一分钟的"仰卧起坐挑战赛"。每当王老师在网络的这一端开始播放节奏感很强的音乐和做仰卧起坐的漫画人物，学生们就在网络的那一端在事先准备好的垫子上开启了一分钟的仰卧起坐。随着"嘟"的一分钟结束音响起之后，王娜娜老师继续组织同学们在评论区纷纷晒出自己的仰卧起坐数值。

最开始的几天，有些学生处于观望状态，一周之后，雷打不动的线上仰卧起坐激发了更多同学开始挑战自己的舒适区。王娜娜老师又找到了免费的 App，鼓励学生们每天记录数值。

王老师发现，小清同学每次的仰卧起坐都位居榜首，而且隔几天就会刷新自己的纪录，于是在进行线上课堂的时候，特意安排出三分钟的时间，让小清同学进行线上的演讲，说一说自己是如何进行居家锻炼的。小清同学在演讲中晒出了自己每天进行一分钟仰卧起坐数值的柱状图，还有每天坚持训练时间的饼形图。

这种坚持不懈的锻炼精神感染了其他同学。王老师启发小清同学如何把自己的以身作则变成全班以身作则的锻炼氛围。于是小清同学在 App 组建了"仰卧起坐争霸组"，好多同学积极参加，锻炼热情维持了几个月。

在六月初举行的全校"云上运动会"中，五班同学的仰卧起坐总分在年级一举夺冠！

2. "我是骑楼代言人"小导游活动

海口市西湖实验学校　符艳融

海口骑楼老街被誉为"海口的一张文化名片"。结合八年级语文《身边的文化遗产》的学习，符老师在班级内开展"我是骑楼代言人"小导游活动。他发布"骑楼小导游队长招募令"，有 6 位同学报名担任小导游队长。小队长在班级内招募队员，成立各自分队。在小队长的组织下，队员们明确了活动的步骤和要求，并一同商议了队名和队内分工。

符老师搜集了海南骑楼老街的资料，包括历史沿革、建筑特色、背后故事等，引导同学们阅读资料，归纳出相关主题，如"钟楼的前世今生""骑楼街区里的'老字号'""领略南洋风情"等。围绕主题，6 个小分队撰写导游词，并在小队长的带领下，分别前往骑楼老街实地操练。

轩锦小队长带领的"旗帜"队率先申请班级"小导游"考核。轩锦和队员们结合拍下的骑楼老街照片，逐一进行了导游解说展示。经过试讲，考核，符老师为他们颁发了"骑楼小导游"工作证。六位队员佩戴导游证，来到骑楼老街，向游客发出邀请：请问您需要我为您讲解"骑楼老街"吗？小队长轩锦在一旁踟蹰了许久，鼓足勇气完成了第一次讲解，得到了游客的赞扬。其他队员受到鼓舞，纷纷开讲，甚至还收到了游客们自愿支付的 1 元、2 元的"讲解费"。

其他小分队陆续申请考核，取得证书后在周末前往骑楼老街，当起了"骑楼小导游"。同学们俨然成了骑楼文化的"代言人"，不仅增强了对家乡文化的认同感和自豪感，还加深了对文化遗产保护与传承的认识。

期末总结会上，欣妍说："我就住在骑楼老街，直至现在我才真正领略了骑楼的美，知晓了它的历史价值。"喜欢英语的鑫睿说："在骑楼当导游，最大的成就感是把海南的文化介绍给外地的游客。以后我还要用英语向外国游客介绍。"

3. 寒假的"奇迹"

武汉市江夏区文化路小学 罗莎

为了培养学生们假期有规划的完成学习任务，我规定学生每天至少完成一个课时（两页）的《寒假作业》并上传，帮助老师随时了解学生的作业进度并及时提醒和督促。为了帮助后进生完成学习任务，我在班内征召了几位小老师，每天录制小视频讲解当天的作业，根据费曼学习法，教他们如何讲解好一道数学题，不单单只是把解题步骤罗列出来，而是要讲解得让他人听懂。这样既能让小老师自己就能完全掌握这道题，还可以帮到同学，提升综合能力。

让人意想不到的是，孩子们真的好棒！他们用不同的方法践行着"小老师"这一身份，有的"小老师"用简单的纸笔详细讲解难题；有的"小老师"自配黑板，声情并茂认真板书；甚至还有"小老师"利用电子设备制作出了搞笑版讲解视频，大大提升了同学们的学习兴趣，让我不禁感叹新时代小学生果然厉害！

有了小老师们的帮助，2022 年的这个寒假，学生、老师、家长都格外轻松、其乐融融。2023 年春季学期开学后，同学们的《寒假作业》也完成得格外好，我还惊喜地发现，在课堂上，这些"小老师"们举手发言变得十分积极，上台给同学们讲解题目的能力也大大提升，这可真是寒假"奇迹"呀！

4. 学当"生产队长"

红安县将军城小学　刘兰芳

学校后面有块 120 平方米的空地，是六年级的"责任田"。班主任刘老师说："我们去年种的花生，根据轮作的理论，今年应该改种其他作物，大家说种什么好？"同学们有的说种花，有的说种菜……平时不爱说话、学习成绩平平的小平同学小声说："种红苕（红薯）。"大家都笑了，异口同声地说"种红苕！"刘老师说："有谁知道怎么种？"小平说："我和爷爷种过红苕。"

"好！你就当生产队长！"小平腼腆地笑了笑，算是默认了。

这天，大家带着工具来到"责任田"边，小平先在这块空地边上走了两遍，然后在空地两头用锄头挖了 15 个记号，他先在每个记号处往土地中间开一条 20 厘米左右的沟。把同学们分成 15 个小组，2 人一组，他对大家说："沟里的土往两边的地方扒，隆起的部分就是栽种红苕的埂子，一端一人，直到两端连接，埂子就是扦插红苕藤的地方。"刘老师和同学们认真地听着。

不一会儿，小平和另外五个家住农村的同学，除了完成自己的开沟起埂任务外，还帮助同学把沟修直。半上午时间同学们便完成了整地"打埂"的任务。

下午，刘老师从红苕种植大户的同学那里要回三捆红苕藤，由小平安排大家扦插。小平先示范："藤条儿扦插时，要仔细观察叶柄杈处的细小叶儿，蔸儿入土、苗尖露外，千万不要本末倒置。第一埂苗尖朝东，第二埂就要朝西。"

小平俨然是一个"生产队长"，不时纠正这个、纠正那个，还指挥做得好的同学帮助那些需要改正的同学。第二天，他又安排同学浇水，男生帮助女生，力气大的帮助力气小的。在以后的拔草、"翻藤"的劳动课上，小平把同学们分成甲乙丙三个小组，每个小组一次，每次任务完成后组织大家评比。

八月底，要收获红苕了。小平把同学分成三组：一组男同学挖，女同学整理装袋，另一组男同学把红苕搬到厨房的储藏室。

庆功会上，刘老师说："我们不但收获了红苕，还发现了一位小生产队长……"大家都开心地笑了起来，为小平同学鼓掌！

5. 争当小河长 共护长江美
宜昌市夷陵区太平溪镇中心小学　李金轩

宜昌市夷陵区太平溪镇中心小学位于三峡大坝坝头库首，学校周边贯穿长江干流及众多支流，学校将"生态小公民"实践活动与学生河长制相结合，通过开展"争当小河长，共护长江美"系列活动，将生态环保理念根植学生心中。

学校面向全体学生组织了一场"学生河长"招募活动，分"班级海选"和"校级竞选"两层筛选。报名参加的同学首先在班队活动中通过演讲、设计宣传海报、展示手工制作、拍护河行动微视频等形式竞选"班级小河长"。招募令一发出，孩子们踊跃报名，全校12个班级，共海选出五十多名"班级小河长"。学校再利用大课间活动时间，组织校级竞选活动，由海选出的"班级小河长"向全校师生演讲竞选，由教师和学生代表打分，最后评选出三十名"校级河长"，学校颁发"学生河长"聘书。三十名小河长根据自己所居住的村组，认领一条或者一段河流，利用节假日，向邻居们宣传环保知识，带动身边的小伙伴和村民共同加入保护长江干支流的行动。

602班的一凡家住许家冲村，他每天晚上到村委会广场散步时，会带上自己画的宣传海报，向村民宣传无磷洗衣粉的环保知识，成了家喻户晓的"环保小达人"。401班的五名班级小河长在班主任老师的帮助下自编自导《三句半说环保》，在学校"六一"节目汇演中生动演绎了小河长们知河晓水的故事。502班楚涵同学，家住韩家湾村，他每个周末都会督促爸爸一起清除沟边的垃圾，并制作劝导牌，劝导邻居不用电捕鱼。

"争当小河长，共护长江美"系列活动，让学生们懂得自己哪怕年纪小，也能参与到守护家乡的碧水蓝天活动中来。成为小河长，随手捡起一片垃圾，随时制止一次浪费，参与一次次宣传劝导活动，制作一件件环保作品，增强了孩子们的责任感、荣誉感。2019年，学生河长静怡被评为"夷陵区碧水保卫战示范人物"，2021年学生河长望舒被评为"夷陵区美德少年"。

6. 向上书吧小管家
沙洋县汉上实验学校：朱树平

学校新建的学生开放式书吧柜上，好不容易摆放整齐的图书又让借阅的同学弄得东倒西歪，沙发上还散落着一些书籍，这样的不良现象校长在会上已说过多次，并要求教务处管理落实，教务处人少事多，只能偶尔巡查，哪顾得上时刻"盯梢"。巡查中，我发现一位小男孩对书特别喜爱，他的双眼闪烁着机灵的光芒，他喜欢站在书架前逐一整理书籍。

是四（5）的学习委员子浩。我委任他为书吧负责人，让他找同学共同管理学生书吧，他高兴地点点头："老师，那我该怎样做呢？""你可以召集喜欢到书吧看书的本班同学成立向上书吧小管家，再向小管家们划分图书管理区域和任务……"

子浩开始策划他的书吧管理计划。他找到几个爱看书的好朋友跟他们商量，并号召其他同学积极参加，一些同学陆续报名，加入整理书吧的行动。

吃过午饭，我再次巡查书吧，只见子浩带领一帮学生正在整理柜上的图书，他站在最前面，一边示范一边指导同学们如何分类书籍、如何摆放在书架上。他告诉同学们，把书沿着书柜边沿线一致摆放，这样才会更整齐。同学们在他的带领下，都积极地参与进来。

在子浩等书吧小管家的共同努力下，学生开放式书吧不再是东倒西歪，不再是散落沙发找不到家了，校长为子浩等同学颁发"向上书吧小管家"荣誉奖状，号召同学们向他们学习。

积极的态度与行动是领导者具有的品格，在日常学习生活中，要把学生当作学校的主人，为他们创设成长的基点，不断培养他们积极参与、有效沟通、精诚合作的精神，长此以往，学生的领导力会得到锻炼，逐步加强。

7. 创建"悦"读社团　助力书香校园
枣阳市七方镇中心小学　李　婷

枣阳市七方镇中心小学在湖北省刘道玉教育基金会的爱心捐助下，建成了路石书屋。刚开始，接手路石书屋管理，图书保管，分类贴标，推荐书目，制订阅读计划，开展阅读活动等，培养锻炼一批优秀的小帮手成为我的当务之急。

如何培养一批优秀的管理小助手，必须做好"帮、扶、放"，起到指导、参谋和调控作用，逐步把书屋的管理过渡到学生手中，让学生助力书香校园的开展。

第一，帮。即是帮助小助手达成共同意愿，找到各自发挥才干的岗位。通过多方了解，四年级女生小涵首先引起了我的注意，她热爱阅读，举止稳妥，给人感觉挺放心。在她来借书的同时，我有意和她拉近距离，问她喜欢看什么样的书，有什么收获。不时给她推荐优秀的书籍，和她一起谈读书的体会、好处，慢慢地我们就成了书友。我发动她从身边找一些和自己兴趣相同喜欢阅读的同学组成一个"悦"读社团。果然，她不负所望，很快从不同的年级找了10多名热爱阅读的同学，通过多诺米效应，不到一个月"悦"读社团的人数有60余人，最后在我们层层筛选下留下10人，组成了七方镇中心小学"悦"读社团领导小组。

第二，扶。成立"悦"读社团后，怎样培养他们的能力，树立他们的威信，使其成为我的小助手呢？首先，为他们分好工，让他们明确自己的职责，继而行使自己的权力。起初，他们也有"得权如得势"的心理。在图书的借阅管理中对同学蛮横，发现这一问题后，我没有公开批评他们，而是找他们个别谈话，肯定他们工作的积极性，委婉地指出不足，教育他们要以身作则，处处做楷模。为了帮助他们树立威信，我充分发挥他们的特长，建议社团成员每周升旗仪式后轮流进行阅读分享，让他们从最喜爱的一本书简要撰写故事大概，然后谈谈自己的所思所想及对今后学习和生活的启示，对他们的分享稿，我都进行了精心的指导。周一升旗仪式后听着他们激情四射的分享和同学们热烈的掌声，看着他们满脸的自信和灿烂的笑容，我知道他们会更加热爱读书也很想把这种热爱传递给其他同学。

第三，放。当小助手们羽翼丰满时，我就开始退到幕后，对于他们遇到苦恼，只是给他们支支招。在他们的建议下就有了教室图书角的设立，这里不但有路石书屋的图书，还有学生自带的图书。同时，他们担负着监督和督促的作用，评选着每周学校、班级阅读之星，每月阅读优胜班级，激励着师生快乐地阅读。这种"放"体现出了一种信任，也让他们更加坚信自己的能力。

小助手的培养是一个长期的过程，还需要做到：勤跟踪、善观察、多指导，这样才能起到事半功倍的效果。有了他们的协助，献谋献策，我校的路石书屋工作开展得有声有色。2021 年 6 月学校获得湖北省"最美校园书屋"称号；2022 年 12 月学校被襄阳市文明办选定为"襄阳市全民阅读基地"。

8. "劳动委"养成记

黄冈市第二实验小学　梅仙珍

浩然是我 2020 年开始教的四年级学生。他不爱学习。我第一天发现他偶尔会主动打扫教室卫生，马上表扬了他。第二天他又主动倒垃圾，我立刻走过去给他竖起大拇指，"浩然，你真是好样的！你让我们的班级更加干净了。"第三天他早晨来得很早，又在班上打扫卫生，我说："浩然，你今天又帮班级做了一件好事。奖励你一块巧克力！"

班会课，我说"浩然，到讲台上来下。"我把一张"环保小卫士"的奖状送给他。他的日记上写道："今天真是我最开心的一天，这是我读书以来的第一张奖状。今天班会课时老师念到我的名字，我吓一跳，我以为会被批评，结果是给我发奖状……"第五天，我在班上表扬他不但每天来得早、为班级打扫好卫生，而且写日记也很用心。他课后更积极为班级打扫卫生倒垃圾桶，我奖励他一个本子，上面有我盖的"奖"字……浩然在我的鼓励和引导下越来越开心。我让他当"师傅"，每天教三个"徒弟"，他每天都很尽职尽责和徒弟们一起让教室干干净净，垃圾桶永远没有垃圾。班会课上他被选为班级劳动委……

有次我问他，你长大以后想干什么？他说，我想设计打扫教室清洁的机器人。我说，只要你有梦想，努力学习，你会实现理想的。你安排清洁卫生井井有条，说明你很聪明。你用这种精神对待学习，也一样会得到大家的肯定！他对搞好学习也有了信心，也有不少"徒弟"在学习上当他的"师傅"，不知不觉中，他的学习成绩在提高……

9. 失物招领处"减肥"记

宜昌市夷陵天问小学　阮允

天问教育集团提倡"人人自觉发奋、人人自由发挥、人人自主发展"，因此，每个天问学子都力争做到自主学习、自主管理，做自己的 CEO。做自己的 CEO，就是遇到任何问题都敢迎难而上，做事负责任，遇事肯担当。沁怡是学生中心失物招领处的负责人，她说通过这项工作得到了锻炼，自己的领导力得以提升。

竞聘上岗以后，失物招领处 CEO 热情高涨，每天都去失物招领柜整理。可是，柜子里的东西越来越多，不到两周，柜子都快装不下了。于是沁怡找到我，要求再配置一个存放东西的柜子。我问了她几个问题：为什么会出现这个问题？除了配置柜子以外，还有什么好的解决方法吗？沁怡和失物招领处的成员们进行了分析：失物信息并没有及时发布，有时候会遗忘，导致很多校服没有被认领；部门内部的工作分配不到位，导致成员做事扎堆。

找出了问题，沁怡召集失物招领处成员紧急开会，一起讨论出解决方法：校服上可能有名字，认真梳理一遍，可以帮写了名字的校服找到失主；每天通过广播发布失物招领启事；组内人员分配成 2：2：1 的模式，两人负责书写失物招领信并张贴在柜子旁边，两人负责通过广播发布失物招领信息，一人整理柜子。

沁怡每天把失物招领信息交给广播站播报。制订公约、口号，装饰失物招领处的柜子，吸引大家注意；在各班进行调查，看哪些学生的校服丢了，再根据线索进行查找。如此一来，既为学生服务了，也给失物招领处的柜子"减肥"了。

10. "诗意少年"萌芽路

当阳市北门小学　陈巧丽

"每个孩子都是一首诗，每个孩子都是一棵芽。"是当阳市北门小学教联体的办学思路，旨在培养彬彬有礼、温文尔雅、阳光活泼的诗意少年。

三（3）班为了鼓励同学们大胆表达对诗歌的喜爱之情，开展了诗配画创作活动。活动伊始，在陈老师的组织和建议下，同学们自由组合成一个个创作小组，小组中的每一个学生都先明确自己的专长，再由组长组织成员共同商讨人员的合理分工。同学们分工协作，实现人力资源最优化分配。

以晓琴同学为组长的"我心如歌"创作组中，小诗人根据组内讨论出的创作主题来构思诗文内容，小画师负责构设作品的整体框架，书法达人将诗文誊写在画作上，最后小小着色师们给作品配上色彩，丰富诗歌画作所表达的意境。每一个学生都在组长的统筹沟通和组员的中肯建议下，在自己的责任区域里恣意发挥、尽善尽美。在小组同学的通力合作下，诗在画的衬托下熠熠生辉，增添了诗歌的意境和美感；画在诗的加持下灵动飞舞，凸显了画作的灵魂和生动。一幅幅作品应运而生。

在展示环节中，每个小组推选出"伶牙俐齿"的小主播向大家介绍本小组的创作主题和内容。在"诗意画轨"创作组俊曦小主播的介绍下，同学们看到了充满诗意的春姑娘轻轻唤醒小草和柳叶，春雨连绵如轻快的指挥棒，奏响了春回大地、万物复苏的华美乐章……诗配画作品的展示和小主播们的精彩解说令同学们对诗情画意有了更深刻的理解和认识，大大激发了同学们对诗词创作的兴趣和热情。

每个小组的作品都得到了陈老师和同学们的大力赞扬，并形成班级诗配画作品集，每个作品背面都由同学们在分工成员表上亲笔签上自己的姓名，定期在班级内流动借阅欣赏。活动后，同学们对下一期诗配画创作活动充满了期待。有学生建议在下期展示环节中再增设乐器演奏，进行现场配乐讲解，又有诗兴大发的学生提议能否在班级黑板报上开辟一个"每周一诗"专栏，每周更新诗歌内容……

这样的活动还在持续进行中。在兴趣的驱使下，在任务的引领下，小小的诗情画意让每个学生都得以发挥专长、锻炼能力，成为能够影响他人的正能量"领导"者们。

"诗意少年"萌芽路上，无一不是童真烂漫诗书气，品正学优读书郎！

11. 舞狮队中的小队长

荆州市荆州小学　李惠凌

培养学生的领导力对于推动人力资源强国建设具有重要意义，也有助于学生未来的生活和成长。培养学生的领导能力是促进他们全面而个性化发展的一种尝试，有助于推动新型培养目标的实施。

班上有个叫雨辰的学生很是调皮好动。我决定让他"忙"起来。我让他在课间休息时帮助我擦黑板，当黑板变得干净时，我会赞扬："雨辰真能干，黑板擦得真干净。"渐渐地，同学们也开始称赞他很能干。在一次大扫除中，他主动成为我的小助手，我擦玻璃时他帮我洗抹布、递抹布，我拖地时他帮我搬椅子、摆桌子，还自愿擦拭讲桌和书柜，累得满头大汗。当我在全班同学面前大力称赞他："大家看，雨辰真是一个爱劳动的好孩子，是李老师得力的小助手呢！"同学们给予他热烈的掌声。当三年级选举班委会时，大家一致推选他担任劳动委员。

雨辰当选为劳动委员后，脸上的笑容多了，和同学们的交往也更加大方自信了。到五年级时，他不仅能全神贯注地听讲，还能积极回答问题。他的书写也变得整洁有序，每周都会被评为"每周之星"。在期末考试中，不论是语文、数学还是英语，他的成绩都名列前茅。不仅如此，在学校舞狮社团中招募中，他凭借自己强壮的身体和勇敢的意志被推选为队长，成为团队中举足轻重的角色。为了提高队员们的技术水平和舞艺表现，他天天组织队员坚持锻炼。为了让狮头在表演时更加生动鲜活，他要和予成同学默契配合，每次练习时他总是主动下蹲弯腿，让予成踩在他腿上完成狮头的表演，这个动作一堂课上往往要重复十几遍，他的腿上被踩得又红又肿却咬牙坚持。在学校教联体展示活动中，他们舞狮社团的表演尤为精彩。雨辰俨然成了舞狮队的领头人，成为真正的"狮头"。

12. "拼音困难户"摘帽记
荆州市荆州区裁缝小学　胡非

胡老师调动到裁缝小学教四年级语文。初次摸底，她发现班上有 7 名学生连拼音都未掌握。她决定选取 7 名成绩优异又有责任心的同学担任小组长，由组长带领学习小组完成"拼音困难户"摘帽任务。

全班同学按照"1+1+4"的模式（即 1 个"拼音困难户"，1 名小组长，4 名学习伙伴）结成学习小组。胡老师强调，半个月后将由这 7 名"困难户"分别代表小组出战"班级拼音大赛"，胜者有重奖！

各组长使出浑身解数开始行动。半个月后成绩揭晓，"利涛组"获得冠军。随后，胡老师组织经验交流，"利涛组"组长心妍分享了她的"两步走"战略。

第一步，知己知彼。召集组员开会，收集利涛和组员的具体情况：留守儿童；与雨泽、星辰家比邻而居；讲义气，和小磊、落落是好朋友；喜欢下棋；喜欢被表扬，有想学习的内动力，但不能坚持；喜欢上语文课，字写得很漂亮……

第二步，因材施教。针对以上情况，安排出具体的学习计划、帮扶措施和奖惩机制。①在校课余时间，由小磊负责补习、落落负责督促和检查，要求当天学习任务利涛能读能写，并根据利涛的学习状态和落实情况进行评价；②放学后及周末时间，由雨泽、星辰负责督促完成作业，并对当天和本周学习内容进行听写，对听写成绩做好记载。③托管课时间，心妍负责查看学习伙伴对利涛前一天的评价和记载，做出"★★★、★、-★"的综合评价，并与 5 名组员交流谈心，及时调整学习计划。④请胡老师唱戏：当利涛表现不好时唱白脸——当着他的面狠狠批评其他 5 个组员，激发他的兄弟义气和学习斗志；当利涛的"★"每达到 50 个时，唱红脸——奖励一副棋，持续激发他的学习动力。

其他组员也分享了心得，大家纷纷表示，在心妍的带领下不仅完成了任务，自身水平也得到提高，真是携手的快乐！

13. 小玮：带领全组同学共同进步

松滋市划子嘴初级中学　周金兵

2022 年 4 月初，松滋市划子嘴中学八 3 班班主任兼数学老师兼生物老师周老师启动层级小组互帮互助共学的方案，建立了小组长群，在群内发布了指令：每日督促组员上好每一节网课，记好老师课堂上强调的知识要点，一定要将整个小组凝聚在一起，有问题一起解决，有疑难共同讨论。各组组长自觉承担责任，积极管理好自己的 6 名组员，减轻老师的负担。

小玮是第一小组的学习组长，接到任务后立马建立了小组钉钉群，还把各科任老师拉进群，他说这样既方便了同学们直接向老师询问疑难问题，也可以让老师时时监督小组学习情况和质量。

网课第一天的早自习便是生物，离上课还有十分钟，周老师已经做好了准备。这时，手机突然振动了一下，打开一看，是小玮在群里发送的消息："请各位组员准备好生物中考复习资料，马上就要开始早读了。"后面还配了一段学校的上课铃。各组员积极响应，果然，在早读开始点名时，小玮组出勤率是 100%。

这是同学们进入初中的第一次网课，很快，组长就遇到了困难。第一天下午，有一个同学上课没参加，联系不上，小玮灵机一动，想方设法联系他的家长，让家长一对一督促。第二天，直播间里又出现了那位同学的身影。

这几天的数学直播课都是对所学知识的进一步加深，周老师分享了很多经典好题。小玮本来就爱好数学，课后通过直播回放，把周老师的好题和过程还有简短的反思都整理在了笔记本上。他也不忘组员，将自己的笔记分享到群里供大家参考学习。小玮发现老师讲课节奏很快，担心组内基础较差的同学跟不上，还组织发起了一场视频会议来答疑解惑，没有到会的成员，他一一督促。在周老师的旁听下，他就同学们提出的问题挨个挨个进行了解答，还说出了自己的感悟和方法归纳，得到了周老师的肯定。

小玮利用现代信息技术，提升了自己的领导力，实现全组同学共同进步。

14. 竖笛社团的小团长

仙桃市沔州学校　汤敏飞

仙桃市沔州学校的办学理念是"让每一个孩子闪闪发光"，我们希望每个学生都能发展自己的个性特长。因此我校非常注重社团活动的开展。全校所有的学生都参加了社团。我校一共开设了 16 个社团，如象棋、围棋、园艺、气象、种植、演讲、足球、篮球等。其中有一个社团特别受孩子们喜爱，那就是中式竖笛社团。

这个社团在刚组建的时候就有许多学生报名，其中有一个叫思怡的同学特别积极。她说她一定要参加竖笛社团，并申请当这个社团的团长。于是她走马上任，成为我校竖笛社团的首任"团长"。事实证明，热爱可战胜一切困难，热爱能激发出无穷的力量。自从当上团长后，思怡就积极做辅导老师的管理小助手。每次社团开展活动前，她都会提前将分散在 8 个班的团员通知到位，正式训练时她会点名记好考勤，偶尔有一两个迟到的她会派迟到者的同班同学去喊人。每次训练前，她还会讲训练要求，诸如不许讲小话，不许吃东西等等。同学们都乐意听她的话。

为了增强干部权威，思怡还在业务上格外勤奋，几乎每天她都在家里加练竖笛演奏技术。她的竖笛演奏水平在整个社团里排前几名。有时候，社团辅导老师不在，她就带着大家进行训练，像个小老师一样，训练活动因此井井有条。

后来，学校运动会需要竖笛社团表演合奏节目《你笑起来真好看》。思怡同学主动向辅导老师提出每周增加一次训练。她协助老师编排活动队形，并主要承担了吹奏间隙的手语舞表演。运动会开幕式上，思怡站在队伍"C 位"领奏和领舞。竖笛表演非常成功，赢得了全校师生雷鸣般的掌声。

思怡在担任竖笛社团团长的过程中遇到过很多困难，也承受了不少苦累，但她从不抱怨什么，她总是心甘情愿地付出。因为她真正地热爱音乐，热爱竖笛。所以，兴趣爱好能够很好地助力于领导力的培养。

附录3：学生领导力培养优秀案例选编
（中学部分）

1. "云端拼画"——培养学生领导力

北京师范大学第二附属中学　孙晓红

时值我校艺术节，学校组织线上系列活动。我突发奇想，全班32名同学各自在家，我们何不共画一幅画，云端相见呢！晓盈是我们班的文艺委员，很有艺术才华，但很内向。我先和她讨论想法，提出我的要求：作品要有主题，每人画一小份，画完后统一拍成图片，云端完成拼制。"晓盈，你先成立一个负责人团队，对于选画等问题集思广益积极讨论；要明确对同学们的要求，布置任务要细致，比如纸质、大小、颜色等；有问题和困难，我支持你。"

晓盈成立了4人团队，组织了团队的一系列准备工作，其间，我一直在关注他们的进度。在他们的任务单出炉后发到全班同学大群之前，我又提出了具体的建议，如交画时间节点、团队分工、记录过程、主题升华等。

同学们各自的准备开始了！一天，晓盈发来了信息，很兴奋，"老师，很多人的作品比我想象的要好呢！"我在屏幕那头笑了："真不错，你们太棒了！原画的颜色也没有你们的漂亮啊！"晓盈在电脑上进行后期处理，并一点一滴地调试。当定不下来是哪种滤镜的效果好时，我鼓励她采取大家投票的方式决定。在一次次的讨论和修改中，在晓盈细心周到的推动和精进中，我们的作品完成啦！

作品上交后，我提醒晓盈感谢同学们的参与，对典型的例子进行表扬。我鼓励她撰稿在学校官微的公众号上发了一篇推送，介绍作品的创作思路、拼画过程展示等。我们的作品最终被评为本届艺术节唯一一份特等奖。我们班也及时开班会，充分肯定晓盈的付出，评选她为我们的年级榜样。

后来，同学们把一幅幅小画带到学校，最终拼成了一幅真实完整的画，晓盈又主动把画作进行了装裱，挂在教室，是我们班最珍视的作品，班级凝聚力空前提升。班级成立之初就提出的愿景"在一起走一路"得到了充分的践行。

2. 鼓励造就自信 放权树立权威
华中科技大学附属中学　马思远

班委选举过程中其他职位多人参选，劳动委员却迟迟未有人自荐。但卫生不可一日不做，正焦急之时同学挺身而出。由于小吴从未担任过班级职务，有些迷茫与不自信，甚至在两周班级量化倒数后很是沮丧，故采取了以下行动：

与小吴深入交流，建立信任关系。①肯定小吴一直以来的努力，表扬她临危自荐的勇气与能力。这是有担当有责任心的表现，所以很看好她。②一起认真分析班级劳动情况，找出主要矛盾，解决首要问题——各个劳动小组的劳动水平参差不齐，对于劳动标准不够明晰。③真诚地提出希望与建议，同时表达我会一直与她站在一起，陪她成长的坚定态度。

利用班会讨论卫生情况。①班主任用照片展示近几日班级的卫生情况。②小吴总结近日劳动情况，包括量化扣分，劳动小组分工，劳动质量等，深化主题：劳动不仅仅是一项学校规定，而是大家作为班级主人应有的权利和义务。③组织同学们讨论劳动中存在的各种问题，引导形成劳动共识。

鼓励小吴自行策划活动，规范各项劳动标准，营造良好劳动氛围。①大胆放权，让她制订一份详细的劳动活动策划方案，引入竞争机制，激发班级劳动积极性。班主任提供奖品支持与完善建议。这一活动策划公示在学生群里，获得多人点赞。②在劳动活动展开过程中，各小组为了竞选最佳劳动示范区纷纷积极劳动，甚至有小组为额外加分将班级死角处理干净。③在此期间小吴与班主任每天早中晚 3 个关键节点针对评价细则打分，且每晚小吴进行 1 分钟小结。

再次利用班会总结此次劳动活动。小吴用照片、视频、分数呈现各劳动小组的劳动成果，并给前三颁奖。除班主任的奖品奖励，还提出由劳动优胜者制定本班的劳动标准守则，里面还分享了他们的劳动小技巧，打印出来贴在教室入口处。大家都享受了两周高质量的班级环境，掌声非常热烈，小吴也露出了自信开心的微笑。

班级迎来了一个更加窗明几净的教室环境，卫生方面的量化也常常是满分。

3. 晓之以利动之以情 激发学生干部参与热情
广东省实验中学　谢锦辉

高一结束后，接手高二新分理科班。选出强有力的班委会是新组建班级后的第一要务。由于新组建班集体，师生之间不了解，我决定采取选举的方式组建班委。出乎意料，学生积极性不高。为打破僵局，需要进行选举动员。

原因分析：在选班委前，为防止出现原班级学生的聚团效应，在编排座位的时候，特意安排每个小组的成员都来自不同班级，导致每个学生与座位周围学生都不熟悉。师生之间也不了解。学生不知道班主任的性格和处事风格，班主任不知道学生的特长和优势。在新环境下，绝大多数人都不好意思主动站出来，需要一个观察形势、评估定位的过程。有的学生认为当班委得罪人，还会影响学习。

利用班会课整体动员，动之以情。从班级组建的愿景、班级目标的实现引导学生理解班委工作的重要性；通过班主任的自我介绍，消除学生对班主任的陌生感；选取部分优秀班委的成长过程，展示班级管理工作对学生能力提升的促进作用，让学生体会管理工作对学习内驱力的激发作用。通过憧憬班级愿景，动之以情，激发学生的班级荣誉感、使命感，促使学生加入班集体管理团队。

以宿舍对单位单独谈话，晓之以理。我选择晚修时段在操场和学生边散步边谈话，目的是营造一个良好的谈话氛围，以利于消除师生间的陌生感，谈话重点在如下几个方面：参加班级管理团队可以为宿舍、个体发声；参加班级管理团队能方便参与对班级的决策，方便个人意志与班级意志的统一；参加班级管理团队在评优选先时具有先天优势，具有优先提名权和在同学中先入为主的良好形象，还有助于养成自律的习惯。班委的示范性会促进学生提升学习能力。

明确各班级管理岗位的职责，让学生能够对照相应职务和学生性格特征做出决策。结果，学生积极参与选举，班委会顺利产生。在这一届班委会的管理下，获得了学校"优秀班集体"称号。

4. 助力初中生养成"复盘"好习惯

武汉市江夏区大桥中学　刘瑶

复盘，围棋术语，也称"复局"，指对局完毕后，复演该盘棋的记录，以检查对局中招法的优劣与得失关键。而帮助学生"复盘"，就是帮助学生在各个阶段对自己各个方面进行反思与总结，找到下一步的方向和认识到自身的问题。以下是我帮助学生确立目标、认真执行、及时调整用以养成"复盘"习惯的一些方法。

人人日日清——"每日学习任务清单"

学期伊始，九年级开学后我们班的第二次班会活动的主题叫《预则立，不预则废》，要求学生准备一个"日日清"本，每天将作业、学习任务记录在本子上，做完画横线。学习任务在早上制定，到晚上"复盘"看是否完成，并对一天里自己的表现和状态进行小结。

班级日日清——"班级积极事件漂流本"

在大家互相熟悉后，在班内积极开展"班级积极事件漂流本"活动。从班长开始，全员参与，轮流记录一天里班上发生的好人好事，每天晚自习花几分钟从学习、生活、卫生、纪律等方面进行班级一日总结，班主任进行点评。此活动既可弘扬班内正能量，有利于形成良好班风，也可督促一小部分学生改正坏习惯，还可锻炼学生的口头表达能力，让同学参与班级建设，培养"主人翁"意识。

人人月月清——"成长记录单"

开展《预则立，不预则废》的主题班会，给每人发一张"成长记录单"。第一，引导学生分析自身长短板，确定中长期目标。第二，每月学科小结检测后，学生在成长记录单上自我分析，并制订下一阶段的学习策略和奖惩措施。第三，根据记录单上的内容和学生谈心，帮助学生分析总结。同时鼓励学生将成长记录单带回家，与父母共同分析制订学习计划。学生在分析过程中也能逐步认识自己的优劣势，分析总结前阶段的学习情况更清晰，制订下阶段的学习计划也更具体。

5. 在培养舞蹈技能的同时锻炼执行力

南昌二中高新校区　徐碧澄

无论男孩女孩，都有一颗爱美的心。舞蹈社团的孩子们，在舞蹈房中苦练基本功，既让个性得到发展，又锻炼了执行力，防止和克服拖拖拉拉的习惯。

小悦是舞蹈社团的干事，她不仅舞蹈功底深，而且做事雷厉风行，执行力强，当大家遇到困难不知所措时，她总能灵机一动，解决大家燃眉之急。舞蹈社团的徐碧澄老师很多时候都放手让小悦自己处理事情。

小婷起初有些拖拉。一次舞蹈展示，团员们早早化好了妆，小婷却还没有到，大家都急得直跳脚，临展演时间只剩下不到五分钟才匆匆赶到。徐老师赶紧给她换衣上装。音乐响起，她被推上了舞台，在表演的中途忘了动作……

徐老师决定让小悦帮助小婷改掉拖拉的坏习惯。小悦给小婷制作时间安排表，叮嘱她要按时间表及时做好每天要做的事情。并根据小婷乐感好这个优势，在平时的排练时让她当小老师，指导大家排练。小婷说："哎，我舞蹈功底不强，怕教不好大家啊！"小悦拍拍她的肩膀："在我眼里你是最棒的。只要坚持不懈地努力，在社团的磨砺下你会成就更好的自己！"其他团员听了纷纷鼓掌。小婷在大家的鼓励下改掉了做事拖拉的坏习惯，舞姿变得越来越优美，想法越来越有创意，逐渐变得雷厉风行、做事手脚麻利。

有一次，舞蹈社团要参加市里的舞蹈之星比赛。为了赢得好名次，小团员们每天早早起来练功，舞蹈房里天天都有她们排练的身影。有的成员因为排练过度，脚都磨破了皮，膝盖也有损伤，但她们都未停下排练的步伐。她们说："没事，很快就会好了，这点小伤怕什么。"比赛那天，成员小丽腿受伤严重参加不了比赛。小婷自告奋勇地说："她们排练我一直都在旁边，我熟悉舞步，我来顶替小丽吧。"徐老师眼睛一亮，拍拍小婷的肩膀："相信你！"舞台上，小婷和舞伴默契配合，翩翩起舞如行云流水，一举夺得第一名。

6. "爱心课堂"助力构建学习金字塔

武汉市第七十九中　奚祥勇

美国学者埃德加·戴尔（Edgar Dale）于1946年提出了"学习金字塔"（Cone of Learning）的理论。根据该理论，在学习过程中，"再次传授"的学习方法，（把自己所学习的新内容以再次转述或者实践的方式教授给他人的方式）在所有学习方法中的效果是最明显的。在这个过程中，再次传授的学生能够在帮助他人学习时获得"自我被认同的愉悦感"，而这种正面情绪又能鼓励他作为一名学习者的学习兴趣和荣誉感，从而持续深入地强化继续学习的动力。

首先，教师指导学生使用校本研发学习信息平台进行自学，对自学环节中的重点内容进行学前练习，再由系统对小组学习成员的学前预习进行评估，从而确定新课内容重点的设置，做到尽量符合学生学情，由学生实际定教学指导方向。

其次，组建自学小团队，开展互助探究学习。团队组建要注意成员学业能力强弱、性格、性别、个人表达能力强弱等方面的差异，做到兼容并包互补优势。

教学课堂上，团队成员中学业能力弱势的成员首先对老师提供的课堂教学重点练习情况进行评讲或者提问，然后由学业能力强势成员对评讲情况进行补充着重说明，或者对提出的问题进行解答。接着，学业能力弱势学生再复述自己理解的教学重点内容。教师适时在一轮互动后，根据团队掌握情况，结合系统平台信息题库，推送同类异构练习，全体成员完成检查掌握情况巩固已经获得知识点，课后作业根据课上掌握情况适量布置即可。

培养效果：结合学校研发的学习信息平台，对学生提高实践学习能力，提高课堂掌握知识点和巩固知识点的都有明显提高。学业强势学生不仅强化了自己的知识理解的深度，更提高了自身表达能力、沟通能力、组织能力，单位课堂时间内能力得到全面发展。学业弱势学生强化学科知识点学习，锻炼了表达，增强了信心。团队成员都能实现共同进步。

课前准备工作：①班级互助文化的建立，形成以"我帮人人，人人帮我"为理念的"爱心课堂"文化氛围。②优化学生评价体系，做好导向，五育并举。③家校联合，开放课堂让家长看到学生学习能力的变化，争取家长理解支持。

应关注细节：①小团队成员不应该超过三人，保证课堂效率。②小团队每名成员都要有发言时间，保证参与率。③教师需要把握课堂发言时长，以免课堂节奏拖延，学生注意力发散，影响课堂氛围。④课堂重点内容需要使用信息平台评价体系提前确定或教师根据课堂完成情况适时调整目标，以免内容与学生学情不符合，影响课堂效率。⑤家庭作业不宜"一刀切"，可借助信息平台，分学情分层布置，较少学生负担。

7. 社团组织自主成长，志愿服务实践育人

利川市第五中学 顾正林

利川市第五中学青年志愿服务社正式成立于 2015 年 5 月 4 日，现拥有固定成员 156 人，是学校影响力较大的社团之一。成立 8 年来，在学校和指导老师帮助下，八任社团负责人秉持"自我管理、自我锻炼、自我成长"理念，不断健全社团组织、完善管理制度，并通过定期开展志愿服务，践行"实践育人"目标。青年志愿服务社先后被评为"利川五中优秀社团""利川市出彩志愿服务组织"，其负责人也多次荣获利川市"出彩志愿者"、恩施州"优秀团干"等荣誉称号。

2019 级 12 班小越同学是第七届社长。她高一开学第一次踏入五中时，就被"迎新生"志愿服务打动。社团招新，她加入了"青年志愿服务社"。进入社团后，小越积极工作，不久就以高票当选为社团主席团成员，并在一学期后成功竞选为社团负责人。在成为社团负责人之后，谭越组织全体成员学习志愿服务精神和社交礼仪，开展安全教育培训，明确各小组成员分工，学唱《志愿者之歌》，坚持开展校门口"护学岗"、食堂"秩序维护"、利川市"旅游服务""清洁家园"等志愿服务，志愿为"趣味运动会""甘溪山远足"等活动做后勤服务工作，联合市志愿者协会、市残联等开展"关爱留守儿童""保护母亲河"等一系列志愿服务活动。2022 年高考前夕，小越同学像前三任社团负责人一样，向全校高三学生发出捐书倡议，号召毕业生发扬爱心奉献和慈善互助精神，把有用的课外书捐出来，做到"毕业不撕书、不扔书"。收到捐书后，她还组织十几名志愿者把捐来的书籍分别送给了留守儿童、高一高二学弟学妹和特殊学校阅览室。不仅如此，小越还发动社团的志愿者联系结对偏远山区近百名留守儿童，在假期给小朋友们辅导作业、分享学习经验、展示书法绘画舞蹈等才艺。同时，谭越同学在指导老师帮助下，培训新的社团干部，确保校内外的志愿服务活动都得到不断传承与发展。

在利川五中青年志愿服务社里，与小越一样乐于奉献、主动服务的人有许多，经过选拔、培训和实践，他们迅速成长，在服务他人、收获友谊的同时，也丰富了生活、成长了自己。参与志愿服务让他们感受到了团队协作和劳动付出的快乐，别人一声真诚的致谢，更让他们认识到了自己的重要价值。志愿服务精神把他们聚在一起，他们热爱自己的社团，愿意和更多平凡的人一起默默付出，因为志愿服务社让他们有了更多关于人生价值的收获！

8. "一三九" 班级管理下的 "小组合作学习"

天门杭州华泰学校　　石彩玉

天门杭州华泰学校在多年的班级管理实践中摸索出了《"一三九"班级管理机制》。学生民主选出一个学生班主任、三个班长、九个小组长。

班级在开学第一周隆重举行《我的团队我做主》的主题班会，竞选候选人分别发表"学生班主任竞选演讲""班长竞选演讲"，产生一个学生班主任、三个班长。接下来就是竞选九个小组。

九个小组长产生后，分别进行3分钟的"治组宣言"并向全班发出邀请，然后与组员进行"双向选择"。全班学生按综合成绩分六个层次，组长与学生之间双向选择组成小组（组长只能从每层学生中各选一名，组长属于哪一类，就不能在这一类中再选）。组内异质为互助合作奠定基础，组间同质保证各小组间能展开公平竞赛。双向选择后的名单，由班主任和班委会进行平衡、微调，新的小组就成立了。

男生小彭，在七八年级时一直没有担任班干部。他认为班上藏龙卧虎，对自己信心不足，所以没有参与。进入九年级后，新班主任李老师发现小彭的集体荣誉感强，老师交代的事情做得很好，就动员他竞选小组长。

李老师对小彭说：你有做班干部的实力，做班干部后你会发现个人会朝着更强大的方向发展；在做班干部的过程中，会激发你的管理能力，培养你的责任心。班干部不仅仅是上传下达，更重要的是，你有了一个超越自我的平台，为了更好地完成每一项工作，你要与老师、同学进行交流，这就培养了你的沟通能力。在做班干部的过程中，因为你的奉献、无私，会在同学中树立信，你的自信心也得到培养，也会让你将来的人生中具有强大的竞争力……

李老师的谈话打消了小彭的顾虑。小彭担任了小组长。李老师接下来指导他如何履责尽责，做好小组长工作的三个要点：一是小组内先按综合成绩给组员排序号，然后按序号1~6、2~5、3~4搭成"师徒""兵教兵"，充分发挥学生之间相互影响的作用，合作共赢，这样安排便于开展"小组合作学习"。二是小组内分工，按班级常规管理，分成行政组长、纪检组长、卫生组长、礼仪组长、安全组长、联络组长；三是小组内的学习管理分成语文组长、数学组长、英语组长、物理组长、化学组长、文综组长，负责相关科目作业的检查督促。这样，小组内人人有事做，事事有人做，调动每个人的积极性，共创优秀小组。

小彭逐步掌握了工作内容，明确了每天要做的工作。由于是"捆绑制"，每个组员的日常表现评分都与全小组的评分挂钩，所以每个成员的日常表现会影响到全小组的荣誉。小组成员之间相互监督，相互提醒，形成一种集体的制约，这种制约的力量就是一种竞争力，就是无形的约束力，在这个氛围中，每个成员都有进步。

当这种意识为每个组员都认同、践行的时候，小组就成为进步的载体与平台；每个小组进步了，整个班级就进步了。

9. "守护"小清河　研学科考行
山东省济南回民中学　万胜国

"小河长，守护小清河！美丽中国，我是行动者！"伴随着嘹亮的口号，2019年8月7日，在校长杨长寨的带领下，"济南回民中学保护小清河骑行科考小队"在雨中驶出校门。"小清河研学科考骑行活动"由此拉开序幕。

骑行科考小分队由10位老师和10名学生组成。其中的4名女生6名男生是从报名的50名学生中，综合决策力、自信心、身体素质、社交能力、骑行技能、个人特长等选拔出来的。出发前，小分队进行了为期一周每天30公里左右的骑行训练，并对小清河进行了全面了解，熟悉取水设备、检测试剂的用法等。队员们还进行了分工，有开路先锋、骑行保障、取水样小组、检测小组、宣传组等。

活动持续9天时间，全程骑行超过320公里，单日最长约100公里，取水样15次，30余瓶，20辆自行车，被扎胎19辆，70~80个补丁，最多一辆车被扎过7个洞。在台风"利奇马"来临前一天下午，全体科考队成员冒雨骑行40余公里，路面坑坑洼洼，积水浑浊，让人看不清骑行的路，这时候，老师们都冲在最前面，紧接着是开路先锋的同学，推着自行车在前面淌水，开辟安全的前行道路，大家齐心协力，相互鼓励，体验与天奋斗其乐无穷的豪情！

天气炎热，大家相互协作，由骑行经验丰富体力好的同学领骑破风，女生队员紧随其后，负责保障的男队员在队伍最后收尾，克服一个又一个的困难，极大地增强了学生的自信心。协调有序的骑行安排让整个科考过程安全有序。每天即使骑行再累，大家也会及时把每天骑行科考的过程记录下来，并向学校师生和社会各界公布活动的进程。负责骑行保障的小源同学说："研学骑行过程，我们学会了更好地团队协作，我还感受了骑行中破风所蕴含的物理知识，增强了我面对复杂情况时的综合判断力、协调力，并锻炼了我不惧困难坚韧不拔的毅力"。

河道环境复杂，每次靠近河道取水时，队员们都分工合作，有的配合取水检测，在取样瓶上记录并在地图上标注取水位置，有的就近用工具清理河岸边的垃圾，为维护小清河的美丽环境贡献自己的力量。如果发现有隐蔽的排污口还会通过巡河宝、蔚蓝地图等软件进行上报。

负责宣传的小敏同学说："这次研学科考活动，我更体会到学习的重要性。如果没有充足的化学知识，那面对取出来的水样，就没法进行科学的检测分析；没有丰富的地理知识，在路线和取水点选择上，也会无所适从。在这个过程中，我们还了解了小清河的历史和变化，深切感受到了环境保护的重要性，感觉收获特大。以后更应该努力学习文化知识，不断提升自己的综合能力社会责任感，为美丽泉城建设做出自己的贡献。"

10. 踏寻红色足迹，争做新时代好少年
武汉市马房山中学　谷浩节

今年，我校学生来到武汉中小学校外教育活动中心进行研学，接受红色教育。

在"重走长征路"项目中，同学们重温那段波澜壮阔的长征史，感受红军的艰苦岁月。随后，班级同学以小组为单位进行模拟长征路线的体验活动，同学们迅速进入紧张状态，团结协作、克服困难。其中，小毅同学在这个活动中表现最为突出，作为小组长，团结带领小组成员互帮互助，闯过一个个难关，最后小组获得优胜。

在"士兵突击""我是红军"项目中，全体同学积极主动参与队列及内务训练，摆脱依赖家长的状态，学会独立自主。

在"体验军人生活"的活动中，他们强化了服从命令、听从指挥的纪律意识；履行起命令重于泰山的责任意识；学习军人"全心全意为人民服务"的意识。

在"真人 CS"项目中，同学们拿起"激光枪"模拟军队作战训练。小恬，一个瘦弱的小姑娘，却有用不完的力气，作为辅助多次帮助战友突破难关，所有参与的同学都在这个没有硝烟的战场上，团结协作，冲锋陷阵，与对手展开激烈战斗。

在晚上"红色研学之夜"活动中，台上表演的同学激情演绎，台下观看的同学掌声不断。一首首红歌、一支支舞蹈、一声声呐喊都在展现着他们对于红色文化的诠释，对责任意识与服务意识的解读。

11. 以爱之名，义卖扶困
清远市清城区清城中学　禤嘉慧

2019 年 3 月，春季学期开学不久，清远市清城中学团委收到了上级将组织城区爱心义卖义演活动的通知，学生团员干部在内部群炸锅了！毕竟对于他们而言，这可是头一回。

问题来了，这新鲜事从何入手呢？于是，小冰和其他团员请团委书记禤老师支招，老师这时候会心一笑，反问："你们是为了什么去参与？想尝鲜而已？"

团员们陷入思考，这时候小禧蹦出一句："老师，学校不是每年都会组织七年级同学慰问敬老院吗？今年不如让我们以'关爱老人'为主题，开展这次的义卖吧！""真是个有意义的想法，可我们到底卖些什么？"小冰又嘟哝了一句。禤老师留下一句话："自己动手"，便走出团委室。小冰和小禧连忙组织小伙伴们头脑风

暴，通过几天下来的讨论，他们总算把义卖活动的基本方案捣饬出来：义卖物品是同学们自制明信片、手绘团扇、家中闲置的毛绒玩偶；义演部分向八年级 19 班征用一套玩具熊演出服；现场布置搭建则委派男同学负责向学校申请桌椅、雨棚、横幅……

做足十分准备的"城中爱心义卖"摊位在活动当天受到现场群众的热烈欢迎，由于义卖品价格亲民，特色明显，如团扇在短短半小时内抢购一空。

没有了实体货物怎么办？没关系，一只可爱的"棕熊"出现在清城中学的摊位前："任意点歌，一元一首，用歌声把祝福送给大家！"尽管穿着厚重的演出服闷出一身汗水，但小铠同学却乐此不疲，他明白自己是集体的一部分，为义卖出一份力，值！过了两个星期左右，这群可爱的团员们，拿着这笔义卖金，购置生活用品和水果前往洲心幸福院。院内接收的老人大多是孤寡、五保户，当他们接过孩子们送的蛋糕，听着孩子们的分享，心里暖暖的。

也许正是老师的"不作为、少作为"，无形中让同学们获得一次"野蛮生长"的机会，同学们不仅体验了一把活动策划的"主人翁"角色，同时还收获到合作间的真挚友谊、收获助人为乐的充实感。

12. 保护漳河水，物理兴趣小组在行动
湖北省荆门市楚天学校　吴书俊

大美漳河，风景秀丽，物产丰富！楚天学校临近漳河，楚天学子也以保护漳河水为己任。

2022 年 3 月，学校物理教研组为了激发学生的学习兴趣，树立学生的环保意识，确定以晏来、哲路、思扩三名同学为核心成员，成立以保护漳河水为研究目的的物理兴趣小组。晏来作为组长以身作则，仔细筹划，在哲路和思扩的密切配合下广发英雄帖，通过"报名—考核—面试"，挑选了 12 名对物理感兴趣的同学，组成了 15 人兴趣小组，并拟定了小组规章制度和活动准则。同学们以科学实践为基础、以物理研究为目的、以对漳河的爱为情怀，积极开展相关活动。

4 月份，晏来把 15 人分成三个小组，分赴漳河各取水点收集水样 20 余份，用手机拍摄取样点附近水域情况，整理图片 100 余份并建立档案。学生回到学校，设计方案进行实验，测量这些水样的密度、酸碱度、泥沙含量等情况。研究发现漳河整体水质优良，但个别水样的酸碱度偏高。根据档案图片发现，该地点湖底有藻类生长并大量繁殖。经调查发现周边有一些人工养殖的鱼塘，鱼塘水流入漳河导致局部水域富营养，并把这一现象向当地环保部门作了情况转达。

组员们利用五一长假和周末，到漳河附近景点游玩的同时，进行相关数据的收集。晏来、思扩还利用参加省运会无人机比赛的训练机会，航拍漳河美景和旅游景

观。通过调查发现，漳河库区由于环境优美地域开阔，周边游客较多，下水嬉戏、游泳的人也不少，对水体造成一定程度的污染。同时游客过多导致餐饮业生意火爆，造成了对库区水环境的二次污染。

暑期来临，因为漳河的清凉避暑功能，漳河迎来了访客最多的时候。兴趣小组的同学们在享受漳河带给他们快乐的同时，也思考着怎样更好地保护漳河水。经过一个暑假的努力，通过分析之前收集的资料数据，小组同学们分工协作，施展才干，成果颇丰。

新学期开学，晏来小组精心制作的《清清漳河水》宣传片，黄金时间在学校电子屏播放；思扩小组联系学校德育处，以保护漳河水为主题，开展学生行为大讨论，并收集相关创意摄影作品评奖，这一活动还被《荆门日报》进行了报道；哲路小组利用学校公众号发文倡议：保护漳河水，从我做起！

学生们的行动引起了社会的广泛关注，11月3日荆门市生态环境委员会第二次会议报告中专门提到了保护漳河水，并将上升到通过政府立法强化管理的高度。物理兴趣小组的同学们通过自身的努力，让更多的人热爱漳河、保护漳河。明天，漳河的天更蓝，水更清，橘子将更甜！

13. 文华学干"扫"校园

武汉市武昌文华中学　闵文杰

粮道街，因清代曾在此设立粮道署而得名。被誉为中国近现代教育"活化石"的武昌文华中学创建于1871年。这里诞生了中国最早的学生"红十字会"，也锻造出四位院士等优秀英才。2022年，学校申报的"红十字志愿服务 守护生命伴成长"项目成功入选全国100个志愿服务项目。

2023年，正值毛泽东为雷锋同志题词60周年。为进一步弘扬"奉献、友爱、互助、进步"的志愿精神。武昌文华中学团委开展主题为"传承文华精神、争做追'锋'少年"系列活动，具体包括：文华校友献身国际救援讲座、文华学生干部清洁校园、各班同学做卫生大扫除、志愿团队联合社区义诊等。由于活动繁多，学生会智囊团9名学生干部主动要求承担"文华学生干部清洁校园"活动的策划与实施。

2023年3月1日，在清韵、凯源的组织下，9名学生干部召开了"学生干部清洁校园"策划案商讨会。会议伊始，每位干部思考5分钟，将自己的方案写在白纸上；会中，进行充分的自由讨论；会后，形成初步方案。他们将学校分成四个大区域，由宣传部、纪检部、文体部、学习部分别负责，卫生部同学平时检查卫生，明确评价标准，因此将卫生部同学分成四小组，分别加入到四个部门中，负责督促和检查。卫生部同学提前把评价标准告知各位成员，并且制成表格，分发到每位同学的手中。他们请来了四位保洁阿姨，分别为四个区域卫生的打扫做指导，并咨询保洁阿姨卫生盲点、打扫难点、清洁经验等预设问题，以确保当天校园清洁顺利、高效进行。

2023 年 3 月 3 日，活动当天，各个部门都有条不紊地负责本区域的卫生打扫，各部门内部的分工亦是明确详细，原本一节课的任务量在 30 分钟内完成。后 10 分钟，大家聚集在一起分部门合影留念，记录这次难忘的劳动时光，并且相互交流、分享感受，录制成视频，以做资料留存或回忆珍藏。

"一屋不扫何以扫天下？""自己的事情自己做""自己的活动自己搞""自己的伙伴自己帮""自己的进步自己争"，激发学生自我教育、自我成长的动力，切实发挥好学生会干部的凝聚作用、带头作用、表率作用和助手作用，更好地引领其他学生自主成长。

14. 荆中 2019 级 17 班"期末颁奖盛典"

荆州市荆州中学　赵树杰

"中外历史纲要（上）"最后一课是"家国情怀与统一多民族国家的演进"，教师通过孟子、汉武帝、班超、梁启超等古今历史人物的讲解，引导学生树立"修身齐家治国平天下"的奋斗目标。进而布置小组协作的课堂作业：策划期末颁奖盛典。要求学生将学过的历史知识与颁奖盛典相结合。众所周知，学生领导力培养是培养学生核心素养的一个重要抓手，是立德树人的重要环节。本次历史课完全由学生自我组织，尤其是颁奖词的撰写，反映出学生的正确价值观、决策能力、组织能力和历史知识的运用能力。

（1）活动策划和组织：班委会召开策划会，落实了活动目标、主持人、活动时间、地点、道具和任务分工。2021 年 12 月 31 日，隆重举行跨年颁奖盛典。整个活动历时 2 个小时，将班级年度总结、文艺演出和新年祝福三者有机结合。

（2）颁奖词精选：颁奖盛典设立了"风流人物奖""学富五车奖""无私奉献奖""班级好助手奖""人民公仆奖""才华横溢奖""勇敢的心"和"17 班荣誉勋章奖"等多项奖励，从道德、学习、体育、文艺、劳动五个维度回顾过去。评选、颁奖词的撰写、奖品、颁奖均由学生自己完成。颁奖环节，任由同学们袒露心声、勇敢表达。学生自己做主，有参与感，不空洞，不说教，不喊口号。晚会环节，任由同学们自我释放、或歌或舞。尽情地展示自己的才艺，释放青春的力量。

"人民公仆颁奖词"颁给了设备委员辛洋（2022 年高考考入天津外国语大学）：在休息和劳动中，你们选择后者，攀上窗台，摘下星辰不叫苦，洒下的汗水是奉献，有孺子牛的无私，甘做班级的公仆，心灵永远有温度！

"风流人物奖"颁给了学习委员子靖（2022 年高考考入武汉大学）：常见你奋斗的身影，常见你如花的笑靥，你努力拼搏时岁月放慢了脚步，你勇攀高峰时连天地也为你喝彩，战胜一切，勇往直前。

"班级好助手颁奖词"颁给了女班长沁秾（2022 年高考考入华中师范大学）：勇气，是你的基石；坚持，是你的信念；行动，是你的态度。你作为一班之长，尽心尽责，为老师分忧，为同学服务，在 17 班，你的贡献为集体的沃土增添了明媚的阳光。致敬我们的女班长。

"学富五车奖"颁给了劳动委员子恒（2022 年高考考入湖南大学）：自由的色彩在你的信念中涂绘，威风的往事在你的心头上荡漾，那段王者征服你激情澎湃，那个英雄时代你铭记于怀。

"勇敢的心颁奖词"颁给了文艺委员丁丁（2022 年高考考入北京电影学院）：鬼马精灵的嬉笑玩闹是你，热情随和的贴心交谈是你，踢足球擦防晒霜的精致男孩是你，偷偷溜进检查校服巡查队中的人也是你。你就是我们永不落日的太阳。

"17 班荣誉勋章颁奖词"颁给了班主任赵树杰老师：你在历史学科的沃土上深耕细作，求索进取，是我们学习的榜样；你在课堂教学的舞台上妙语连珠，段子成篇，是我们拼搏的力量；你在班务工作的海洋中面面俱到，求真务实，是我们前进的路标。你对于 17 班，是核心存在，17 班之于你，是无限宝藏，我们相信，未来一年，无尽的远方，你一直在！致敬！荆州中学 2019 级 17 班班级精神领袖、学习指向标、班委总书记、高考统战部最高统帅赵树杰老师。

本案例一是将历史学科知识指向具体运用，使"服务意识""责任意识"特别是"公仆意识"植入学生灵魂；二是班主任放手，整个活动由学生自主完成，为学生的积极性主动性创造性的充分发挥提供了空间与舞台；三是促进了师生和谐、促进了班级凝聚力建设。一年半后的高考成绩，其中应该有这个活动的印记！本案例启示我们，学生领导力的培养，就在我们日常的教育教学活动之中！

15. 推进学生会改革 不断提升学生骨干的领导力

荆州市创业职业中等专业学校 湖北省民间工艺技师学院　戴智堂、晏彦海

为贯彻落实习近平总书记关于青年工作的重要思想，落实立德树人根本任务，我校从推动学生会改革入手，不断提升学生骨干的领导力和履职能力，引领、服务广大同学努力成长为德才兼备、全面发展的社会主义建设者和接班人。

学生会积极探索组织架构，探索形成"136 架构模式"：1 个执行主席、3 名主席团成员、6 个项目组，建立健全项目组志愿者招募机制。不断强化"136"成员的宗旨意识、表率作用和严实作风，打造信念坚定、品学兼优、朝气蓬勃、心系同

学的学生骨干队伍。

健全学生代表大会制度，校级学代会每年召开一次，2023 年 5 月 31 日召开第六次学生代表大会，学生代表 210 人，选举产生新一届学生委员会和学生会主席团。学生骨干队伍不断推陈出新。

学生会各项目组积极开展"我为同学办实事"系列实践活动。2022 年以来，已开展"文化艺术节""职业教育活动周""学生成人礼"等主题活动和各类社团活动 80 余场次，受到全体学生和学校领导的高度认可，也培养了大批学生骨干。

学生会通过"学校、系部、班级"三级联动，协助学校、系部、班主任对学生进行日常行为规范管理，强化了学生会组织自我教育、自我管理、自我服务、自我监督的职能，学生会地位得到加强，成为学校治理体系的重要力量。学生会的领导力得到有力提升。

2022 年 12 月 6 日，共青团中央、教育部、全国学联联合下文，出台《中等职业学校学生会改革试点方案》，启动中等职业学校学生会改革试点工作，我校入选为全国 100 所试点单位之一。

16. 班徽出炉记
安徽省合肥市五十中学东校西园校区   王保红

2021 年的 9 月，"拥抱太阳 7 班"正式产生。在班干部任命上，采取"毛遂自荐"（考察期 2~3 周），再在"民主决策"的基础上，采取"能者上"，很多学生脱颖而出，班级工作井井有条，一直持续到 2023 年的今天。不论是班长还是班委成员，都是各司其职，真正是"品学兼优的领头人"。

案例回放：

（1）接受任务：合肥市五十中学东校西园校区班徽设计大赛。

（2）参赛团队：拥抱太阳 7 班。

（3）总负责人：宣传委员小涵。

（4）初阶：小涵利用课后时间，走访同学、征集同学意见，形成任务分配小组：班徽理念组、绘图设计组、宣讲比赛组、摄影组。

（5）过程处理：小涵同学利用课后半小时，召开各成员组会议，汇报成果：

班徽理念组汇报：班徽，标志着团结一心。它是整个班级精神的提炼，是班级活力和荣耀的象征。

我们的班徽，它由外圈和内核两部分组成。外圈标明："和合精进""笃学明理"，内圈采用了数字 7、太阳、双手作为表现对象。融入校风"和合精进"和学风"笃学明理"，加入班级理念"定目标，自我管理，自我教育，自我发展"和班训"勇敢自信，合作创新，勤于思考，甘于奉献"。

班级个人成长目标：男生像太阳，胸怀宽广，有责任、敢担当，争做阳光先生。女生像花朵，智慧芬芳，稳重可人，积极进取，成为优雅女生。

绘图设计组：由绘画高手小茹担纲，展示设计雏形（手绘）。班徽内部组成：7代表7班，右上角的太阳，表示7班充满温暖、希望。同时7也代表7大洲，7大洲在太阳照射下，万物生长，代表永恒。另外，在化学中，pH等于7表示是中性，不酸不碱，象征和谐，与校风"和合精进"吻合。7字用两种颜色组成，上部橙色代表心想事成，下面黄色寓意快乐，愿我们每位同学在快乐中成长。下面双手托起了7字，象征我们用双手托起班级精神：温暖、希望、生机。

再由电脑高手小宇在电脑上生成彩色版。

宣讲比赛组：由小涵担任宣讲人并制作精美的PPT，为比赛做最后准备。

摄影组：由热爱摄影的小璇担当，在整个比赛过程中，负责拍摄，并将"比赛成果"实时向全班同学播报。

（6）活动结果：荣获学校班徽设计大赛一等奖。

小小班徽，容纳了孩子们对未来三年所有的期许、规划，心声的集中迸发。两年多来，孩子们说到做到，遇事不逃避、不推诿，有担当，在班委的带领下，把社会主义核心价值观中"爱岗、敬业、诚信、友善"落到实际学习生活中。

17. 劳动一"夏"，致敬突飞猛进的生活小技能

四川省绵阳实验高级中学　唐恬

每年假期，实验高中团委都会精心组织"青"字社会劳动实践，给学生创造契机，让他们参与到更多的社会志愿活动和劳动实践中，不仅做到学科成绩优秀，还要做一个热爱劳动的人。

2022年暑期，酷暑高温，实验高中高三的同学们迎来了为期16天的短暂暑假。尽管这个暑假承载着在学业上"弯道超车"的使命，2020级团总支部仍然发起了"青"凉劳动实践的号召，要求全年级同学在家参加劳动实践，并且提前将其编辑入《暑假生活》中，根据每个班实践情况选出"劳动之星"，登上学校公众号。

也许是从小经历了太多的"拍照打卡"，通知发出去后孩子们的响应似乎并不热烈。22班班主任唐老师在班会中再次对暑期"青"凉劳动实践提出了号召，并且安排生活委员小旭负责组织，按照团总支部要求，一个班收取10份不同类型的优秀实践成果，同学们"哀嚎"一片。

暑假过去7天了，唐老师向生活委员小旭询问进度，小旭很为难，说："唐老师，他们都不太愿意交，恐怕到时候咱们班交不出10份作品。"唐老师鼓励她说，

你已经高三了，平时管理班级清洁卫生、寝室纪律也有很多经验，你想想怎么把这个工作推进下去，这个任务不算难，你可以的！

假期过半，转眼就到了交成果的日子，唐老师一点也不着急，其间没有催过同学们，也没有催小旭，因为她相信小旭可以把这个活动推进，也相信 22 班同学的执行力。

果然，学校公众号如期推介了优秀暑期劳动作品，22 班的优秀作品不是 10 份而是 32 份。小旭告诉唐老师，首先，她在班级群里做了号召，告诉大家如果我们交不出作品，咱们就在公众号上"开天窗"了，然后发出了其他班的一些优秀劳动实践成果；接着她要求以小组为单位，每个小组至少交一份作品，被选上的可以给小组加考核分。最后，她还让她妈妈发在家长群，希望家长们支持鼓励。

这次"青"凉暑期劳动实践，厨神争霸，火力对决，各种菜式佳肴让父母老师"烹"然心动；扫一屋，方能扫天下，环境清洁大扫除，妈妈们表示乐得合不拢嘴；插花烘焙拼乐高，享受独处的时光，感受智慧与宁静的交汇；帮助照顾家里的弟弟妹妹，或者可爱的小动物们，让暑假变得更清爽与美好，不再是只为了作业的鸡飞狗跳！

3 班小璇说："这次实践劳动，不仅增强了动手能力，还增加了与家人间的互动，轻松愉快。" 3 班小丹在地里摘南瓜，她说："暑夏天热，种地不易，好好吃饭，感谢农民。" 8 班小宇表示为家人烧菜很开心。9 班小林烧了一道红烧鱼，他说："偶尔为之是享受，餐餐必做是受罪，众口难调烦又愁。"更多同学表示，高三不能只读圣贤书，将做力所能及的家务事作为休息和调剂，犹如给学习加了强心针，效率更高了！

18. 积分制管理，让班级活起来

荆州市江陵中学　杨建华

新高考背景下的高中生思维更活跃，视野更开阔，更需要学会自我管理。笔者充分利用积分制班级管理模式，让班级管理科学而民主，取得了不错的效果。具体做法是：

班级积分制考核办法的具体做法是班级所有成员均纳入积分考核的范围，考核内容涉及学生的方方面面，如考勤、卫生、纪律、品德、成绩、活动等。比如每天早到前十名的加积分，迟到、早退、旷课的扣积分；积极参加班级劳动和学校公益劳动的加积分，没有按时完成劳动任务的扣积分；被评为文明寝室的住宿生加积分，被宿管员通报批评的住宿生扣积分，等等。为保证积分管理的公平公正透明，要求班委会实行积分一日一公布，一周一小结，一月一评比，每学期期末进行总结，并按照学期末的积分进行表彰奖励的方式。这样的管理模式，不仅让学生随时知道自己的优点与不足，时刻反省自己，随时监督自己的行为，而且真正让每一个孩子都能在自己的优势方面得到积分奖励，争先创优。

对积分考核的结果运用也是多样性的。既有物质奖励，也有精神奖励。比如每学期期末奖励积分靠前的学生一些学习用品和生活用品。同时学校组织的优秀学生（含优秀团员和优秀干部）评比按照积分排名进行推荐，每年的班级入团指标人选按积分排名进行推荐，每一次的座位选择按照积分高低实行自由选择的方式。这样的做法极大地调动了学生的积极性，让学生真正知道怎样做一个优秀的学生。同时，为了更大限度发挥积分的作用，让孩子们都能得到表彰的机会，实行"积分清零"的办法，实行每学期积分清零，不把上学期的积分带入下一学期，更注重让每一个孩子在一个相对短的时间范围内去追求进步，去获得被表彰的机会。

总之，这种制度极大地调动了学生积极性，让每一个学生都真正地成为班级的主人，让他们在高中学会了学习，学会了生活，也学会了做人。

19. 国旗护卫队在成长

武汉藏龙高级中学　周晗琼、孔争光

新生开学前夕，在学校统筹之下，我们带领高一新生前往某教育基地进行研学实践。其间，领导安排我做好国旗护卫队的选拔、训练工作。于是，在跟国旗班教官紧密协作之下，共选拔出 14 位意气风发的青少年。训练之初，他们不惧炎热、刻苦训练。但在升旗演练中，他们开始步伐紊乱、节奏不一，我和教官便训诫了几句，结果他们开始互相埋怨，陈述着他人的不足，但唯独没有从自身思考问题。

在某次晨练中，我留意到有个男生，他军姿挺拔、眼神很是坚毅，我便当众赞赏了他，他却说："谢谢老师，站军姿就应该这样。"我说："同学们，我们的国旗是神圣的，你们作为国旗的护卫者，应当用自己的尊严去捍卫它；但老师看到你们上次出错时互相埋怨，我觉得国旗护卫队这个队伍不该如此，你们应当团结一致"。他说："老师对不起，我们不该那样，应先从自身找问题。"回校之后，在开学典礼演练前，他们的步伐又出现了错乱，我又听到了互相指责的声音，突然我便听到一个声音说："别埋怨了，我们是国旗护卫队、是一个集体，我们应该齐心协力面对错误和困难。"而这个声音正是那天我表扬的那个男生。那一刻，操场瞬间安静，接下来便是一二一、一二一的口号声、整齐有力的踏步声弥漫四周。后来，我发现国旗护卫队开始变得团结，也很听从那个男生的指挥，而他自然地成为这支队伍的队长。

五星闪耀，皆为信仰。现在的他们，每周身着绿色军装，迎着东方的晨曦，步履铿锵……

20. 在历练中成长

襄阳五中华侨城实验学校　乔舒、张德兰

襄阳五中华侨城实验学校五（1）班的小周同学参加校级少先队干部竞选。因为准备充分，评委老师和学生代表一致推选小周担任少先队副大队长。

在副大队长这个岗位上，小周尽职尽责，工作效果得到了少先队辅导员老师和同学们的肯定。然而，由于过多地把精力放在少先队工作中，小周的学习受到了严重影响。班主任和科任老师找到少先队辅导员袁老师，希望小周退出少先队干部队伍，专心学习，把成绩提上来。思虑再三，袁老师找到小周的班主任和科任老师，希望不让小周退出少先队干部队伍，同时大家一起努力，帮助小周保持学习优异的同时做好少先队工作。

袁老师称赞了小周在少先队工作中取得的成绩，也把班主任和科任老师的担忧委婉地转述给小周。"老师，那我该怎么办呢？我还想当少先队干部，但是如果成绩下降了，爸爸妈妈和老师们肯定不会让我继续当的。""平衡学习和少先队工作确实不容易。袁老师给你一些建议：时间对每个人都是公平的，如果想要比别人做得多，你得先学会时间管理。做事不拖沓，及时完成学习任务后再认真完成少先队工作。严格要求自己，课堂上学习要专心，课后别人玩的时候你可能就得多花点时间放在学习上。你还得学习思考怎样利用团队的力量高效地完成少先队工作。"

在少先队辅导员袁老师、班主任以及科任老师的共同帮助下，小周的学习很快追了上来，少先队工作方面也比原来做得更好了。

21. 身体力行做好志愿服务　积极行动当好引领示范

宜昌市第一中学　王琦

她是有着 15 年公益经历的志愿者，时长 8000 小时，利用奖学金、义演义卖捐款捐物 6 万余元，为癌症患者募集善款 25 万元，连续 8 年关爱孤寡老人、残疾朋友等特殊人群，同时心系高危工作人群，连续 8 年夏日送清凉、冬日送温暖。她就是宜昌市第一中学 2020 届毕业生、全国最美中学生小清芸。

自 2008 年把自己的零用钱捐给汶川地震灾区起，她就走上了帮助他人的志愿之路，这条路一走就是十一年。清芸利用寒暑假和节假日奔走于秭归、兴山、渔峡口、高家堰等偏远山区，自编自演节目宣传党的政策，她把文明出行、环境保护、祖国变化都融入节目，在传播文明的同时为大家带去欢笑。2018 年 2 月，宜昌遇罕见大雪，清芸了解到有 8 个贫困环卫家庭没有过冬物资，她拿出 2000 多元为他们买了棉被和暖手宝；2018 年 4 月和 6 月，她拿出 2500 多元为山区孩子和自闭症儿童购买新书；在得知西藏自治区昌都市边坝县加贡乡 97 名孩子想要棉拖鞋过冬时，她拿出自己的零花钱，连夜订购棉拖鞋 100 双送给西藏的小朋友们，帮助他们度过了一个温暖的冬天；2019 年寒假，她为残疾人买洗衣机、米、油，为养老院送物资，价值共计 3000 多元……这样的故事还有很多，清芸也正是一直在这些平凡的小事中书写奉献与爱的故事，努力用自己的微光点亮他人生命的苍穹。

清芸不光自己乐于助人，还带着自己的家人、同学坚持做各种公益活动。她在寒暑假组织同学们参加以爱老敬老、保护环境、军民共建、民族团结、禁毒防毒等为主题的公益活动几十场，参与人数达 3000 多人。她自编自演相声、武术、歌舞等节目，和微信朋友圈的青年志愿者们在街头演出一个多小时，为胰腺癌患者林阿姨筹集到善款 1 万多元；她在步行街发起倡议，为骨癌患者捐款治病，一天筹集到捐款达 11 万。雷锋的战友冷宽将军为她题词"从小学雷锋，长大做栋梁"。

22. 2105 班卫生值日岗位竞聘大会

荆州市机械电子工业学校　李卓慧

为了合理安排班上每天教室、清洁区的卫生值日安排，同时充分尊重同学们个性和特点且提高同学们的领导力及责任感，为更好地实现班级自主管理打基础，2105 班在建班一个月之际，举办了首次卫生值日岗位竞聘大会。

大会筹备之初，班主任把班长小萱和劳动委员小杰叫到办公室，引导他们结合班级总人数和每天劳动值日的点位、每个点位预计安排的人数，拟定了每周劳动值日表的框架。同时帮忙联系了学生会干部，请这两位同学一起对接学生会干部，进一步明确了各点位值日的时间段、值日标准等相关要求。

随后引导班长组织班委们一起讨论了班级卫生值日岗位竞聘的方案，大家各抒己见，对个别值日点位的总人数进行了微调，形成了值日表的框架。班主任在班委们讨论通过值日安排之后，公布了卫生值日表的框架及各点位值日的要求，并请同学们提前谋划，相互协商，择日进行岗位竞聘。

竞聘大会安排在周二下午的班会课，由文艺委员雅丽担任主持。班长萱萱首先介绍了本次劳动值日岗位竞聘的各岗位及岗位人数，劳动委员杰详细介绍了每个岗位的工作职责及值日标准。随后每一位同学上台发言阐述自己选择的岗位及理由。最后，劳动委员汇总大家的意见，对于超出质数的值日点位进行第二轮 PK 并调剂到"缺岗"的岗位。有趣的是这个环节有的同学笑着选择了放弃，有的同学间选择石头剪刀布一决胜负。最后进行小组讨论，同点位卫生值日的同学一个小组，大家协商确定各自搭档及值日日期，在欢乐的气氛中 2105 班每周劳动卫生值日表正式出炉并开始了试运行。

后期每周的班务会议，劳动委员都会对近一阶段劳动卫生值日的情况进行总结，对于运行一段时间之后有同学提出要换值日点位或者换时间，或者临时有同学请假缺岗的时候，同学们之间也能形成良性的互动，一学期下来班级在劳动卫生值日方面也基本实现自主管理。

2105 班的劳动卫生值日安排采用"岗位竞聘"的方式，一是充分尊重每位同学的意愿，二是竞聘的过程也是大家进一步明确了值日要求和标准的过程，三是活动的过程培养了学生的领导力，可以让他们更好地发挥自己的潜力，更加注重团队合作和交流。

23. 晨会，让我的学生华丽变身
宜昌市高新天问初中　　伍月铭

为了将晨会由我的"一言堂"变成学生自我管理的练兵场，我从训练晨会组织者入手进行了一系列尝试。

首先，制定晨会流程。我结合九月份常规教育的主题，制定了召开晨会的程序：①诵读班级誓言。②值日生分块公布情况。③班长填写班级 OEC 看板，公布得分情况。④主持人请表现最好的同学上台发言。⑤主持人小结，全班同学填写《成长记录日清表》。⑥班主任补充或强调相关事宜。

二是进行岗前培训，主要是教会主持人如何主持、上台公布情况以及发言的学生怎样说话，形成规范的话语体系。例如，第一个宣誓环节，我们的班长会用洪亮的声音说道："全体起立，请同学们举起右手，跟我宣誓……"；再如第二个环节，当天的值日生走上讲台，站定之后，面向全体同学，然后开口说话："同学们上午好，今天是星期×，由我来主持今天的晨会。首先有请学习委员公布昨天的具体情况……"

9 月 1 日，晨会开始正式成为学生的地盘。

一个多星期后，班干部带着学生的要求来与我交涉了——要求调整晨会程序，理由是晨会时间只有十分钟，要完成六个程序来不及，可否将第五个环节中的填写《成长记录日清表》调整到头天晚自习第一节的自主整理时间的前十分钟。晨会组织者们不仅发现了问题，而且连解决问题的办法也想出来了，这可是一个好兆头！我不仅按学生的要求做了上述调整，而且还利用晨会在班上大力表扬提出这个问题并解决的那些同学，然后提议凡是为班级发展建言献策并被采纳的同学获得"金点子"奖，在当天的 OEC 中加 10 分。班干部商议后决定将这一条也写进"班级公约"。

渐渐地，晨会让这群孩子"折腾"得越来越有滋味了。他们利用晨会做了很多事情，如 301 男生寝室老是不记得关灯，怎么办？请 415 寝室长来介绍经验。如学校要进行合唱比赛，队形怎么排列，服装怎么统一，拿到晨会上来讨论……

一个月的晨会让学生"折腾"下来，这些孩子迅速成长了！

24. 班干部培养小尝试

宜昌市夷陵区天问初中　彭海丽

班级成立之初，我就打定主意要培养一批会做事、能担责、敢管事的班干部，共同打造自主班级。

七年级入学第一周，根据学生的意愿，组建临时班委，负责一些临时性的事务。同时，通过翻阅学生的素质报告册、私下交流、科任老师推荐、民主选举等方式，组建第二套班委，分单双周履职。一个月的考察期满后，根据自我意愿、学生选举，最终确定班委名单。确定后一般一学期更换一次。

我们在选拔班干部时，不把成绩好坏作为重要标准，主要看这个学生的责任心。如我们的清洁委员，成绩中等偏下，但他抓清洁卫生很有一套，学生们都很服从他的管理。他也年年被评为优秀班干部。

身体力行，明确职责和工作流程。班委组建之初，学生之间不熟悉，对学校也不熟悉，于是我开始手把手地教他们明确各自的职责、工作流程，并适时地为他们出谋划策，帮他们树立威信。这个过程是最辛苦的，也是最重要的。大概需要一个月的时间，这些班干部才能基本独立履职。

班干部能独当一面后，就逐步放手放权，鼓励他们大胆地去开展工作，执行班规，负责常规管理。遇到突发事件或重大事件，再由班主任定夺。

每周日定时召开班干部会议，总结上一周班级学习生活情况及发现的问题，并商量提出本周主抓的重点和班级事务等。

不定期地进行一些班干部团建活动，进行思想交流。

25. 小爱汇集成大爱，保护流浪动物

合肥市第八中学　吴锦洋

合肥市第八中学的苏苏、乐乐等同学，发现有许多流浪动物，不仅影响市容市貌，还可能因为小动物发狂导致伤人事件。虽然大多数人在乎身边动物带来的爱和友情，但是仍有些人不负责任地抛弃它们、虐待它们。2019 年 8 月，他们成立了觅稜流浪动物保护协会，3 个月后扩大社团规模，与合肥市多个流浪动物基地、宠物医院和宠物店建立合作关系。他们用自己的业余时间来完成救助流浪动物和宣传动物福利的工作。觅稜流浪动物保护协会为流浪猫狗创造了新的生机。他们尽力将每个爱心人士小小的爱汇集成大爱，用这样的大爱将人类与动物的距离拉近，让生命更被尊重，让人与动物更和谐。

他们通过募捐、海报、文章、短视频、实地考察与社会调研等多种形式宣传流浪动物保护的理念，呼吁更多人加入保护动物的行列中，为它们找到归宿。自社团

成立至今，共募集善款两万余元，猫粮、狗粮 3000 余斤，帮助 200 多只流浪动物找到了新家。

目前，社团共有社员 160 余人，下设四个部门，分别为组织部、宣传部、财务部、外联部。各部门分工明确，配合默契，可以保证社团正常运作。其中各部部长都拥有丰富的活动策划经验与强大的领导力，可以领导部门完成工作，并配合其他部门开展活动。

这一项目在第十二届全国中学生领导力展示中，荣获一等奖。苏苏同学感触颇深。她写道：回想领导力比赛，总觉得很奇妙。比赛前，我们为整理曾经的活动资料而熬夜讨论，也为采访调查过程中种种不配合而进退维谷；还有为宣讲时预料之外的情况而不知所措……我们一起在晚自习前策划交流，一起在"夜黑风高"时录制 Vlog，也曾共同感动到泪眼朦胧，一起组织过领养、募捐活动，一起灰头土脸地在流浪动物基地打扫猫舍狗舍……即使偶尔有不同的意见，但我们依旧是保持初心，不畏困难……因为我们，觅裬又多了几分不一样的意义，当我们的影响力逐渐扩大，让流浪动物们获得了更多人的关注，以及得到更多的福祉的时候，我想我做到了，这也就是我创立觅裬流浪动物保护协会的初心，但我们不会到此为止。经过这场比赛，它很奇妙地成就了我们坚不可摧的友谊。用那句话说：我们不是夏日限定，是来日方长。未来还有许多难题等着我们去挑战，但我相信，这一切都不会是问题！

26. "钱学森故事" 讲解团的小团长

武汉市新洲区钱学森学校　朱爱玲

武汉市新洲区钱学森学校以钱学森教育思想指导办学，重视学生的爱国主义思想形成，培养学生的科创思维和动手能力。学校开设了"钱学森纪念馆浸润式学习活动"课程，这个课程由博物馆参观和小小讲解员两个部分组成。

"小小讲解员"课程在选课阶段就受到广大学生的喜爱，有很多学生报名，其中希希同学格外积极。她第一个报名，并自荐要当"小小讲解员"的领队，我答应让她成为"代领队"，给她一个月的时间，向我展示她的领导能力，合格了就升级为真正的领队，她欣然同意。希希同学平时在班级里表现欲就很强，舞蹈水平很高，学校每年的六一文艺汇演，她几乎承包了节目的挑选和编排工作，有了这个基础，我对她很有信心。

主动熟悉业务，争做榜样。希希同学积极查阅资料，了解讲解员的要求。她紧锣密鼓投入到小小讲解员的组织训练中。学校的钱学森纪念馆有大学生讲解员，她常常利用假期时间去钱学森纪念馆参观，模仿大学生讲解员的讲解手势和讲解礼仪，回家后，她会对着镜子练习，直到满意为止。在课后延时服务时组织队员训练，训练过程中大到队员们的行走姿势、手势，小到一个微笑，每一个细节她都不会放过。

她总是要求自己比其他队员快一步。她提议，小小讲解员们可以利用每天下午的课后延时服务时间练习朗诵，并邀请我给他们进行指导。每周集体练习的时间，她总是提前布置好广播室，抹桌子，摆椅子，准备朗诵文稿，确保成员们来了就能练习。每次朗诵时她总是第一个示范，对于我提出的问题，她总是第一时间改正，确保自己第一个过关，剩下的时间都用在帮助队友上。

她向学校申请，学校每天中午的校园之声由小小讲解员们来播音，这也能训练他们的普通话。就这样，她将所有的小小讲解员做了个值班表，每天中午到校广播台播音。每天中午，她去开广播，同伴在播音时，她会在旁边认真听，还做笔记，播音结束后及时与同伴交流问题并纠正。她组织小小讲解员们带领钱学森学校的学生参观校园，要求讲解员们边带着同学们参观介绍校园的景物，还邀请老师全程观察，进行评价，小小讲解员的普通话和讲解礼仪都得到了提高。

校园开放日，希希带着她的小小讲解员团队引导家长参观，她按照钱学森纪念馆的展区分布，将小小讲解员们分为几组，每组各司其职，为家长讲解钱学森纪念馆的各个展区，讲解效果得到了家长的一致好评。通过这次参观讲解，韩晨希同学的领导力和组织能力都得到了充分的展示。

在小小讲解员训练过程中，希希也遇到了困难，例如，当她指出同伴的问题时，同伴不理解她，闹别扭，她从来不会生气，也不会因此和同学发生矛盾，她总是用自己的包容之心、爱心和耐心感化同伴，让他们能理解她的用心良苦，并配合她继续练习。最后，她终于成为一名合格的小团长。

27. 我的体育课代表
武汉市光谷花城初级中学 黄顶军

我的体育课代表是一个个子高高、身材瘦瘦的男生，一头短发显得非常精神。但他有些怯场，不善言辞，声音也不够洪亮。其实他在我们班里并不是体育成绩最好的，也并不是最活跃的，但胜在态度端正，执行力强。

于是我一直鼓励他，放手让他去做事。每节体育课前，他都会主动检查全班同学的课前准备情况，及时整队点名；也会按时收集老师布置的各项体育作业，前一天放学前还会提醒同学们下节课需要准备的体育用具等。渐渐地，他喊口令的声音越来越洪亮，目光越来越坚定。课上，如果看到有个别学生的动作跟练不太标准，他会主动上前帮忙纠正。

一次体育课上，学习原地单手肩上投篮，在我讲解示范完动作要领之后，同学们按照分组站在了平时规定好的相应位置上，在体育课代表的指挥下，准备依次开始投篮。

但是，有一个同学却不以为意，他觉得自己的篮球技术很好，不需要听从体育课代表的指挥。他站在了篮球场的另一侧，自己玩起了三步上篮。同学们看到这样的情景，或是疑惑或是窃窃私语。这时，体育课代表走过去，对那个同学说："这里是投篮位置。你一个人站在那里，不仅影响大家练习，还造成安全隐患。"闻言，那位同学停下手中的动作，看着体育课代表坚定的眼神，放下了自己的骄傲和固执，加入了同学们的队伍。

这位课代表由木讷怯场成长为主动积极、表达清晰、责任感强，是老师赋予了他领导角色，给他一个开明、支持的成长环境，让他面向真实的生活情境，去面对问题、解决问题，培养组织能力、沟通能力。

28. 组织好一次集体朗诵
武汉市光谷花城初级中学　郭明霞

上语文课的时候，我经常会组织学生进行分组朗诵，要求以组为单位对诵读篇目进行讨论设计，拟定诵读脚本，然后边排练边修改。

为防止出现个别学生因为性格或成绩原因不敢表达或承担较少的诵读任务，成为边缘人物，我规定，每次诵读时，诵读活动的负责人要轮流做，领诵人也要轮流安排，要让每一个学生都能组织一次集体朗诵。

朗诵展示的时候能很明显地感受到，组与组之间是有参差的。有的组朗诵脚本设计合理，分工贴合组员特点；有的组则是合诵多、独诵少，或者不细分任务，只按段落和节次分工。当然，这与孩子们以往的朗诵经验是相关的。但重要的是，它也反映出负责人的组织能力和领导能力。

每一次朗诵结束后，我都会表扬所有同学，重点表彰朗诵特别出彩的小组，让本次朗诵的负责人说一说，他是怎么组织大家进行脚本设计的。在他分享的过程中，我会有意识地问他：为什么要把这一句给××同学？其他同学有没有什么不同的看法？目的是引起同学的思考，组织活动要学会设计方案，在明确分工时要考虑组员的特点；要学会沟通，让管理变得透明化。

有一次朗诵的时候，有一个组的朗诵脚本设计并不抢眼，可是朗诵时孩子们的整齐度很高。负责人说，他在组织排练时并没有站在队伍中，而是在旁边观察，一边朗诵一边指导大家。一个视角的改变，体现的是孩子在活动组织中的创新力与决策力，他在思考，在有意识地组织、协调和改进团队。

当然，在朗诵的过程中，我发现，头几次诵读活动组织得挺好，但到后面，活动渐显弊端。因为渐渐轮到那些不爱发言、不敢表现的孩子负责了，他们缺乏自信，不敢表达自己的真实看法，不敢承担组织者的职责。结果就是组里吵成一团，半天拿不出一个方案来。

对于这一类孩子，我决定改变规则，给他们一个较宽松的发挥环境。我要求每个组一次安排两位负责人，各带一个团队，负责一半的脚本设计，讨论完成后再汇总进行微调。这一次的效果好很多，在减少人数、减轻心理压力后，这些孩子敢表达、敢组织了。虽然会出现前后风格不够统一的问题，但在自信心和领导能力的培养上，算是有了一个进步。

29. 扫楼梯

武汉市光谷花城初级中学　黄硕

学校开学初划分班级卫生区，我们班的卫生区被分到了打扫教学楼楼梯，这个位置可谓是学校的中心、敏感区域，需要一位有想法、能担当的卫生委员来组织同学们打扫和维护。

周一下午，我在班上公开招募班级卫生承包委员，鼓励大家积极承担班级事务，同时对于做得好的同学和所在的小组给予积分奖励，发放奖章。

几个同学跃跃欲试，其中就有小李。小李同学偷偷地来找我，说他想承包这个卫生区域，他愿意为大家服务。虽然小李同学成绩不好，上课好动，经常扰乱课堂秩序，作业也不能按时完成，但是平时愿意帮助老师和同学们，冲着这一点，我想给他一个机会。看着他兴致勃勃地拉选票，找同学修改竞选词，真好。果不其然，在当天的班会课中他获得了这个机会："恭喜你成为我们班卫生区的卫生委员，希望你能带领同学们把我们班卫生区扫得干干净净。""我会的，谢谢老师。"还没等我把话说完，他就跑了。

第二天一大早，小李同学就将卫生区值日安排表张贴在了教室的墙壁上，并在黑板上写上了当天的扫楼梯的同学名单。吃完早饭，他就提醒这些同学带上扫把去清扫楼梯。看着设计精美的值日安排表，栏目清晰，分工明确，直观大方。这小子电脑表格制作能力还不错啊！

"老师，我们班卫生区这几天检查都被扣了分。"小夏跑过来向我汇报说。原来，每天吃完早饭学生都会去打扫卫生，扫完后就回教室上课，后面就又有学生乱丢垃圾，每次检查的时候，楼梯就不干净。怎么解决这个问题呢？我说：平常自习的时候，老师不在班上，是怎样安排同学们学习的？第二天，就看到楼梯口站有值守的同学。于是，我在班上表扬小夏同学勤于动脑、主动与老师沟通，解决工作上的难题。

开学半个月，楼梯地面虽然看起来没有垃圾，但是地面有点黑。怎么办呢？小夏回去询问他妈妈，原来地面除了要用扫把扫以外，还需要用湿拖把拖。第二天班会，一节生动的劳动课——我们如何使用拖把拖地能够保证地面干净又不积水在班级里开展起来，小夏不仅自己亲自示范，还请来了学校的环卫阿姨。

就这样，小夏带领着同学们一起把我们的卫生区域变得越来越整洁、干净，他也变得越来越自信、阳光。

30. 手绘地图——一节数学实践课
武汉市光谷花城初级中学　尹彤彤

这段时间学生正在学习平面直角坐标系，与生活实际联系的实例很多，每次涉及身边的实例，同学们都兴趣浓厚，讲到"用坐标表示地理位置"这一节，下课后科代表和我说："老师，书上的例题都是公园、地图，我们能不能利用平面直角坐标系把学校的每个位置标注上去，做一个手绘地图？"，"好啊"，我开心地回复他，"你可以和同学们一起商量一个方案，写好我们就按照方案准备材料。"

方案很快出现在我的桌子上，给学生分好了小组，每组明确了任务，选好了测量工具，但是任务没有明确分到每个人，会有人"摸鱼"怎么办？测量工具每组都用大三角尺，可是教室只有两个三角尺，不够用怎么办？做了简单的沟通，孩子们马上行动起来，解决问题，第二稿方案出现在我面前。明确了每个人的任务，皱巴巴的纸上有好多的修改痕迹，有的小组还用一张便利贴将组员任务单直接贴在了上面。测量工具也有了调整，有的小组去体育器材室借了卷尺，还有的小组去后勤借了绳子，还有的组写的是：鞋带，班旗的旗杆，充分发挥了想象力，可谓八仙过海，各显神通。正在孩子们跃跃欲试的时候，一个同学突然提问：老师，我们只是清楚了怎么量，还没有说怎样画呢？他手里拿着一份去厦门大学买的手绘地图说，我们是不是也可以将学校的建筑都画上去？这确实难倒了数学老师，数学老师脑子里的黑白线条虽然准确都是不够美观，如果想做得精美确实不行。这是班上几个有美术特长的学生主动请战，完成学生实景填涂。

准备工作在学生们的精心组织下顺利完成，实践课如期进行，在科代表同学的组织下每个小组都完成了自己的测量任务，并且建立直角坐标系标注了学校各教学楼、操场等位置，制作了纯手绘的校园地图。

31. 土豆炖鸡块
武汉市光谷花城初级中学　陈凯

新生军训时，小凡因动作不协调屡遭教官批评，后来又因顶撞教官而给我留下了一个"刺头"的印象。

我鼓励小凡竞选班委，他也成功当选了路队长。然而几周后，小凡却来找我，说想"辞掉"路队长。他说排队放学时很多同学都不服从他的管理，甚至还有同学在背后说他坏话。如何针对性地建立小凡在同学之间的威信，提升小凡的领导力呢？

不久后，学校组织学生们参加劳动研学，我意识到这是一次提升小凡自信心、树立威信的好机会。我特地鼓励小凡："小凡，这次研学你有什么'拿手绝活'一定要展示出来啊！"小凡也坚定地回答道："没问题！"

第二天，研学基地负责人说要开展野炊，大家都面露难色，小凡却举手说："我来！我会做土豆炖鸡块！"其他同学纷纷投来了诧异的眼神，但小凡却很自信。野炊开始了，小凡紧锣密鼓地组织大家清洗锅具、领取食材、捡拾木柴、洗菜切菜、烧火做饭，火不旺了有同学负责添火烧柴，调味品不够了有同学负责领取补充，每一项都有条不紊地开展着。很快，小凡的"土豆炖鸡块"出锅了。晚餐环节，同学们都表示最好吃的一道菜便是这道土豆炖鸡块，纷纷为小凡竖起大拇指。为此，我们班还获得了研学基地的表扬。

回到学校几天后，我发现班上的同学都很配合小凡，于是我找来小凡，询问他是否还想辞职路队长。小凡挠了挠头，说自己在整路队放学方面越来越得心应手了，表示自己能够继续担任路队长。此后，小凡越来越自信，班级荣誉感也越来越强。在得知我们班道法科目背诵情况在整个年级相对较差时，他主动要求担任道法背诵监督员，还坚持每天多背诵一些题目，以身作则给同学们树立榜样。在小凡的影响和带动下，我们班的道法背诵情况很快跟上了整个年级的步伐。

32. 让她扮演"领导"角色

武汉市光谷花城初级中学　胡月

本学期心理社团课中，我尝试将心理剧的工具应用在学生领导力的培养上。

社团中有一个同学小 A，她以前一直很优秀，但因为刚上初中的不适应而屡次考砸，陷入自卑的情绪中，不相信自己的能力，渐渐不敢发表看法，也不敢融入集体。我一直在思考，该怎么培养她的自信。

正好，心理剧《自信者的幸福》中有一个与她非常相似的角色，但我并没有让她扮演这个角色，而是让她扮演其中负责判断和决断的"领导者"角色，让她在表演的过程中去思考，怎样引导和帮助这个角色走出心理困境。让我感到高兴的是，小 A 虽然仍然羞怯，但她采取了鼓励表扬和推荐参赛的方式来肯定剧中的角色。学会肯定他人的努力、认可对方的能力在社交关系中十分重要的，而这正是领导力的重要因素。我借机鼓励她，告诉她，她采取了非常正确的方式，具备敏锐的领导力。明显感觉到，小 A 因为这次的心理剧扮演，增长了自信，敢于再次融入集体，也能够参与集体事务的处理中了。

心理剧与传统的学习方式相比，会让学生有更强的参与感，更好的理解感悟，让每位学生在安全的角色面具下促进个体情感的表达，更加自由地展现自身的领导力。

33. 学生为自己设计职务
人人争当班级主人

天门市江汉学校　郭高飞

天门市江汉学校是一所新兴的品牌学校。该校九（1）班的同学比较特殊，大部分是留守儿童，过去往往习惯于被安排学习，缺乏内驱力。

在接手这个班后，我对全班同学说："你们是班级的主导者，从班级责任的划分、规则制定、事务分配都得你们自己负责。"接着我将拟定的班级管理结构公示出来，和同学们商讨，而且鼓励他们毛遂自荐，为自己设置一个职务。

全班 50 人，有 43 人给自己推荐了职务。我马上趁热打铁，让学生以"我能为班级做什么"的形式自荐，根据孩子们自己选择，让班级事事都有人做。通过一周的生活、学习，同学们从学习、就餐、就寝、路队、出操等方面自定班规。经过多次征集和修改，属于九（1）班的班规庄重出台。后期还商讨、制定了班干部职责和独特的班务日志。我跟孩子们说："责任是自己主动承担的，事情是自己选择的，规矩是自己定的，就算是坑也是自己挖的，那我们就要遵守契约精神，承担自己的责任。"同学们各司其职，依规执行，学生在班级管理的事务中走到前台，班主任渐渐退到幕后。

2024 年 4 月，是十分重要的月份。在这一个月，学生要面对三大考试：体育中考、实验操作技能考试，全市毕业统考。因为学校派我外出参加专题培训，其中两场考试的备考我都不能到场陪伴学生，只能让同学们自行组织备考。我和班长、学习班长、体育班长及各组长开了个短会，让班长做好协调、学习班长负责全班学习、小组长管好自己小组。班长和体育班长负责体育训练，将全班分为合格组、临界组和困难组，由优秀的同学带着困难组训练、班长和体育班长监管临界组。班长跟我开玩笑说："老师啊，其实您在不在好像都一样。"

班长召集全班同学举行主题班会，要求同学们从开始早上 6 点进班，然后 6 点到 6 点 10 分复习理科公式、定义实验等。还将全班的体育训练分为 5 个小组，要几个困难户晚饭后加时间训练。

在主题班会上，班长问同学们："我们商定的时间表，大家能做到吗？"全班同学齐声回答："可以早到，愿意加练！"

最后在全市毕业统考中，小权同学的成绩在全市排第一，小豪同学也进入全市前十。体育中考除 3 人外，其他同学都得了满分。物理实验操作考试全班零失误，成绩全班飘红。在 4 月份，九（1）班有两个宿舍被学校评为文明寝室。

34.《七色光》海报诞生记

武汉市汉阳区钟家村小学　徐秀霞

2023 年 10 月，武汉市汉阳区钟家村小学《七色光》海报正式产生。班主任的初衷是希望通过本次活动提升学生的班级管理能力和领导力。于是，在选择小策划、小记者、小编辑、小美工上，采取"毛遂自荐"的方式，达到"能者上"的目的。班上学生兴致很高，能够做到分工协作。经过了半个多月的努力，"七色光"海报终于诞生。不论是班长还是班委成员，都能各司其职，当好领头人。

（1）接受任务：汉阳区钟家村小学海报设计大赛。

（2）参赛团队："七色光" 2 班

（3）总负责人：宣传委员小彤。

（4）初阶：小宇利用午管时间，走访同学、征集同学意见，形成任务分配小组：海报理念设计组、版块设计组、材料搜集组、文稿审核组、编辑组、绘画设计组。

（5）过程：小宇同学召开各成员组会议，汇报成果：

理念设计组汇报：海报是班级文化、班级生活的展示台。它是整个班级精神的提炼，是班级活力和荣耀的体现。

"七色光" 2 班的海报：它是一张需要同学们团结一心手绘才能完成的展板。全程由学生们设计、编辑、绘画。展板正中间主题图标：七彩双层光环，里面是班训"乐学善思、团结奋进"。七色光散发出七道光芒。这七道光芒就是七个版块：运动达人、读书达人、才艺达人、卫生达人、纪律达人、学习达人、生活达人。每个版块把这方面达人的照片和故事展示出来。

展现同学们的八个好习惯。这八个习惯是：问好有礼貌 、上课勤举手、下课不疯跑、垃圾不落地、做操有精神、吃饭能光盘、读书有分享、社团勤参与。

版块设计组的负责人小宇同学把海报的七个版块分给相关的负责人，督导每一个板块的负责人落实到位。材料收集组由能干的小希同学负责收集达人们的故事，由善于和同学们沟通的小雯同学负责收集达人们在自己领域的展示照片。文字组由在语言表达上有特长的小伊同学负责文字审稿。编辑排版组由"小作家"小函负责达人的小故事的编辑整理。绘画设计组：由绘画高手小颜担任。小颜用线条和图案把每个版块装点漂亮，汇成一体。

结果，《七色光》荣获班报大赛一等奖。小小海报，是孩子们成果的展示。孩子们在活动中，说到做到，努力做最好的自己。遇事不逃避、不推诿，有担当。

35. 小学生组建票友会
排练黄梅戏获大奖

黄梅县第一小学　石小波

黄梅县是黄梅戏的起源地。黄梅县第一小学 2016 年启动了"黄梅戏进校园"活动。学校将黄梅戏经典曲目纳入音乐课选修内容。

《打猪草》这首曲目非常贴近儿童生活，一年级整体选修了这首曲目。通过课上组织学生学唱，课后组织学生练唱，传承了黄梅戏文化。那优美的唱腔、有趣的唱词常常在课间此起彼伏。学校开辟了国旗下才艺展示大舞台，每周各年级推荐学生展示黄梅戏才艺。

学校组建了黄梅戏社团。在社团活动中，除了排练经典选段外，还创编了《送儿上学堂》。剧情表现出父母送儿子上学堂路上的情景，父母一路上对孩子谆谆教导：要学蜜蜂勤奋；要好好穿衣、吃饭；要吃苦、听先生话；要修德报国……

小妍就是这个时候脱颖而出的。她唱腔优美，演唱时落落大方，成了主演。每当同学表演不到位时，老师就让小妍示范、讲解。黄梅戏的温婉特质、曲中人物的内心世界，小妍表演得惟妙惟肖。她还推出小视频，分享学戏的体会。她对小伙伴说，台上一分钟，台下十年功。只要有空，她就练习，有时是对镜练表情、指掌；有时是下腰、踢腿，练腰腿功；更多的时候跟着伴奏练唱腔。老师给社团同学们建了微信群，每天分享孩子们的练习视频，同学们总能对照小妍找差距。社团活动间隙，小伙伴们围在她身边，这个请她帮听个唱腔，那个请她指点压腿。

小妍组建了周末票友会，票友来自本校各班的小戏迷，也有来自社会上的戏曲爱好者，他们因戏结缘，以戏为乐。

2019 年，《送儿上学堂》在黄冈市戏曲展演中获得一等奖。《送儿上学堂》把为人父母的谆谆教导，推送到青少年中，成为生动的德育课堂。

2021 年秋，黄梅县第一小学被评为"非遗文化传承"示范学校，吸引县内外许多学校前来参观，黄梅一小"黄梅戏进校园"成为"非遗传承"经典项目。

后　记

2021 年冬天，在寒冷的日子里，我们没有陷入低沉消极的情绪，而是积极地思考新课题，精神昂扬地设计新的学术研究项目。在武汉大学教授夏建国先生的学术指导下，在湖北省刘道玉教育基金会与华中师范大学学校治理研究中心的大力支持下，我们决定就"学生领导力与创造力培养"开展研究，直接目标就是编写并出版《学生领导力培养概论》一书，计划后期再编写并出版姊妹篇《学生创造力培养概论》。

2022 年年初，这个学术项目在湖北真光教育管理机构郑重立项。为此，湖北真光教育管理机构的管理团队组织专家组分别到清华大学附属中学和华中科技大学附属花城中学（武汉市光谷花城初级中学）、武汉市江夏区教研室、武汉市第 49 中学、湖北省仙桃市沔城中学、湖北省华素杯教育科技公司等单位走访，就该课题的研究收集信息和材料，了解青少年学生核心素养培养方面的真实动态，听取教育专业人士的意见。这个课题虽然显得前卫，但是得到众多学校领导人和相关教育机构领导人的赞同。特别是华中科技大学附属花城中学执行校长、特级教师马明荃，对"学生领导力培养"这一课题表现出浓厚的兴趣和系统深入的思考，而且他和学校一班人已经认真谋划在学校开设领导力与创造力培养的校本课程。由专家组共同推举，马明荃先生和张爱群先生挑起了本书主编的重担。在两位主编的操持下，志同道合的教育同仁们多次在华中师范大学聚会，讨论课题研究的宗旨、原则、目标、路径和步骤，讨论《学生领导力培养概论》一书的框架和体系。在讨论过程中，华中师范大学学校文化研究中心郑宁、肖登辉给予了学术指导，华中师范大学的专家学者向三久、彭涛、党波涛发表过重要意见，华中师范大学教育学院教授王建梁带领研究生参与论证工作，华中师范大学一附中老领导钱昌炎和德育处主任沈圣方贡献了系统的意见。英山县人民政府督学肖永如提出了重要建议。清华大学附属中学、南昌二中高新校区、武汉枫叶国际学校、武汉市第 49 中学等校安排骨干教师参与书稿写作。

在历时近三年的编写过程中，主编马明荃和张爱群联络作者，撰写书稿，修改书稿，征集案例，付出了大量心血。武汉市光谷教育发展研究院原常务副院长夏循藻担任主审，几次参加此项课题研究的讨论会，热情发表意见；在书稿出来后，他认真审读，提出了细致的修改与补充意见。武汉大学教授夏建国为本书作序，深刻揭示学生领导力培养的社会背景，热情展望这项课题研究的广阔前景。在该项工作的推进过程中，湖北省人民政府督学朱仕雄、湖北省社会科学界联合会原副主席刘宏兰、华中师范大学原副校长李向农、华中师范大学教授博士生导师王齐洲、华中师范大学一附中原副校长钱昌炎、华中师范大学民进委员会秘书长纪东东、武汉市教育学会副会长吕向东先后对我们的研究工作进行过专门的指导。在课题组遇到困难的时刻，湖北省刘道玉教育基金会和湖北华素杯教育科技公司热情支持，确保研究工作继续向纵深推进。湖北真光教育管理机构承担了编委会及课题组秘书处繁杂的行政事务、工作。在此，我们向上述领导、专家和机构表示感谢。

学生领导力培养在北京、上海、广州等地已经蔚然成风，但是从全国范围来看仍然有待大力推行，所以相关的学术研究也有待持续深入地展开。摆在读者面前的这本书，虽然亮点多多，但是肯定存在问题和错误，我们期待您的批评指正。同时，我们更期待在此项课题领域与您携手努力，在学术研究和课程实施两个层次合作推进，共同培育教育教学创新的成果。

《学生领导力培养概论》编委会

2024 年 5 月 10 日